美国
文明观察
(全三册)
American Civilization
Observation

自由的基因

美国自由主义的历史变迁

钱满素 著

民主与建设出版社　博集天卷
CS-BOOKY
·北京·

修订版序
美国文明的基因

一、从"文明"的角度来认识美国

今天,我们来聊聊美国,从文明的角度,从它的内部——其本身的产生和发展——来认识它,而不是从外部——从国际政治中——去评论它。

说起"文明",我们联想到的当然是人类,因为文明这个词只用到人类身上。

何为"文明"?简单地说,就是指人类(某一部分)的生存形态。

五六百万年前,我们的远祖和黑猩猩在进化的道路上分道扬镳,终于演变为人类。再后来(有说 100 万年前,有说 10 万年前),不知道为何原因,但想来不外乎求生存,他们中的一部分冒险走出东非大裂谷,散向地球各地。

所有生命遵循的不二法则就是适者生存。在适应各地环境的艰苦卓绝的生存斗争中,人类逐渐发展出各自不同的生存策略和生存形态,演化为不同的种族、不同的文明(包括物质文明、制度文明、精神文明等各个基本方面)。

虽然不同种族在外貌上看来相差很大,其实在基因上几乎没什么不同,仅仅千分之一吧,大家都是人类的分支。不同种族具有同等存在的理由和权利,他们各自产生的文明也是一样。我们一直说,文明之间要相互尊重和理解,谁也不要将自己的文明强加于人。

不同的文明一开始都是适应各地自然地理环境的结果，远祖们根本没有多少选择的机会。人类在适应过程中潜移默化，形成不同的风俗习惯、行为和思想方式，这些就是最初的文明基因。

称这些为基因，就是它们决定了后来的发展，后来不同的价值观念、社会制度，不同的民族性、国民性。时间是绵延不绝的，世上的事情都不是凭空而来、孤立发生的，必然有前因后果、来龙去脉。一旦文明基因形成后，就会环环相扣，影响其发展轨迹，再要改变它就不是一件容易的事情了。所以越是古老的文明惯性越强，越难改变。俗话说"三岁看八岁，八岁看到老"，也是这个意思。一个国家的政府经常在更换，制度也会改变，相比之下，文明的延续性就强多了，所以从文明的角度来理解一个民族，往往更接近其本质，也更加立体完整。

每个文明都是独特的，美国文明是人类创造的最年轻的文明，那么它与众不同的特点在哪里呢？我个人认为，最大的区别就来自它形成的方式。

所有古老的文明都是散居地球各地的原始人类进化而来，都是以原始部落的方式开始的，所以必然带有原始的痕迹，例如君主制等级制就是所有古老文明的共同制度，这是很自然的。只要我们承认人类是从黑猩猩进化而来，那么根据对黑猩猩社会的了解，它是绝对有首领有等级的，所以人类的原始状态也不可能没有首领没有等级。虽然在今天看来，原始人类的生活十分简陋，看似平等，但绝对是有等级的，对史前社会的考古研究也证明了这一点，如人殉，肯定是等级低的人为等级高的人殉葬，绝不可能相反。

但是在美国这片土地上，居然从来没有过一个君主，殖民时期虽为英王属下，但英王也没来过。美国文明不是从原始人类进化发展而来的，它是在17世纪初，由宗教改革后的欧洲人（主要是英国人）去建立的。美国文明的基因可以说是欧洲文明中的英国传统挪到北美荒野后，在适应当地环境后结出的果实。它是一批已经高度成熟的人类，带着一套高度成熟的思想，有意识地去创建的一种他们意愿中的文明。

如果不是因为 15 世纪末美洲大陆的发现，人类大概根本不可能有这样的机会，至少不可能有在这样广袤大陆上重起炉灶的机会。大家知道，改造一个旧社会比创建一个新社会要艰难得多，但地球上哪里去找一片空地来重新开始呢？发现澳洲可以说是另一次机会，以后地球上大概不会有这样的机会了。

而美国在开发西部的时候，又许多次地重复了这个过程，他们按照东部最初 13 州的模式建立了一个又一个的新州，这在特纳的《边疆在美国历史中的重要性》里说得很详细。这是一个复制、克隆的过程，结果也是一样的，就这样把美国文明的基因从大西洋沿岸一直播撒到太平洋沿岸，美国文明终于横亘北美大陆。美国各地都有一些小型的同种同族的移民聚居区，如唐人街、小意大利等，但一开始就不允许按照种族或母国来建州，文明的一致有利于维系美国成为一个完整国家，这是非常有前瞻性的决策。

或者有人要说，英国移民前早就有印第安人原住民了。没错，如果欧洲人没有发现和移民美洲，如果印第安人能够从容地慢慢发展他们自己的文明，那么现在的北美肯定是另一种文明。那又会是怎样一种文明呢？我猜想，既然从原始状态自发产生，肯定也遵循同样一些规则，所以应该与旧世界的文明相差不会太大，当然也就根本不叫美国文明了，因为 America 这个词就是欧洲人称呼这个大陆的。所以，我们今天所说的美国文明，指的就是最初由英国移民发展出来的这种文明形态。这样说只是一个事实判断，完全和种族考虑无关。

因此，现今的美国文明可以说是历史造就了一个特殊机遇，英国移民，特别是清教移民，充分利用了这个机遇，他们带着强烈的宗教使命感去北美创建了一种新的文明。强调英国移民，就是美国文明虽然受到各国移民的影响，但其基因在形成之初主要是受英国文明的影响（所谓 White Anglo-Saxon Protetant；英国有"大宪章"等约束君权传统），二是受英国移民政策的影响。新大陆发现时，南美比北美发达得多，但西班牙葡萄牙移民带去不同的文明种子（天主教和君主制），形成了现在的拉美文明，显然相差很大。

二、美国文明形成于殖民时期——"约"的概念

从文明基因的重要性来看，认识美国文明应特别重视建国前那150年的殖民时期，因为基因在那时就孕育形成了。

移民们带去了欧洲发展到当时的文明，但不是单纯的复制，而是一种带有批判性的、富于创新的移植。这点在清教徒创立的马萨诸塞殖民地最为明显，他们是有意要建立一个区别于英国的政体。因此，弗吉尼亚詹姆斯敦的英国移民虽然在时间上早于他们，但清教徒对美国文明所做的贡献却远远超出他们。

那么，清教徒们有没有成功创建出一种新的文明呢？答案是既否定又肯定。否定的是他们一心创建的那个神权政体只维持了几十年，"上帝之城"还是世俗化了。但即便世俗化了，那个政体还是有创新的。林立树先生在《美国通史》的序里说："美国的政权并非马上得之，马下治之，而是依'文献'而立，循'法律'而治。"这种机会在世界历史中实在是非常难得。这就是清教徒所说的"荒野使命"，他们很清楚，只有离开了旧世界，才能有这样的机会。但是，荒野只是个外在条件，本身不会产生新的文明，是清教徒们的思想和信仰，才是美国文明的种子。

这个关键的种子就是"约"的概念。它是基督教的一个重要概念，我们知道《圣经》就是由《旧约》和《新约》两部分构成的。

新教是宗教改革的产物，清教是新教中新一轮的改革派。新教否定罗马教廷的至高无上权威，以《圣经》取而代之。"约"最初讲的都是与上帝的约，清教徒移民新大陆后就是依照约的概念来全方位地建立新社会。他们的"约"分为三个部分：

一是"恩典之约",即信仰之约,是信徒与上帝的约,信奉上帝,因信称义。

二是"教会之约",即信徒彼此自愿立约来建立独立的教会,共同礼拜上帝,过基督徒的生活。

三是"公民之约",就是将约的做法延伸到尘世,通过立约来组建政府,管理世俗生活。

《五月花公约》以及后来所有的公约、合约、盟约的重要性就在这里。凡是涉及多人的行为和组织都是通过立约产生,立字为据,来达到其合法性合理性。这种办事的方式在英属北美殖民地无处不在,贯穿始终,到1787年制宪会议召开时,早已成为全体民众约定俗成的传统。

"约"通常包括这样几个部分:

一,立约人。《五月花公约》是"吾等签约人,……陛下之忠顺臣民";宪法开头是"我们,合众国的人民"。

二,立约的目的。《五月花公约》是"为维护秩序,谋求生存";宪法是"为了建立一个更完善的联邦"。

三,约的内容。《五月花公约》是"结为民众自治政体",制定颁布法律等等;宪法中就是其具体条款。

四,各方保证遵守服从;立约人签字为证。宪法是代表们一个个签完字后再拿到各州去批准的。

那么立约后,大家是否能认真对待这个约、这个合同呢?撕毁合同、违约的事也是屡见不鲜的,但美国好像有守约的传统。这大概又要追溯到早年清教徒,他们自认为是和上帝立了约的,他们能平安到达北美,就证明上帝同意了这个约。和上帝的约自然马虎不得,哪怕灵魂一闪念也瞒不过无所不知的上帝。所以,这些虔诚的教徒非常认真地按照他们理解的上帝的话来做,唯恐违了约,受到上帝严惩。毫无疑问,他们是从内心深处相信的。清教徒从掌权开始直至消亡,居然没有腐败,这就是真信仰的证明。他们创建了"约"的传统，也创建了守约的传统，直至今日，美国人对立约还是很认真的。

三、自治与法治

美国文明的两大特点——自治和法治，在我看来，都是从这个"约"的概念里衍生出的。

自治——

第一，约是当事人主动自觉的行为，只要不是城下之盟，约就应该是双方或多方自愿签订的，不受外界强制干预。人们要做一件事，小到商品交易，大到建立政府，都是立约而成。可见，约是民众自己管理自己的一种方式，是自治的基础。

第二，在立约中，就像在贸易中，立约各方是相对平等的。当政府是人民立约所建时，人人都清楚政府的权力是人民授予的，这和君权神授、替天行道就大不一样。

美国的自治源自教会的自治。教会的自治是新教的重要创新，罗马教会是个庞大的金字塔组织，层层指挥，层层服从。宗教改革冲破了这一权力结构，信徒们只要相互认同，便可立约自组教会。各教会间彼此平等，自己管理自己，不存在上下级的关系，这是空前的制度创新。殖民时期的新英格兰镇议会就是典型的居民自治形式，实行小范围的直接民主。虽然四百年来美国政府的权力扩大了许多，但自治的传统一直延续至今。

在美国，联邦和州是两套政府，宪法第四条就是专门界定联邦和州的权力的。华盛顿DC那个是联邦政府，从来不是中央政府。在中央政府的体制中，地方官员都由中央任命，而美国的州长市长都是当地选民选举产生。各州有自己的宪法和法律，条件是不能和合众国宪法相违背。所以美国有的州有死刑，有的没有。联邦政府是无权处理州和地方事务的，除非涉及州际关系，或州和联邦的关系。联邦政府和州政府也是分别征税的，所以一个美国人要给不同的政府纳税，还要选举不同政府的官员，总统是唯一一位全体美国选民选举的官员。可以说，美国每个州都是自治州，地方政务均由当地人民自理，联邦主要统管国防、外交、州际事务，后来由于种族、民权、福利等问题，越来越多地渗入地方事务，这也是美国人通常反对大政府的原因，他们已经惯自己处理自己的事了。

法治——

自治不是为所欲为，必须遵守一套共同的规定，立约人必须守约，约才能成立。约的条款就是法，法治就是用一套明文规定的法则来治理国家。这个法必须高于所有人，只要有一个人可以逍遥于法之上，就不能称为法治。所以潘恩在《常识》中就感慨地说："在专制政府中国王是法，而在北美法就是国王。"这句话非常概括，这一颠倒就颠倒出一个现代国家。

宪法就是个约，是全体国民立的约，要改变它必须由立约人重新立约，这就是修宪。因为政府是宪法产生的，所以政府自己不能修宪，总统不行，国会不行，最高法院也不行，它只有司法复审权，是解释宪法之权。修宪必须由专门的制宪会议，或各州议会来做，这才符合权力授受的逻辑关系。

1860年，林肯当选总统后，南卡罗来纳州立即宣布脱离联邦。联邦是立约而建的，如果要脱离，理应由缔约各方共同协商解决，所以单方面宣布脱离联邦显然是一种违约的行为。林肯在第一次就职演说中就说，联邦是不可分的，联邦的历史比宪法更为久远，它是1774年第一次大陆会议通过的《联合条款》所组成的，1776年的《独立宣言》和1778年的《邦联条例》使之成熟，到1787年制定宪法时，联邦已经存在，所以序言中说的不是组成联邦，而是组织一个更完善的联邦。南北战争不是以消灭奴隶制的名义开仗的，北方的口号是"为了统一的联邦"。

快四百年了，美国人对待约和法的态度从未改变过。宪法也有两百多年了，为适应时代发展，修宪27次，但宪法的权威仍然至高无上，是否违宪仍然是衡量所有制定法的金标准。九位大法官权力无比，所有悬而未决的问题在美国最终都会成为一个法律问题在最高法院获得裁决。这种宪法至上的做法在西方法治国家中也是不多的。罗斯福在推行新政时曾受到最高法院的阻扰，他想改组法院，给每位年过70的法官（当时有6位）加配一名法官，结果碰一鼻子灰。直到2000年，布什和戈尔在大选中因为计票问题僵持不下，也是最高法院一锤定音。凡是最高法院做出裁决，很少有不服从的现象发生。

法官之所以能够独立判断，不受行政权力干扰，就是因为宪法规定，他们一旦就职，只要尽忠职守，就能继续任职，没人能开除他们。所以，法官们不必看行政权力的眼色。某个总统任命的最高法官却做出不符合他意愿的判决毫不奇怪。

四、政教分离的原则

政教分离的原则是美国立国后才正式确定的。宪法第六条规定："合众国政府之任何职位或公职，皆不得以任何宗教标准作为任职的必要条件。"第一条修正案又规定，国会不得确立一种宗教或禁止信教自由。尽管大部分美国人自称信教，但美国确实没有国教，所有的宗教场所都是由信徒自己筹款维持的。

从文献中可以看出，这一国策同样也是发端于殖民时期。在马萨诸塞殖民早期，温斯罗普带领清教移民建立的是一个政教合一的神权政体，信教是强迫性的，教会和政府密切配合，统管居民的思想和行为。罗杰·威廉斯是个异端，他强烈主张政教分离，因为他看到了宗教若和行政权力搞在一起，很容易以宗教正确的名义来镇压异端，造成灾难。宗教改革给了信徒自己阅读《圣经》的权利，更重要的是肯定了个人判断的权利。威廉斯认为，宗教是良心良知的问题，由于人的堕落，能够确认真理的只有上帝，而非教会，更不是政府，他们无权判断信徒的信仰，政府应该退出信仰领域。

政教能够分离的深层次原因，还是因为基督教将人的生活分为属灵的和属世的两个国度，尘世是一个世界，灵魂是另一个世界。尘世是暂时的，灵魂才是永恒的。今生只是为来世做准备，为的是努力表现求得上帝恩泽，死后进入天堂，得享永恒。耶稣也说过，"上帝的归上帝，凯撒的归凯撒"。所以即便在马萨诸塞神权政治中也还是政教有别，牧师是不能兼任行政长官的。

基督教世界的这种两分法在西欧产生了两个并存的权威：罗马教廷和尘世君主。教廷的势力很大，往往可以钳制君主。当欧洲各国君主势力强大后便企图对抗罗马教廷，这就是宗教改革深层次的原因。宗教改革成功后，罗马教廷的权威在新教国家土崩瓦解。在英国，亨利八世自立为英国国教之主，由于国教还存在，所以还会有宗教迫害。《读本》中第十篇《弗吉尼亚宗教自由法令》是杰斐逊的杰作，将思想自由的意义说得十分透彻，他总结道："一切谬误，只要到了大家可以自由反驳的时候，就不危险了。"

政府退出宗教领域，就意味着它退出信仰和思想的领域。政府只有执法之权，无权监管民众的思想。这也是为什么那么多光怪陆离的现象能在美国存在，因为只要没有违法，政府就无权禁止，政府要打赢一场官司也不是容易。这条政教分离的国策对于美国这样一个移民国家的重要性不言而喻，很难想象如果美国有国教，有法定的正统思想，那又该如何对待世界各国移民所带来的几乎囊括人类所有的宗教信仰？

五、重效用轻理论的思维传统

美国一建国就是一个世俗国家，宗教不再进入政治领域。那么世俗化后他们怎么思想呢？他们的思维有什么特点呢？我觉得，最大的特点就是重效用轻理论，实用主义是美国唯一的本土哲学。解决问题是他们的出发点，也是目的地。对待理论，他们完全是依据其实际效用来评判和使用的，从来不受理论束缚。

实用主义作为一门哲学，产生于 19 世纪和 20 世纪交接之时。当时哲学已经普遍脱离生活，钻进了象牙塔。实用主义雄心勃勃，试图将哲学重新变得实用，成为生活的指南。它重新定义真理，将它视为一种有效用的假设，是用来指导行动的。如果在现实中获得预期效果，那才成为真理，这也就是著名的"有用即真理，真理即有用"。实用主义否定绝对真理，因为在变化的现实中，新经验往往会越出曾经的真理，人们不可能抛弃现实，只能抛弃不再适用的真理。

实用主义作为哲学是世纪相交时才形成的，但它并不是无中生有，或者说它只是将一种向来如此的美国经验上升成了理论。

看看美国宪法，其中没有任何法定的指导思想，全部都是具体规定，主要是权力的分配。虽然制宪者们并非不知道当时一些流行的政治理论，但他们并不认为任何一种理论能永远应对人类社会层出不穷的新问题。时代在变，如杰斐逊所言，世界永远属于活着的人，每一代人都必须适应新情况，依据对社会有利的原则来灵活应对。所以他们留有余地，让宪法能够通过修正案来与时俱进。

罗斯福也是个很好的典型。1929 年美国股市崩盘，引发大萧条，当时的总统胡佛是个经济能手，美国总统中大概他最懂经济，但他比较拘泥于对联邦政府功能的成见，或者说忠于传统的放任自由主义的经济理论，不能放手去应对这场空前的经济危机。而罗斯福当选后放手试验，他的新政就是不断地试验，一个办法不行就再换一个，没有理论的框框，只有法律的框框。

美国历史上很少出现理论之争，一是因为宪法允许不同观点的存在，人们坦然处之。二是美国人根本不那么关心理论。20 世纪 80 年代后的理论热主要也就是在大学英语系热闹，几乎进入不了社会主流，后来关于"政治正确"的说法曾经波及社会，好像大众也并不认同。在美国人心目中，看重的是法律，是效用，是实际问题，很少在理论上较真。理论上较大的争论还是和宗教有关，最有名的就是 1925 年的斯科普斯猴子案。当时田纳西州立法禁止公立学校教授进化论，凡否定上帝造人，说人是由动物演化而来定为刑事犯罪。中学老师斯科普斯因为教授进化论被告上法庭。曾任国务卿的平民党领袖布莱恩出庭为田纳西这条法律辩护，这算是一次理论上的辩论，吸引了全国的目光。结果是斯科普斯被判有罪，布莱恩在法律上赢了，但同时也赢得了他未曾想到的一片嘲笑。

钱满素

2014/6/14

前言
自由主义的概念

有人在谈论自由主义的终结，又有人在谈论自由主义全球化的最终胜利，人们不禁怀疑他们说的到底是不是同一种自由主义。

自由主义在概念上的混乱已经有点使人不知所云了，它可以和保守主义、激进主义、资本主义、社会主义，甚至乌托邦都搅和在一起相提并论，定义含糊不清。许多学者将柏克视为保守主义的鼻祖，而哈耶克却称他为自由主义的宗师。有人称哈耶克为新自由主义，又有人称罗尔斯为新自由主义，而他们两人却截然不同，哈耶克更是宁可自称"一个至死不悔的老牌辉格党人"。新左派的华勒斯坦称苏联和东欧为"自由社会主义"或"社会主义派自由主义"，而奇怪的是新左派的对立面也反对自由主义，所以自称新保守主义。人们真的给弄糊涂了：他们说的自由主义是一回事吗？如果一个概念可以延伸扩展到如此地步，那么它是否还有确定的内涵？是否还有可能给它下定义？在使用这个概念时是否还有明确所指？是否还有意义？

从政治理论的角度梳理剖析自由主义的书已经不少，本书只想通过自由主义在美国历史中的具体实践和演变过程来对它加以考察，从而对西方近现代占主导地位的这一意识形态在现实的层面上加深理解。理论来自实际需要，政治哲学的产生发展并不是哲学家们的凭空构建，而是对现实的思考回应，特别是对激烈的社会动荡的反思。英国的宪政理论是在议会与国王争主权的斗争中发展起来的。霍布斯对君主绝对主权的辩护是他对17

世纪英国内战的反应，也直接表现在他对查理二世的支持上。洛克的《政府论》写于光荣革命之前，是为抵制天主教的詹姆士二世做理论准备的，但发表于1690年，被视为对光荣革命的思考和总结。

因此，对于一种政治理念，也许越抽象的讨论越容易从概念到概念，云山雾罩，引发更多抽象难解的疑问。但如果将它与其生成发展的社会环境结合起来考察，也许反倒显得简单易懂。理论推断既可能纠缠于纯属假设的问题，也可能遗漏实际发生的问题，历史地、经验地进行考察也许更接近这一理论的全部真实。不过为了说明自由主义的具体实践，我们又不得不首先对其概念加以确定，否则无法一以贯之。

自由主义概念的混乱也许主要源自两个方面：一是各家运用的概念不同，如毛泽东也写过《反对自由主义》，尽管在中国有一定影响，但他的概念和西方有公论的自由主义没有任何关联，故不在我们探讨之列。二是自由主义本身应时世而变，可谓此一时彼一时，在不同时期有不同的所指，因此要了解某一特定历史时期中自由主义的具体政治内容，不可不看其背景。为了弄清这些来龙去脉，我们首先还必须回到自由主义的初始。说千道万，自由主义的核心就是"自由"这个词，而且这个自由主要指的是个人自由。如果它发展得超越了"自由"，那么就不必再称自由主义，而应该另起炉灶重开张，换一个名称。

人类社会，无论是一个小群体还是全世界，在相互共处时必须有一种公认的规则，否则很可能是无休止的争斗杀戮。那么什么样的规则最合理、最理想？这就是政治哲学家们自古以来孜孜不倦求索的问题，人类社会的发展也可被视为有意无意地进行实践探索的过程。是战争好呢，还是和平好？是掠夺好呢，还是贸易好？是等级分明好呢，还是人人平等好？是一个人或少数人说了算好呢，还是民众参与好？一旦对这些问题有了明确的答案，又该通过什么途径来达到？自由主义就是针对这一系列根本问题所做的思考和答复。自由主义认为，一个和平有序的社会最能使人人受益，理想的状态应该是个人与社会间达到一种如鱼得水的平衡，个人自由与公共秩序缺一不可。个人的才华应得到尽可能充分的发挥，而得益于每个成员的贡献，社会也能在和谐中发展。个人不应危害社会去谋取私利，社会发展也不应无谓地牺牲个人。

人类想象力之丰富，足以设计出一套在理论上看来尽善尽美的社会方式，这就是我们常说的乌托邦。然而一切理论都必须依赖一个个具体的人去实施，人非圣贤，亦非全知全能，致使完美的方案往往苦于在实现中扭曲走样。乌托邦可以激发人们的热情和憧憬，但热情又容易缺乏耐心和现实感，难免成事不足败事有余。人们可以心驰神往抽象地谈论自由、平等、公正，但是一个自由、平等、公正的社会却不是谈论出来的。所以关键不在于纸上的理论有多么完善，而在于它有多少可行性，理论的价值在于它们对人类社会意味着什么。倘若一种理论不能解决现实问题，甚至不能解释现实，那么人类只能放弃这种理论，而绝不可能放弃现实。如果说激进主义的优点在于它拥有伟大的理想，那么保守主义的尊重传统则使它比较稳健和现实。自由主义介于激进主义与保守主义之间，它在传统和现实的基础上寻求改良，而不是动辄宣扬全方位的革命，似乎一个社会只要说它新，它就真的新了。改良无非是在实际可行的方案中选择一个相对好的而已，这也是人们常说的政治是关于可能性的学问。

在自由主义产生之前，除了古代雅典城邦制度等极少数例外，人类社会结构的普遍方式是专制独裁，这样说完全是客观描述，既非道德评判，也不说明其渊源和效果。如霍布豪斯所说，当时主宰政治的是权力原则，君主们凭着征服者的权力或世袭的权力，以神圣的名义在世界各地权力不等地统治着自己的臣民，这对人类在和平中发展自身也许是必须的。但君主的绝对权力和严格的等级制度无疑束缚了占人类绝大多数处于被治者地位的个人，其消极被动的处境不可能不使他们的身心受到压抑，久而久之，他们甚至根本意识不到自己所拥有的价值和潜能，习惯于俯首帖耳地服从和牺牲。然而岁月悠悠，在漫长的历史演化中，人类本身的进步——尤其是中世纪末科技的发展和知识的传播——渐渐开启了民智，平民大众对于自己的处境萌生觉悟，发现自己虽然位卑身贱，却也是一样的人，于是开始了为自身权利奋斗的辉煌历程。

自由主义（liberalism）始于17世纪，是新兴阶级反对教会和封建特权的思想武器，这里"自由"（liberal）的原意是宽厚大度，内含反对压制迫害。今天所说的自由主义是由好几代思想大师在理论和实践上提炼总结而成，其中包括先驱霍布斯、斯宾诺莎，奠基者洛克、孟德斯鸠、斯密，以及鼎盛期的杰斐逊、托克维尔、密尔等。这些人的观点和侧重点虽各有不同，但对自由主义的基本要素都是赞同的。

在政治上，自由主义以个人的自然权利为由，要求立宪限制王权或政府权力，目的在于保障个人自由。他们认为，个人权利是天赋的，既非政府赐予，也不能由政府剥夺。政府则是人为的，是公民立约所建，其职能仅限于保护公民。分清公共领域和私人领域至关重要，唯如此才能为个人划出一块不受政府干扰的领地，政教分离的目的也在于使政府无权干涉公民的思想和灵魂。自由主义和个人主义是天然盟友，自由主义就是为了扫清一切外部障碍，使个人获得最充分地发挥自己才干的机会，它雄心勃勃地要使人类理性第一次和社会政治理性相一致。自由主义产生的使命就是反对一切形式的专制和特权，回顾历史，可以说凡从帝制过渡到共和，没有一个国家不是曾经求助于自由主义思想的鼓舞。英国17世纪上半叶的清教革命首次开启了自由主义在全球的反封建运动（虽然自由主义这个词在当时尚未出现），1688年的光荣革命标志着这场运动在英国首战告捷。对自己权力高度敏感的英国下院终于将国王置于法律的约束之下，统治者的绝对权威换成了法律的绝对权威，多元的相互制约的君主立宪混合政体得到确认。

与政治自由不可分割的是经济自由，其中包括财产权、自由企业、自由贸易等。洛克将财产权与生命和自由权相提并论，因为它体现的是自身劳动产生的价值。斯密则早就指出，政府尽量少干预经济将有利于市场这只看不见的手进行最好的调节。古典自由主义的经济自由是减少政府对经济的干预或垄断，倾向于自由放任。毫无疑问，自由主义和资本主义有共生的关系，它喊出"为人才开辟道路"的口号，为的是替个人松绑。与自由直接相关的是法律的保障，个人只有在有保障的条件下才能放心放手地去发展。由于个人的空前解放，资本主义也成为有史以来最大限度地释放人类潜能的经济制度。

如果不是有意曲解，稍涉自由主义理论的人便能明白：第一它不提倡随心所欲，为所欲为；第二它不提倡自私自利，为一己之私损害他人。自由主义是从要求法治开始的，是和法治紧密相连的。从一开始，自由主义就清醒地指出自由的基础是限制，首先是限制公共权力，其次是限制个人，必须将一切自由限制在法律的范围内。只要还有一个人能高于法律为所欲为，其他公民的自由和权利便无法得到保障。因此不难明白，实施自由主义的国家也往往是法治较为健全的国家。

在个人与社会的关系上，自由主义虽然强调个人，但主张两者的和谐。以边沁为代表的功利主义原则对自由主义产生过深刻的影响，维护社会上最大多数人的利益和幸福是自由主义的关注，但自由主义并不认为因此便可无端牺牲个人。

自由主义以个人的普遍价值为基础，形成了一整套关于国家、社会、个人的理论，在现实中体现为君主立宪、政治民主、自由企业等现代体制，其价值核心确实可以归结为法国革命所高扬的、曾使无数人痴迷的三个词：自由、平等、博爱。自由主义是个人主义的，认为无论权利或责任，一切最终都落实到个人。自由主义是理性主义的，相信人性自利，但仍能负起责任，相信人的理性使他有权利有能力去享受自由。自由主义是普世主义的，因为天赋权利属于人人所有，每个人在自然权和法律面前都是平等的。

自由主义是进步主义的，因为它对人类抱有乐观的态度，相信社会的进步，主张通过和平改良而非暴力手段来改进社会。

19世纪是自由主义的世纪，这个政治词汇得到正式而广泛的使用，不少党派以它命名，它的基本原则在欧洲被普遍接受，并通过各种流血或不流血的革命付诸实践。不太夸张地说，整个现代西方制度是建立在自由主义的原则和价值观上的，或者说正是自由主义体现了所谓的现代性。马克思的思想也并非与自由主义毫无关系，阶级的解放与个人的解放并不对立，而且马克思也不否认个人的解放，认为无产阶级只有解放全人类才能最终解放自己。但是马克思已经看到了自由主义所暴露出来的一些内在矛盾，对其进行了迄今为止最为深刻的批判，从本质上突破了自由主义以个人为核心的框架，形成了崭新的以阶级为核心的学说。

自由主义是近现代现象，始于17世纪，正好和从殖民开始的美国历史共生，两者的发展也基本上是同步的。美国没有别的传统，只有从英国带来的自由主义思想基因，它们在这个天然自由的国度里自由地发展，过程极为生动丰富，也极具典型意义。研究美国的自由主义演变，考察它从开始到生根，从古典到现当代，并衍生出许许多多不同品种的过程，将不仅使我们更准确地理解美国，而且还能通过这个个案，更具体地理解自由主义——它的过去、现在和未来。

目录

修订版序　美国文明的基因 / 001
前言　自由主义的概念 / 013

第一章　美国的自由主义传统 / 001
　　第一节　清教思想中的自由主义基因 / 005
　　第二节　自由主义原则在美国的确立 / 014
　　第三节　早期党争：自由主义的内部争端 / 029

第二章　内战：自由主义清理门户 / 037
　　第四节　南方的理论困境 / 039
　　第五节　菲茨休：美国自由主义传统中真正的异数 / 048

第三章　新政：自由主义由古典向现代的转折 / 059
　　第六节　进步运动：修正的开始 / 062
　　第七节　罗斯福新政：现代自由主义的开始 / 079

第四章　老左派和新左派：自由主义的继续左倾 / 101
　　第八节　老左派的兴衰 / 103
　　第九节　新左派 / 127

第十节　华勒斯坦诠释新左派 / 158

第五章　新保守主义的崛起：复归古典？ / 179
　　第十一节　美国政治的保守传统 / 182
　　第十二节　当代保守主义 / 189
　　第十三节　克里斯托诠释新保守主义 / 208

尾　声　美国当代自由主义的困惑 / 223

后　记 / 249
主要人名译名对照表 / 251

第一章　美国的自由主义传统

自由的基因 | 美国自由主义的历史变迁

路易·哈茨在他的《美国自由主义传统：诠释美国革命后的政治思想》（1955）一书中，称自由主义为美国历史上唯一占主导地位的政治思想传统，他对美国这一独特性的认识是与欧洲历史政治相比较后的结论。

与欧洲相比，美国从未存在过普遍的封建和教会的迫害，故而既缺少真正的反动传统，也缺少真正的革命传统，欧式的保守主义和社会主义都与美国无缘。托克维尔曾说美国人是"天生自由"，桑塔亚纳说美国民主是"天然"现象，哈茨借用他们的说法，认为自由主义在美国也属"天然"现象。这样的说法至少有两层含义：一是美国的自由主义并非像欧洲人那样经过浴血奋战争来，真可谓得来全不费功夫。二是正因为"天然"，美国人对自己的自由主义缺乏自觉意识，就像一个生来自由又从未见过不自由的人，是不会意识到自己的自由的。由于美国社会的自由主义达到了如此"非理性"的程度，所以在这个自由主义实施最充分的国家，"自由主义"这个词反倒显得陌生起来，美国历史上从未有过所谓的"自由主义运动"，也没出现过以自由主义命名的政党，有的只是"美国化"或"美国生活方式"。正因为无人反对，也就无须为之辩护，自由主义的政治哲学在美国被自由主义的法律所替代。而这种没有敌人的美国自由主义显得如此与众不同，乃至有时被称为"保守主义"。

哈茨特别明确指出，他说的自由主义是古典的、洛克式的，指的是宪政主义、资本主义、个人主义、人民主权等。哈茨高度评价洛克对美国的深远影响，认为美国的政治传统始于洛克，是洛克的理论与新大陆环境的完美结合。美国人的基本价值是中产阶级自由主义的，他们从未认真考虑过任何别的主义，这表现在美国工人农民身上那种自发的资本主义倾向。美国的阶级不是终身制，如林肯所言，他们开始给人打工，勤奋节俭，等到条件改善便自己当创业者，雇佣别人。欧洲式的阶级对抗在美国这个社会升迁很普遍的国家里缺乏号召力，美国的小资产阶级涵盖了自耕农和无产阶级，他们的阶级意识差，信奉私产，以个人奋斗代替欧式阶级奋斗。

其实，在哈茨之前，霍夫施塔特也已经在他的《美国政治传统及其缔造者》(1948)中表达了这一观点，只是不那么明确。他在书中考察了从建国到罗斯福新政各历史时期的主要政治状态及其代表人物。引人注目的是这些人物大多有一个似乎自相矛盾的头衔：杰斐逊——"出身高贵的民主派"，卡尔洪——"主子阶级的马克思"，西奥多·罗斯福——"充当进步派的保守派"，威尔逊——"作为自由主义者的保守派"，而富兰克林·罗斯福则是"有教养的机会主义者"。[①] 好像他笔下的这些人无论是左是右，都被某种向心力牵制着，不至于走得太极端，而这一向心力正是美国的主流思想——自由主义。

霍夫施塔特和哈茨的理论都是对某些进步主义史学家的回应。在美国，20世纪初称为"进步时代"，出现了以"进步主义"为名的社会改良运动，试图全面纠正由于内战后资本主义急剧发展所产生的各类弊端，阻止垄断经济对美国民主和社会公正继续造成侵害。一些州和联邦动用立法来规范企业，打击腐败和垄断，但被法院判为违宪。这促使进步主义史学家将矛头指向合众国宪法，重新审视美国史。他们的特点是从经济的角度、以阶级冲突为基础重写历史，突出美国社会的冲突，将美国史视为对抗力量的冲突史。最典型的是查尔斯·比尔德的《美国宪法的经济观》，他逐个分析

---

① 理查德·霍夫施塔特，《美国政治传统及其缔造者》(北京：商务印书馆，1994年)，目录。

了制宪者们的个人经济状况，认为他们制定宪法完全是为了维护包括他们自己在内的有产者的利益。由此，一向受到美国人尊崇的宪法变成了美国革命的倒退和反动，是对广大美国人民权利的排斥。当然，进步主义史学家帕林顿也肯定自由主义是美国的真正传统，但他认为美国一直存在着强大的保守主义与之对抗，具体地说，就是杰斐逊自由主义和汉密尔顿保守主义这两条路线的斗争。

第二次世界大战后，美国全面介入国际事务，在与世界各国的更多接触中，美国对自身也有了新的看法。虽然占据美国史学主流的比尔德式的进步主义史学家直到1950年还在发表文章，但是反对的一派也开始崛起，霍夫施塔特和哈茨就代表了这一史学的新趋向。哈茨认为，只从美国内部来认识美国，往往会忽略美国普遍存在的共识，而只注意冲突的一面。《美国政治传统及其缔造者》和《美国自由主义传统》这两本美国史学名著虽然也引起争议，尤其是在提倡文化多元的今天，但是他们的基本论点还是令人信服的，是很难批驳的一家之说。

在对历史问题没有任何官方决议的美国，史学家们的争论在所难免。是强调共识和连续呢，还是强调冲突与变化？这一对峙形成了美国史学中贯穿始终的两派，双方通过各自强调的方面来表达对美国历史和现状的认识。例如，有人强调美国的移民史是同化和融合的历史，也有人强调是歧视和斗争的历史。哈茨认为，将美国史视为共识或冲突的二元选择本身就是一种误导，强调共识并不否定冲突的存在，强调冲突也不应否定普遍的共识。从来不可能有一个没有冲突的国家，而缺乏共识也不可能产生任何稳定的社会，美国稳定的原因正在于它是一个有着广泛共识的自由主义社会。

第一节　清教思想中的自由主义基因

1. 殖民地的自由与自治

在美国不足四百年的历史中，殖民时期占了约一百七十年，可以说是占了近一半。但这还不仅仅是个时间长短的问题，更重要的是这个时期是美国民族的初创阶段，或者说奠基时代，故而孕育了美国日后发展的所有基因，决定了美国的未来。

作为英国在北美的殖民地，美国毫无疑问是从英国的模子里刻出来的。13个殖民地是在不同时期以不同方式建立的，从最早的詹姆斯敦（1607）到最晚的佐治亚（1733），前后花了一个多世纪，而这一个世纪正是英国自由主义发轫和完善的时期。虽然各殖民地人民对母国的亲疏各有不同，但移民从英国搬来的只能是他们熟悉的英国体制和英国观念——亦即当时最先进、最接近自由主义的思想。他们是作为大英帝国的臣民在海外领地生活着，就连日后造反的理由也是他们作为英国人的权利受到了侵害。

在将英国自由主义移植到北美的过程中，新英格兰所起的作用最大，这倒不是说它是唯一重要的，各个殖民地都做出了贡献，也正由于它们彼此相似——如孟德斯鸠所言，一个共同体所具有的特殊"精神"——才能最终融合成一个民族。弗吉尼亚人最想照搬英国，他们要把英国的一套完全移植过来，在新大陆当英国乡绅。尽管詹姆斯敦的移民开始并不很成功，但正是他们早在1619年就建立了北美第一个代议制机构——下议院。弗吉尼亚的贵族们在此后的一个半世纪里习惯了代议制政府，并从中得到了共和政治的熏陶和训练，使他们为合众国提供了最初五位总统中的四位，号称"弗吉尼亚王朝"。弗吉尼亚的绅士们以中庸大度为荣，思想开放，不崇拜任何理论家，不愿受缚于任何一种主义，实施宗教的宽容多元。他们虽然从英国搬来了圣公会，却在新环境中加以改造，形成了没有主教的圣公会，有点像不是丹麦王子的哈姆雷特。

由贵格会教友威廉·宾恩开创的宾夕法尼亚素以信仰自由和多样性闻名，他们主张平等、和平，具有世界主义倾向，为不同种族和宗教的移民提供了容身和发展的地方。天主教徒巴尔的摩勋爵创立的马里兰早在1649年便颁布了宽容法，他们的目的是希望能够被占人口大多数的新教徒所宽容。但是总体说来，任何其他殖民地都不像新英格兰那样为美国自由主义的形成和发展提供如此多的理论思考和实践试验，而且随着新英格兰人的向西迁徙，他们的影响遍及中西部和西部。

2. 大西洋两岸的清教革命

随着1630年大批清教徒开始移民马萨诸塞，英国的清教徒从地理上分成了两支。据说清教是现代革命党的原型，大西洋两岸清教徒有着共同的理想纲领，但环境却全然不同。比较一下他们各自建立人间天国的历程，不禁使人体会到环境对人们行为的巨大影响。

约翰·温斯罗普率领的清教移民采取的革命方式是一走了之，他们对英国已不存幻想，至少不想承受在英国完成使命的那份艰巨。上帝在大洋彼岸专门留给他们的大片处女地召唤着他们，在那里一切都能重新开始，而历史能这样从头开始的机会实在是千载难逢。三千英里的大西洋波涛虽然令人生畏，但几乎是他们需要征服的唯一革命对象。当这些虔诚的上帝子民一踏上北美的土地，他们就已经获得了独立，已经摆脱了他们在英国所厌恶和反对的一切，就可以按自己的愿望在荒原中建立"山上的城"。他们不再需要面对一个坚持君权神授的国王和要求服从的英国国教，他们甚至不需要进行理论争辩而只需将异端分子逐出殖民地，就可以一心一意地按照《圣经》去建构他们的教会和政府，引导人民服从上帝，勤奋工作，繁荣社会，他们的存活本身就证明了他们的正当性。一句话，他们不需推翻，只需建设。

而英国的清教徒则必须接受血和剑的洗礼，他们将国王送上断头台后却又不得不迎来王朝复辟，真是历经动乱，几度牺牲，因为阻力实在太大了。然而，大西洋两岸的互动却从未停止过，当大洋彼岸的英国内战打响后，隔洋观火的北美清教徒感到又兴奋又忐忑不安。当克伦威尔当护国公时，马萨诸塞的一些清教徒断断续续地回到英国，因为他们觉得理想已经在母国实现，没有必要再待在北美。但王朝复辟后，他们还是感到了新英格兰的亲切，于是重返殖民地。

环境的不同导致了两岸清教在自由主义的发展上也有所区别。当英格兰的清教徒通过激烈的手段在限制王权时，新英格兰的清教徒却没有王权需要去限制，他们只需要巩固自己的政权。当英格兰在反复的斗争中学会宽容时，新英格兰却不必宽容。对新英格兰的清教徒是否为美国民主做出贡献这一问题，学者们意见不一。一派认为清教徒头脑僵化，容不得任何不同观点，迫害异端，马萨诸塞是个政教合一的"圣徒"专政，美国的民主和自由都是在清教统治削弱后才产生的。另一派则认为清教政权包含了很多的民主基因，决定了美国日后向民主制的发展。

其实，两派的观点并不完全相互排斥，他们所说的都有史料为依据。事物总有不同方面，人们总能找到为自己观点辩护的理由，更何况处于过渡时期的马萨诸塞海湾殖民地的清教。它是前现代和现代的复杂混合，因此不可避免地同时包含着新旧两种因素。也许奇怪的不是他们继承了许多中世纪的遗产，而是他们的叛逆中孕育了许多现代的思想和品质，并极力去付诸实践。

3. 清教的前自由主义特点

清教所继承的中世纪遗产使他们与自由主义显得格格不入。第一，清教徒根本不相信也不提倡人类平等。温斯罗普在大西洋上遥望北美时做了题为《基督仁爱之典范》的讲演，对他们移民之举的目的意义做了综合阐明。首先他就认定人生来有贫富贵贱之分，这是上帝的安排，因为这样更能显示上帝的荣耀。清教徒和中世纪所有的欧洲人一样，是绝对宗教化的。他们信仰的加尔文教提倡预定论，相信上帝在万世之前便已决定一个人是否得救，人只有虔敬地接受，岂能有怨言？

第二，清教徒的政体确实是政教合一，他们并不假装政教分离，因为他们信的就是合一。他们的人生目的就是使灵魂得救，他们的移民目的就是建立上帝的"山上的城"，这里信教是强迫性的。教会和政府都是属于上帝的，只是分工不同而已。既然政教如同身心，又岂有分开的道理呢？教会当然要控制政府，也要维护政府的权威，因为在他们的观念里，政府是对犯有原罪的人类的必要惩罚。

第三，清教徒是绝不宽容的，他们的使命就是为了荣耀上帝，尊崇上帝，容忍异端邪说岂非容忍对上帝的不恭？这本身不就是在亵渎上帝吗？这是上帝的仆人所绝对不能容忍的。1637年的殖民地法律规定，非正统教徒不准入住马萨诸塞，新大陆有的是土地，为什么这些异端分子一定要来干扰他们呢？他们是和上帝有誓约的，要建立上帝在人间的王国，一旦受到异端破坏，不能完成神圣使命，那就等于对上帝违约，必然引来灾祸。

第四，清教徒不是个人主义的，他们要建立的是群体、联合体、共同体。清教社会的基础是集体，而非个人，因为他们是作为一个整体和上帝立约的，任何个人的胡作非为都可能成为伪证，带来上帝的严惩。温斯罗普在讲演中一再强调，他们要发扬兄弟情谊，团结凝聚成一个人那样。移民们必须将集体利益放在个人利益之上，在必要的时候要准备为集体贡献出一切。他们自然也不提倡个人自由，当他们谈及自由时，指的是自己教派的自由。对英国，他们要的是消极自由：别来管他们。对自己，他们要的是积极自由，温斯罗普说过，"只有善良、公正、诚实之人才有自由"，服从权威才有自由，不服从至少是傲慢。

4. 清教的自由主义基因

综上所述，清教思想都与自由主义不一致。但有意思的是，清教又同时发展了与之相反的思想观念，使他们不仅不与自由主义相违背，反而有促进其发展的作用。毕竟，清教徒是旧制度的叛逆者，所以必有弃旧创新之处。同时，他们又非常讲究实际，必然会把宗教教条修正得适应其生存环境。

第一是契约概念。正统的加尔文教义强调上帝的绝对权威，作为至高无上的主宰，上帝是随心所欲的，本不可能与堕落的人类订什么约。但清教思想却是以契约为基础的，马萨诸塞的清教移民更是自认为迁徙之举乃是与上帝专立之约，这样便使他们在北美蛮荒中稍微有点安全感。他们的社会组织建立在三大契约之上：恩典之约、教会之约和公民之约。恩典之约是信徒个人与上帝立的约，是三个约的基础。教会之约是信徒们成立教会时彼此间立的约，为的是共同尊奉上帝，教会是教友的集合，教友间彼此平等。公民之约是信徒们作为公民在成立世俗政府时立的约，在马萨诸塞殖民早期，只有教会会员才有在政府任职的权利。

契约理论是民主政治的先声，其革命性在与君权神授理论相比较时便十分清楚。历来的统治者假借天意、民意，但实际上无非是凭着征服者的权利。英王詹姆士一世在《自由君主制之真正法律》（1598）一文中，以《圣经》为依据，证明君权神授，君王应享有绝对权威，他是一切法律的来源，自然也高于法律。但契约理论彻底否定了君权神授，将治者与被治者的关系视为双方自愿的契约关系,这就暗示政府权力的合法性建立在被治者的同意之上。这一转变为自由主义的产生进行了许多铺垫,包括天赋人权的自然权利理论、人生而平等的理论,以及限制世上一切权力的宪政理论。

1620年,朝圣者们在登陆普利茅斯前签订的《五月花公约》是清教徒成文契约传统的最早文献,字数虽然不多,但明确规定他们将按照大家同意制定的规则来组建社会,所有人都将服从这些规则,这是契约概念支配下的法治与宪政的开始。

第二是政治自治。英国的殖民方式与西班牙、葡萄牙等国不同,英王一般不直接参与殖民地事务,他只是颁发特许状,具体筹建大多属于私人行为,如以股份公司或私人领地方式。特许状允许移民享有英国公民的权利,并有相当的立法自治权,条件只有两个:一是殖民地立法不能有悖于英国法律;二是立法要取得当地自由民的同意。三千英里的大西洋将北美与英国隔开,更何况英国政局动荡,正忙于内战,即使想加强对殖民地的控制,也总是难以如愿,所以殖民地人民习惯了自行其是。

清教的政治并不标榜民主,清教领袖约翰·科顿对民主不屑一顾。他说:"民主,我并不认为上帝曾授意说那是教会或共同体的合适体制。如果人民成了治理者,那谁是被治者?"[1]但是清教徒显然又直接继承了宗教革命的反权威精神,他们试图净化英国国教,对英王也敢于抗衡。英国内战称为"清教革命",就是因为清教徒同国王斗争时最为坚决无情,这种精神不可能不体现在他们自己建立的政体中。自治从宗教开始,就是公理会,引申到政治,就是乡镇议会,成为民主的雏形。1641年,马萨诸塞实施自由权法,以英国大宪章为基本法。1644年,开始由两院来立法,自由民每年选一次总督,即使像温斯罗普这样的权威人物,也不止一次地落选。

---

[1] Perry Miller and Thomas h.Johnson ed., *The Puritans: A Sourcebook of Their Writings* (New York : Harper&Row,Publishers,1963),vol.1,pp.209–210.

不过此时的民众参与还是很有限的，所谓自由民，只限于合格的教会成员，而教会成员资格则需要经过复杂的审批手续，申请者还要当众陈述自己的宗教皈依体验。一旦批准为教会成员，就成了"可见的圣徒"，这就是为什么马萨诸塞的神权统治被称为"圣徒的民主"。所谓"可见的圣徒"就是世人看着像圣徒的信徒，但还不能确定他是否真的得救。至于真正的圣徒，只有上帝知道，故称"不可见的圣徒"。清教作此区分是因为他们认为唯上帝有权评判人的灵魂，凡人只能评判人的行为。

第三是个人意识。清教徒虽然不是个人主义者，但他们关于个人的意识中却包含了个人主义的萌芽。早期基督教本身就包含着社会底层追求平等的意识，所有的人无论其社会地位高低，在上帝面前都是平等的罪人。到中世纪后，罗马教会的霸权地位日益强大，路德领导的宗教改革否定了罗马天主教对基督教的全面控制，也取消了教会作为上帝与信徒个人之中介的地位，原先教会所承担的责任就归到个人名下。新教徒需要凭借《圣经》对事情做出自己的判断，而不仅仅是紧跟教会，人云亦云，由此个人的良知和判断显得格外重要。由于和上帝的直接交流，个人也因此具有更多以前难以想象的尊严。

马萨诸塞的不宽容是以20世纪的西方标准来衡量的，在17世纪的地球上，他们的不宽容绝非例外，更不是最残酷的，至少他们还允许异议分子当众为自己辩解。安·哈钦森和罗杰·威廉斯都是经过辩论后被宣判有罪、逐出殖民地的。尊重个人的意识为清教徒发扬独立、自主、自发，以及实验、创业等精神创造了外部氛围。

第四是资本主义。韦伯关于新教伦理与资本主义精神的研究是众所周知的，清教徒属于既不愿当奴隶，也不想当主人的中产阶级，他们将财富视为上帝恩宠的象征，是得救的外在迹象，因此以富裕为荣。同时他们又主张勤奋节俭，反对侈靡，两者相辅相成就养成了一种独特的心态和行为方式，无意中非常有利于新的资本主义经济秩序的发展。

第五，也是常常被忽略的一点是，清教对个人的约束为自由主义打下了基础。自由主义理解的个人是自利的，但也是有理性的。正因为如此，人才依据自利的原则行事，才能对自己的行为负责，才可自我管理和接受管理。在清教的训练下，个人必须经常反省，必须对自己对社会负起责任，这就为自由主义的实施创造了条件。对清教徒来说，自由主义对个人权利的强调是不太可能被滥用的，他们在长期的训练后具有天生的分寸感，所以像爱默生这样的人可以对人性比较乐观。假设一群从无管教的人被突然放到了自由主义主张的自由环境中，不难想象他们滥用自由的可能性。

5. 清教向自由主义的演进

有意思的是清教无意中为自由主义、为现代民主所作的贡献。当清教中的宗教成分被逐渐淡化、演进成一种世俗的人文主义思想后，其中的自由主义基因便凸显发展，成为近代的自由主义。这也许是所有过渡时期意识形态的特点，而促使其演变的动力则是外在的环境和内在的人性。

首先是来自英国的压力。英国革命后，特别是光荣革命后，英国在公民权利的维护上又前进了一步，1688年颁布《权利法案》，1689年颁布《宽容法案》。出版自由、司法独立、政教分离等现代社会原则都已开启端绪或确立。相对而言，殖民地神权统治的做法便显得落后了，并且与母国法律相违背。一些心怀不满的人便上告英国，埋怨清教政府强调"成员资格"，剥夺了他们作为英国公民的政治权利，这最终导致了马萨诸塞独立地位的丧失：1692年原特许状到期后，英王的新特许状将它变为皇家殖民地，这对于坚持温斯罗普"山上的城"理想的北美清教徒来说，是一次沉重的打击，他们当全世界典范的梦想落空了。

不过实际上，海湾殖民地到移民第二代时已经面临极大危机。早在1662年，牧师们就已经在哀叹世风日下，人们热衷于世俗追求，冷淡了上帝，背离了初衷。他们满怀恐惧和焦虑，认为自己的"荒原使命"已经宣告失败，上帝的惩罚随时将至。威格尔斯沃思牧师悲痛地说"上帝和新英格兰有了过节"，其大难临头的感觉可想而知。

但世俗化的过程是不可避免的，到第二代，清教领袖们就发现原先筛选再三的"圣徒"已经来源不足，子女们对父辈视为特权的成员资格已经不那么在意了。第二代中许多人无宗教体验可以汇报，因而不能获得成员资格。但是如果他们不是成员，他们的子女将无资格接受洗礼，未受洗礼之人长大后便无资格成为成员，如此下去，这个政教合一的政权将如何维持？最后，他们只能实事求是，降低标准，在1662年搞了个"半约"，规定凡是成员的子女都能成为"部分成员"或"半成员"，使他们的子女能照样受洗，并有望成为成员。在清教领袖不得不改变原则来适应外界的时候，也就亲手开启了清教美国化和现代化的过程。

清教以一场净化人类的神圣实验开始，也和所有类似的实验一样，最终被人性挫败。他们试图以《圣经》为蓝本来建设一个想象中的完美社会，一个"山上的城"，但是即使他们集合起一批志同道合者，跨越三千英里的大西洋来到北美蛮荒，挣脱了旧世界的干扰，一切从头做起；即使他们采取种种封闭和强制的做法，实行政教合一的神权统治，却还是不能维持下去。因为他们可以将所有异议分子逐出，却不能保证自己的子女和自己的思想一样。他们可以逃离英国，逃离国王，却逃不过自己，逃不过人性。他们想把一个16世纪在西欧产生的观念原封不动地挪到北美，并保持世世代代不变，这顶多只是一个浪漫的愿望而已，因为他们漠视了人性适应环境的基本道理。

正统的清教神权到17世纪末就已瓦解，到1730年代，殖民地掀起了一场轰轰烈烈的宗教复兴运动——大觉醒。真正的清教传人乔纳森·爱德华兹牧师以为恢复清教信仰的时机已到，他在布道中极力渲染上帝的愤怒，逼迫听众忏悔皈依。他一度收获颇丰，为上帝召回不少失落的灵魂，但最后还是抵挡不住时代的潮流，被自己的教会解雇。造化弄人，大觉醒的主流恰恰与他回到清教神权的愿望相反，而是极大地冲击了教会权威，提高了平信徒的地位，为美国独立所需的世俗化民主气氛创造了条件。在清教已经完全丧失其17世纪革命性而转为保守势力时，爱德华兹阻挡社会变化的企图化为泡影，而他也就成了最后的清教徒。

第二节　自由主义原则在美国的确立

1. "革命"还是"独立"

美国革命的性质是什么？是否应称之为"革命"，还仅仅是"独立"？对此存在着不同观点。否认它是"革命"的观点认为，除了独立于英国，美国国内并未发生通常与"革命"相伴的社会激烈动荡，或曰一个阶级推翻一个阶级的改朝换代，阶级状况大致依旧，因此它不过是一场独立战争。

其实，"革命"一词的英文为revolution，毫无将"命"革掉之意，而是指旋转，或发生根本性的变化。从这个意义上说，美国革命是一场当之无愧的革命，而那些革掉许多"命"的运动却未必都是革命。美国革命同时完成了三项具有革命性的历史任务：从殖民地到独立，从王国到共和国，从政教合一到世俗化。美国革命的起点高，因为是站在英国革命的肩上完成的。美国人从一开始就以英国的宪政为基础，以其人之道还治其人之身。诚然，这三项革命非一朝一夕所能完成，其过程早就开始，但是美国革命从量变到质变，成为它们完成的标志。

美国革命是近现代第一场反对殖民统治的革命，因为它发生得太早，而且自己日后也发展成帝国主义，因此人们往往忽略了这一点。美国人背弃英国这个宗主国，赶走国内约六万之众的托利保王党，没收其财产及教会，独立无疑是相当彻底的。美国的独立开启并激励了全世界连续一两个世纪的殖民地独立运动，这本身不能不说是具有革命性的。

在独立的同时，美国也推翻了君主制，实现共和制，美利坚合众国成为第一个现代共和国，它完全不同于以往历史上的任何政体，这一重大的政体改变也称得上具有革命性。比它早一个多世纪的英国革命，把查理一世送上断头台，可惜"共富国"内部很快出现大权独揽的护国公，随即王朝复辟，最终只能以君主立宪制延续至今。晚于美国革命的法国革命虽然声势远比前者壮观激烈，很符合一般人对革命的崇拜和理解，但仍然出现了拿破仑称帝和王朝复辟。更不要说一个半世纪后的中国辛亥革命，紧接着的就是袁氏称帝、张勋复辟、军阀混战、强人当政，共和体制风雨飘摇，常常只是被当成一块遮羞布在利用。相比之下，美国的共和制却固若磐石，二百多年来各级选举从未中断过，至今无须用武力来更迭政权。任何革命的成功都要以传统和文化作为其底气，缺乏社会共识的体制更改很难行得通。

从政教合一到政教分离同样是一场革命，也许更为深入。从表面的层次来说，是确定政教分离的立国原则。革命前不少殖民地以税收来维持政府支持的宗教，有的还对公职人员有宗教信仰要求。革命后，教会从政治中彻底退出，法律成为国王，一切的依据从《圣经》改为《宪法》，清教以恩典之约、教会之约和公民之约为基础的神权统治只剩下一个公民之约。从深层次来说，政治从宗教和伦理中解脱出来，以对人性的哲学思考为出发点，不再忙于猜度和揣摩上帝的心思。承认世俗利益驱动的合法性后，人的自利不再是禁忌，它堂而皇之地成为历史的动力。人不再为上帝天恩而活，而是为自己的幸福而活，这是人类的一大观念革命。

为自己而活，乍听起来似乎远不如荣耀上帝、无私奉献那么高尚，不过它更符合人性，也就更能解放平民百姓的积极性和能量。更重要的是，承认自利原则可以消除任何伪装圣人的动机，揭穿任何凌驾于民众之上的自命的圣人，他们对权力利益的追逐一贯蒙上高尚伟大的假象，以便要求民众放弃自己的权利。现在剩下的问题就是如何用法律来规范这种自利本性，最终使每个公民都能和平共处地追求自己的幸福。

2. 一场"保守"的革命

然而，美国革命确有许多与其他现代革命不同的特点，显得相对保守。革命一般都需要推翻过去，与传统决裂，有的甚至造成难以弥补的巨大历史断层。但美国的革命却不是要推翻过去，恰恰相反，是要保住他们殖民地时代的过去。确切地说，美国推翻过去的任务已经在跨越大西洋的时候完成了，清教徒们移民北美，就是与英国决裂、与过去决裂，从那以后，他们就一直在创造自己的新社会。这里没有过封建专制，无边的自由土地使等级森严的封建约束成为事实上的不可能。无论是新英格兰、中部还是南方，殖民地人民都享受着英国人的权利，事实上可能更多一些。经过一个半世纪的努力，到独立之时，他们的社会革命可以说已经基本完成。美国人享受着相当充分的、当时世界上少有的权利和自由，现在他们不希望英国再来干扰他们、改变他们，他们要维持原状，这就是美国革命"保守"的本质所在。

公平地说，与 18 世纪地球上其他地方相比，英国对北美殖民地的压迫与剥削说得上温和宽松了，殖民地人民自己也感激英国对他们"仁慈可喜的忽视"。即使在七年战争之后，英国加紧控制，颁布一系列新法律，开始直接征税等，也绝不能说是那个时代最残酷的统治。只是美国人缺乏长期的高压训练，惯于自由、自主、自治、自理，因此承受苛政的能力颇差。同时，他们对权力天生的不信任，决心自立于民族之林，不再当英国的附庸。他们相信独立后美国将有更多的机会、更好的未来。

美国革命的"保守"还表现在美国人在革命期间始终保持清醒和理性，

缺乏"横扫一切"的豪言壮举。美国人实用得不能再实用,居然只是提出"无代表不征税,无陪审不审判"之类再实在不过的口号,而不是解救人类的一揽子宏图壮志。那里既没有断头台的恐怖,也没有乌托邦的幻想,更没有领袖的光环,甚至连一部正正经经歌颂革命的文学作品也没产生。革命刚成功,一些美国人就"忘恩负义",把乔治·华盛顿比作英王乔治三世,称他为"乔治一世"。

总之,现代革命通常伴有的将革命神化为宗教的事并未在美国出现。对此,路易·哈茨有一段精彩的评论,他说美国人"不必将革命变成宗教,因为宗教已经革命"。[1] 美国的大部分教会继承清教反权威的传统,从一开始就站在革命一边,根本无须推翻,所以革命不必越俎代庖去发挥宗教的功用,恺撒的归恺撒,上帝的还是归上帝。美国人也始终没有将革命提到超自然的完美高度,他们宁可脚踏实地凭常识行事,难怪革命中最畅销的宣传册子就是汤姆·潘恩的《常识》了,其中"独立"与"共和"的主张获得人们的一致赞同。美国人革命前未曾盲目乐观,革命后亦未跌入悲观深渊,因为他们并不在等待救星、神示,也不认为革命后便天下从此太平。相反,他们对高踞于人民之上的权力一直保持着高度警惕和疑虑,相信政府是不得已之恶。既然没有将革命神化为宗教,也就不必将革命领袖神化为宗教领袖、救星或真命天子,好像他们完全是特殊材料制成的另一物种。

事物真可谓牵一发动全身,一个社会的方方面面无不相互关联。美国无封建专制,虽然名门望族不是没有,但还没有形成阶级壁垒。压迫不狠,反抗也就不那么强烈,美国各阶级尚能同心同德,一致对外,美国革命不是以阶级斗争的方式完成的。革命后虽然也有一些起义或称叛乱,但实在算不上大麻烦。西部爆发号称"威士忌起义"的骚乱时,汉密尔顿说服华盛顿带兵亲征,等华盛顿赶到那里却发现根本没有什么起义需要镇压。

---

[1] Louis Hartz, *The Liberal Tradition in America* (New York : Harcourt, Brace and Company, 1955) , p.41.

美国人以法为基础向英国争权利,自己就不能太无法无天。何况他们大多是自耕农,既非无产,亦非无知,也不是为了混口饭吃才去打仗。他们对财产的私有制具有共识,"劫富济贫"对他们没有号召力。美国革命靠的是民兵,他们扛着自己的枪,花着自己的钱去革命,为的是维护自己的财产和自由。

3.《独立宣言》:自由主义的宣言

《独立宣言》是美国立国之本,而它正是一篇自由主义的宣言。现在人们已经很少提及占宣言大半篇幅的英王乔治三世的罪状罗列,而集中于第二段"我们以为以下真理不言自明"后的五条基本原则:1)人生而平等;2)造物主赋予他们若干不可让渡的权利;3)这些权利包括生命权、自由权和追求幸福的权利;4)为保障这些权利,人们建立政府,政府的正当权力来自被治者的同意;5)当任何形式的政府破坏了这些目的,人民有权,也有责任改变或推翻它,以便按照以上原则重新组建政府。如果说观点各异的美国人还有共识的话,那就是这几条基本原则,它们完全是世俗自由主义的姿态。说其虚伪者有之,但除了菲茨休之类,还很少有人公开反对。

《独立宣言》是杰斐逊执笔的,但这些原则不是他首创的,主要源自洛克的思想。杰斐逊当时在回答这类评论时早就说过,他起草宣言之时并未参考任何书籍,但显然洛克的思想他早已接受,并且融入自己的思想之中。他认为洛克的《政府论》下篇是最好的政治理论,他将洛克和培根、牛顿并列,尊为他心目中的三大伟人。杰斐逊说,他的任务"不是去发现新原则或新论据……而是将有关这个问题的常识以简洁、确凿的语言呈现在全人类面前,以获得他们的赞同……用意在于表达美国思想……它所有的权威来源于当时一致的情感,无论是表达在言谈中、信件中、发表的文章中,或是阐述公共权力的基本读物中,如亚里士多德、西塞罗、洛克、悉尼等"。①

美国人选择洛克而非霍布斯真是最自然不过。洛克和霍布斯都从假设的原始自然状态来追溯政府的渊源，这种状态也许如一些人所批评的那样，根本从未存在过，但这样做正是为了要确立一种从未存在过的、平等的新秩序，因为与人类社会以往"自然"形成的等级制相比，这种新秩序显然是"不自然"的。如果不假设一种自然状态，那么丛林原则便是亘古不变的真理了。中国明清之际的黄宗羲写《原君》，不也采取了同样的策略吗？霍布斯对自然人的自利感到绝望，认为只有绝对君主制才能控制他们相互残杀的局面。洛克则认为人还是有理性、能够自理的，设立政府只是为了克服自然无序状态下的"不便"而已。洛克对自然法和天赋人权的维护本质上是在摧毁人分等级的世界，也完全是出于现实政治的需要，是为清教徒控制的议会反对国王作辩护。美国人要做的可以说是清教革命的延续，因此洛克是他们最现成的理论家。美国人选择洛克而非卢梭也是事实，他们在革命时期很少引用卢梭，也不追随他的"公意"说，因为他们的理想是立宪共和而不是民主。

4.《独立宣言》的独立意义

如果仅从思想内容来看，《独立宣言》的原则确实都由洛克论述过，但是宣言所述与洛克所述仍然有所区别，因而有其自身不朽的意义。

首先，洛克的推论大多仍以上帝为出发点，而宣言中除了沿用"造物主"一词，已经完全从世俗出发。我们将"All men are created equal"译成"人生而平等"，其实并不十分妥帖。杰斐逊用词非常讲究，特别是这样重要的檄文，每个字都会再三推敲，不会信手拈来。英文中明明有现成的

---

① Edward Dumbauld, ed., *The Political Writings of Thomas Jefferson* (New York: The Bobbs-Merrill Company, 1955), p.8.

"born"（生）这个词，为什么杰斐逊不用它，却要用"created"（造）呢？因为人在 created 的意义上是平等的，在 born 的意义上肯定是不平等的。这里与其说是人生得平等，不如说是上帝造得平等，没有人是特殊材料制成，天生高人一等。"造"隐含着一个造物主的存在，但中国人缺乏"造物主"的概念，汉语中也没有对应的动词，实在很难百分之百地传达原意。很明确，杰斐逊反对的是封建等级观念，是君主绝对权力。平等指的是人在上帝面前的平等，亦即所有人在具有天赋人权方面的平等，而不可能指人在社会现实中的完全平等，后者对杰斐逊来说可谓匪夷所思，当时恐怕也不存在这种误解。

杰斐逊用"不言自明"这个词至少可以有两种理解：一方面是因为这些天赋人权无从证明，说是天赋，其实是人赋，是人类观念的演进，确切地说是资产阶级在向旧制度开战时创造的精神武器。从性质上说，"天赋人权"与"君权神授"一样，也是一种政治思想。另一方面，美国人的生活又确实比其他任何地方的人更接近于这样一种自然状态，因而，对洛克来说属于想象的自然人和自然法，对美国人来说更像是对现实的描述，在接受上可以说是"不言自明"。连洛克本人也曾感慨道："太初，全球皆为美洲。"

洛克所言自然权包括生命权、自由权和财产权，杰斐逊保留了前两者，却将财产权改成了追求幸福的权利。追求幸福的权利显然涵盖面更广，也更带有个人色彩，因为幸福对每个人的含义是不同的。同时，杰斐逊也认为财产并非上帝直接赋予，在严格意义上说不是与生俱来，相对而言，政府也就拥有更多规范它的权利。至于政府的职能，到底是保障公民追求幸福的权利呢，还是帮助他们获得幸福的责任？杰斐逊没有说明，这个问题日后发展成美国政治中持久的争议。

其次，洛克的《政府论》上、下篇虽然并不长，但其思想的精华经过杰斐逊高度概括和提炼后，浓缩成简洁的几句话，铿锵有力，朗朗上口，极易传播。它们在当时就已经成为殖民地人民的普遍信条，革命早在美国人的头脑中首先完成了。美国提供了一种自由主义的天然环境，洛克的学说在这里如鱼得水，相得益彰，所以说没有一个哲学家像洛克那样影响过美国。

最后，《独立宣言》是美国人将信条变为行动的宣言，宣言为独立战争提供了理论依据，而独立战争又将它们变成现实，这是欧洲理论在美国开花结的果。在欧洲，这些理论往往只能停留在书本上，而美国人却实现了它们。众所周知，一种理论从思想变成现实是一个艰苦卓绝的过程，而且需要随时修正理论使之与现实相符。《独立宣言》的发表表明，北美各殖民地人民已经在自由主义基本原则的基础上团结成一个民族，并决心为实现这些原则而殊死奋战。

5.《合众国宪法》：自由主义的体制化

1787年宪法的制定标志着《独立宣言》的共识和原则以根本大法的形式固定下来了，这两个文件也因此成为美国立国的根本。

诚然，这两个文件有所不同。《独立宣言》主要针对英国，是美国人为自己的叛逆辩护，因此它更强调平等自由等革命原则，措辞慷慨激昂。宪法则是在为新国家立约定规，它不仅要有原则，更要创建一整套可操作运行的具体机制，确保国家的长治久安。

制宪者们有两个需要同时实现的目标：首先是立国，唯有将邦联条例下13个松散的独立州凝聚起来，建立一个可以行使足够权力的联邦政府来取代邦联，合众国才成其为一个国家。其次是限权，约束权力是宪政的根本，这个联邦政府的权力必须恰当，而且从创建伊始就要将限制自身权力的机制设置其中。唯有这样，才能使其权力不至于被滥用；也唯有这样，才能使对中央权力极不信任的各州接受这部宪法及其创建的联邦政府。制宪者们的观点是有政府，不是无政府，但这个政府不是至高无上、至大无边的。美国革命没有从混乱走到集权，是一百五十年自治的结果。

宪法确定的原则和《独立宣言》的五条原则并无分歧。人生而平等的原则体现在法律对所有公民的一视同仁，没有一处规定人的高低等级，并禁止授予贵族爵位。当然从今天的眼光来看，它的平等仍然是极不彻底的。首先，印第安人与黑奴没有公民身份，当时印第安事务属于外交，印第安人当然不算美国人，这还可理解。而南方黑人作为奴隶，也不享有公民权利。默认奴隶制无疑是宪法在承认"人生而平等"原则上的最大局限，为冲破这一局限，美国日后不得不打一场血腥的内战。除此之外，虽然没有明说，妇女也不享有包括选举权在内的完全的公民权，但客观地说，这是制宪者们所处时代对"公民"的普遍理解。

虽然如此，制宪者们还是不像19世纪中叶为奴隶制作正面辩护的南方奴隶主阶层，他们对奴隶制只是默认其历史和现状，并不是没有看到其不合理性和潜在的威胁。当时迫在眉睫的问题是立宪建国，他们知道如果不对奴隶制作一定的妥协，南北将永远无法一致，宪法也产生不了，国家也成立不了。不过，他们还是避免使用"奴隶"一词，代之以中性的"人"，并且规定奴隶进口只能再延续二十年。

宪法对于个人天赋权利的保障集中体现在两处：一是在宪法前言中，声明保障人民自由乃是制定宪法的目的之一。二是作为宪法修正案最初十条的《权利法案》，它们没有直接写入宪法并不是因为制宪者没有将它们考虑在内，或对它们有异议，而是宪法已将政府各部门权力详细列出，因此按照逻辑，没有列出的应被视为政府所不具有的权力。但是为了满足人民的普遍要求，制宪者们同意将它们明确列出，谨防政府侵权。

关于人民和政府的关系，宪法开篇就是："我们，合众国的人民，为了建立更完善的联邦……特此制定美利坚合众国宪法。"政府乃人民为了保护自己权利而立约组建的，这原则明确无误。宪法规定了政府如何构成，职权分明具体,极少含糊暧昧之处。有意思的是,美国宪法是由一批不信任权力的人制定的,他们不信任权力是因为他们不信任人性,也不认为人性可以改造。他们的观点很简单:如果人是天使,政府就是多余的了,但人还是可以因势利导的。所以,他们着力限制正在创建的这个政府的权力,重重叠叠地设防,以免它草率行动或大权独揽,以免它危害个人和少数的自由和权利。

这些预防滥用权力的原则主要是:1)主权在民,大部分官员由人民通过直接或间接的选举产生,任期有限,选举方式不同使官员对不同的权力来源负责。国会会员如有过失可随时罢免,民选的众议院掌握着财权和对总统和最高法院法官的弹劾权。2)联邦制,联邦和州的双重政府可彼此平衡牵制,州政府官员由本州公民选举产生,行政上独立于联邦政府,使人民有更多控制政府的能力。3)三权分立,使立法、执法、司法成为三个相对独立的部门,以免权力过分集中在一个部门,甚至一个人之手。4)权力制衡,国会、总统、最高法院三个权力部门彼此牵制,难以独断独行。制宪者们深知权力自我扩张的本能以及掌权者对权力的贪婪,试图以权力来限制权力,以野心来限制野心,构架出政府内部自身的限制机制。5)确定政教分离的原则,将宗教排除在政府之外,使政府无权干涉公民思想,不能以思想论罪,不能阻止思想的发展。6)使军队国家化,直接听命于总统,消除军队对长官的个人忠诚,避免军人参政,以武力来决定政治。7)宪法通过修正来体现与时俱进,通过法律程序来体现民意。

6. 比尔德对宪法的经济分析

1913年,在进步运动的热潮中,查尔斯·奥·比尔德发表了令世人刮目相看的《美国宪法的经济观》。虽然他否认自己的著作是为当时的论战而作,但现在看来不可否认地带有强烈的时代色彩:世纪之交的美国正在全力以赴缓和工业化带来的贫富分化和阶级矛盾，比尔德在书中义正词严地批驳了美国历来将宪法视为正义化身的解释：

> 把宪法视为一种抽象的法律，没有反映派别的利害，没有承认经济的矛盾，则是一种完全错误的观念。它是一群财产利益直接遭受威胁的人们，以十分高明的手段写下的经济文献，而且直接地，正确地诉诸全国的一般利害与共的集团。①

比尔德的经济分析主要分四步走，第一步是将当时的国民分为三大利益集团：1）被剥夺了公民权的人——奴隶、契约仆役、妇女、没有达到财产标准而无投票权的多数男子，这类人占了当时人口的大多数。2）不动产持有者集团——小农、地主、南方蓄奴的种植园主。3）动产利益集团，动产指的是贷放货币、公债、商品、工厂、士兵票券和航业等。

比尔德承认独立后的邦联政府正处于危机之中，金融制度紊乱，公债贬值为票面价值的 1/6 至 1/20。美国革命的经费主要来自举债，包括支付士兵的也是证券，独立后邦联政府却无权征税来偿还，民间契约也同样得不到保障，致使债权人和债务人的矛盾十分突出。工商业、制造业、航运业等得不到政府保护，许多人对邦联失去信心，甚至拥护起君主制来，连华盛顿也开始怀疑建立在平等自由基础上的制度是否只是"理想和虚妄而已"。

第二步是关键的，比尔德就制宪者本身的利益发问："他们背后代表了哪一种利益集团？改革或维持原来的形态将会增长哪一个集团的利益？"②换言之，就是谁从新宪法中占了便宜？

比尔德按姓氏字母顺序逐一考察了 55 个制宪会议参与者的经济状况，

---

① 查尔斯·奥·比尔德，《美国宪法的经济观》(北京：商务印书馆，1984 年)，第 130 页。
② 同上书，第 10 页。

发现属于公债利益集团的不下 40 人，土地投机动产集团的最少 14 人，生息动产集团的最少 24 人，工商航业动产集团的至少 11 人，奴隶主集团的至少 15 人，与会者没有一个是代表小农和债务人的。因此得出的结论是：制宪者和他们制定的新宪法有切身利益关系，他们的财产，特别是公债，在联邦政府下正遭受威胁，所以他们要废除联邦条例，另立新宪法新政府来维护他们的利益。

第三步是将宪法本身作为一个经济文献来分析，说明它虽然对选举人或官员没有规定财产限制，没有明文承认社会上的任何经济集团，也没有提到将特权授予任何阶级，但通过它赋予和没有赋予的权力，可以看出新宪法是保护私有财产的，特别是"动产在 1787 年至 1788 年的斗争中获得了伟大的胜利"，[①] 他们关于禁止破坏契约义务的要求得到了满足。显而易见，新宪法不是一个理论问题，而是"一个事关金钱的实际问题"，[②] "这种制度的经济意义是：有产者利益集团凭其卓越的力量和知识，可以在必要时获得有利的立法，同时又可不受国会里的多数的控制"[③]。

第四步比尔德考察了制宪会议和宪法批准过程。他的结论是制宪会议本身背叛了当时美国基本法《邦联条例》的规定，宪法的批准过程也是令人怀疑的。联邦派在各州并非多数，但他们动用了各种力量和计谋促使各州通过宪法。他还分析了"人民"的成分，特别是赞成和反对宪法两派的经济利益，他指出：人才、财富和专业能力都站在新宪法一边，动产利益集团尤其获利。

在冗长的考据和研讨后，比尔德最终的结论可归结为以下几点：

1）宪法运动主要是由四个在《邦联条例》下受到损害的动产

---

① 查尔斯·奥·比尔德，《美国宪法的经济观》（北京：商务印书馆，1984 年），第 125 页。
② 同上书，第 171 页。
③ 同上书，第 113 页。

集团（货币、公债、制造业、贸易和航业）发起和推动的，他们从中获得了直接的利益。

2）关于制宪会议的提议，并未经过直接或间接的人民表决。大量人民由于选举人资格的财产限制而未能（通过代表）参与制宪。在批准宪法方面，约有3/4成年男子由于冷漠或财产限制而未能参与州宪法会议的代表选举。宪法的批准大约只有不到1/6的成年男子赞成，有些州的多数选民是否确实赞成批准宪法值得怀疑。

3）制宪者中除少数外，都从新制度的建立上获得直接的私人利益。各州拥护宪法的领袖们所代表的经济利益与制宪者的完全相同，他们中多数人也获得了直接的私人利益。赞成宪法的一派是殷实的动产利益集团，反对派是小农和债务人集团，两派间存在着一条鸿沟。

4）宪法基本上是一项经济文件，其基本观念是：基本的私人财产权先于政府而存在，在道德上不受人民多数的干涉。制宪者的大部分成员都承认财产权在宪法上应有的特殊、巩固的地位。

5）宪法并不是像法官们所说的那样，是"全民"的创造，也不像南方废宪派长期主张的那样，是"各州"的创造。它只是一个巩固的集团的作品，他们的利益不知道有什么州界，他们的范围的确包罗全国。

比尔德的经济分析法确实很彻底，彻底到把人看成一种纯粹的经济动物，似乎除了直接的经济利益外，就再没有别的考虑，当然更谈不上什么公益心、忧国忧民的精神或政治家的高瞻远瞩了。虽然他要揭露的是制宪者和拥宪者的自私自利，但是按照他的逻辑，人人都不过是在维护自己的利益，那么为什么债务人反对宪法自私自利呢？如果宪法只是不同利益集团较量的结果，那么宪法通过与否，都不过是不同私利的胜利罢了，不能说明胜者就是非正义的。否则，为什么动产利益集团胜了就是非正义的，而不动产利益集团胜了就不是？为什么债权人能够依法得到偿还是自私的，而债务人能够依法不偿还就不是自私的？还是说，不管谁只要胜了就必然非正义？比尔德的推论难以令人信服。

国民有各自不同的经济利益，这是必然的。一个好的宪法和政府就是要保护尽可能多的不同利益，制宪者们也是国民，如果他们的正当利益也在受保护之列，大概没有什么可奇怪的。再则，宪法保护的是财产、而财产的主人是会变的，更何况在刚成立的美国。如果宪法不能保护财产、保护契约，那么美国的经济秩序将受到侵蚀，而且有朝一日债务人有了自己的财产，他也同样得不到保护。政体的合理和稳定关系到所有人的利益，尤其是弱者，因为没有游戏规则肯定对强者更有利，谁都知道只有强者能当乱世之枭雄。

比尔德提了很多问题，诸如：当时美国分成哪些利益集团？与会者一个个有些什么财产？保护财产将有利于何人？偿还公债将维护谁的利益？财产如何决定人的政治立场？加强中央政府将有利于哪个阶级？等等，但是他唯独不问问以下这些基本问题：公债是否应该全额偿还？军人证券是否应该兑现？契约（无论政府还是民间）是否应该得到遵守？国家的信誉是否应该维护？财产是否应该受到保护？联邦权是否应该高于州权？联邦是否应该有征税权、司法权、商业和航海的保护权？

此时，刚刚独立的美国正在经受严峻考验，何去何从，除了个人利益，是不是还存在着国家的利益，或简单的公益？如果美国要成为一个国家，是否应该有一个有职有权的联邦政府？如果各州照样在《邦联条例》下自行其是，国家的利益能不能得到保障？美国是否应发展经济？政府是否应扶植工商业？所有这些问题在八十五篇联邦党人文集中已经阐述得十分清楚。但是比尔德却只对麦迪逊所写第十篇断章取义，大做文章，完全否新宪法对美国的积极意义。他的经济决定论极其机械，完全缺乏麦迪逊在第十篇中表现出的政治成熟。

国家处于多事之秋，《邦联条例》却使全国举步维艰，麦迪逊在为宪法的程序革命辩护时不禁问道：到底哪件事对美国人民的幸福更为重要？"是抛弃《邦联条例》成立一个适当的政府，使合众国存在下去，还是不要一个适当的政府，让《邦联条例》保存下来呢？"① 比尔德引用了麦迪逊的这段话，但他显然并不赞同麦迪逊的观点。

美国宪法是 18 世纪的产物，必然带有时代的局限，它不可能是完美无瑕的。每个时代都有其通行的观念和接受与否的标准，例如对性别与种族的看法、对普选制的看法等，一百多年间早已今非昔比，不可能要求一个 18 世纪的人具有 20 世纪的价值观，而比尔德的经济分析显然是以 20 世纪初进步主义的观念来衡量 18 世纪的制宪者。至于全民性问题，国家事务永远不可能由所有的人来参与决策，更不可能人人同意。按比尔德的分析法，即便是全民公投的结果也不能说是全民的，因为它不能代表投反对票的那部分人。

要说制宪者制定宪法只想着为自己牟利，这未免有点言过其实。正如比尔德自己的调查所证明，这 55 个人大都出身富贵，受过良好教育，可以说已经是殖民地享有财富和特权的人，其中 39 人是大陆会议的议员，21 人是大陆军的将领。即使出身贫寒如富兰克林，由于他致富有方，42 岁便不必工作，将余生全部献给科学和公共事务。制定宪法时他已经 82 岁，有个儿子还是保王派，逃离了美国。凭他的才能，若坚持经商，早就可聚敛更多财富。华盛顿、麦迪逊等人本是种植园主，他们不去参加革命，也许有更多时间照料自己的庄园。再说，如果他们那么想为自己牟利，又何必当了两届总统又都自动退隐？而最擅长揭丑的美国史学家也没有找到他们

---

① 查尔斯·奥·比尔德，《美国宪法的经济观》（北京：商务印书馆，1984 年），第 152 页。

以权谋私、贪赃枉法的罪证。且不追溯太远，仅仅反观他们之后二百多年来世界各地创立的政府，实在很难说这批立国者特别自私。如果说这些人也只是在图一己之私利，那么比尔德真的是孤陋寡闻，没见识过为自己牟利的权贵。

比尔德以一种完全缺乏历史感的态度把美国宪法的一切长处都视为理所当然，对它有益于国家民族的影响都避而不论，专门从阴暗的角度去揣摩制宪者的心理。事物都是相比较而言的，如果比尔德能够放眼观察一下当时的世界，作一次横向比较，看看有几个政府在立法限制自身权力、有几个大权在握的人不把自己的权力看得高于百姓，那么他对制宪者们的理解也许会更深刻一些，这些人没有与世界其他地方的当权者一样，可以说实属例外。

世界上有多少宪法始终停留在纸面上，被遗忘在实际政治之外？美国宪法却从制定之日起就能实施到今天，这是它的特殊贡献。美国人抓住根本大法，将根基夯正夯实，国家的大厦才有了稳固的保障。从此，美国扫清封建和中世纪的残余，全方位地朝一个世俗的自由主义国家发展。

第三节　早期党争：自由主义的内部争端

1. 联邦党人与反联邦党人

在各州批准宪法的过程中，美国发生了独立后第一次重大意见分歧，支持和反对宪法的双方形成了可称为派性的联盟，但尚未成为党派。支持宪法的一派自称联邦党人，其实称他们为国家主义者或民族主义者更为合适。他们之所以自称联邦党人，正是为了使对方能够认同。以华盛顿、富兰克林等革命领袖为首的一大批精英都是制宪者，理所当然是联邦党人。

麦迪逊、汉密尔顿和杰伊为宪法辩护释疑的文章《联邦党人文集》是他们观点的综合阐述。

他们的对立面并不反对联邦，只是对宪法态度不同而已，但历史已经给了他们一个不确切的名称——"反联邦党人"。他们虽然在人数上并不弱，但远没有联邦党人那样有组织、有理论、有辩才。他们没有留下有系统的文集，更何况失败者的观点常常被历史遗忘。

两派分歧究竟何在呢？他们与美国政坛上的许多派系之争一样，分歧是有，但并非水火不容。反联邦党人只是更侧重联邦制中的州权，反对中央集权。他们最大的忧虑就是怕产生一个强大的中央政府来夺走州和地方现有的权力，然后将权力集中于一个远离人民的首都（当时它根本还不存在）中一个超出人民控制的总统手中，他们称这样大权独揽的总统是披着共和外衣的君主。他们恐惧政府权力过于庞大集中，那样必定会孳生独裁者，侵犯公民权利，但有意思的是，这也正是联邦党人所惧怕的。在联邦党人展开大量的说服解释工作，并允诺将《权利法案》作为第一至第十条修正案与宪法同时通过后，反联邦党人就接受了宪法，美国的第一次派系之争就在论战劝说中消除了。

分歧这么容易消除，根本原因在于彼此其实并没有什么不可调和的矛盾。在共和制、联邦制、分权制衡、政教分离、军队国家化等宪法的基本原则上，双方是一致的，意见分歧至多是程度上的，而非根本性的。比如双方都认为联邦政府很有必要，但到底授予它多少权力合适，看法就不同了。反联邦党人的顾虑主要反映了下层民众对上层精英的不信任、农村对城市的不信任，因为联邦党人相对集中于城市、工商界和知识界，而反联邦党人在小农中最占优势。但是13个州组成一个国家是独立后的大势所趋，不可阻挡，而要成其为一个国家，也必须有一个行之有效的中央政府，这是任何一个有政治常识的人都能觉察到的。不过反联邦党人的一些观点也很有参考价值，特别是由于他们的坚持才通过了《权利法案》，从历史上看，它对保护公民权利起到了不可估量的作用。

在这第一次分派中，美国早期政治中的几个基本矛盾已经初露端倪，它们还将在以后的党争中一再浮现，那就是联邦权与州权的矛盾、工商业利益与农业利益的矛盾、精英与大众的矛盾，以及由经济特点和奴隶制所导致的北方与南方的矛盾。

2. 联邦党与民主共和党

制宪者们预设了很多政治上的可能性并在制度上做了周密安排，他们承认人性的自利，权力的扩张，在此前提下设置了分权制衡，致使两百多年后，这个宪法还在使用。但有一件现代政治中的大事他们却没有设计进去，在宪法中只字未提，那就是政党。这倒不是他们没有考虑到，而是他们都认为党派是政治中的恶势力，必须加以克服，根本不应合法存在，在这点上他们可以说是出奇地一致。

制宪者们都是共和的信奉者，共和主义的基本一条就是将公共利益置于私利之上，这对有清教传统的美国人来说是非常自然的，所以有人说，共和主义就是世俗化的清教。在他们看来，宗派与党派总是与私利有关，所以"君子不党"便成共识。麦迪逊在著名的《联邦党人文集》第十篇中对宗派问题专门做了分析，他对宗派的定义就是无论占多数或少数的一群人，出于共同的利益和情感行事，与他人和总体利益形成分歧。现代政治中关于合法利益集团的概念当时还没产生。麦迪逊提供的纠正方法就是共和代议制，一是由民众选举更为明智的精英当政，二是扩大地区的涵盖面，以便包容更多的党派利益，使它们的力量彼此抵消，谁也不能一手遮天。

但正如麦迪逊自己所分析的，宗派或党派产生的原因根植于人性之中，无法取消。人的才能生来就大小不等，性质各异，只要他们能自由运用自己的才能，就必然会产生不平等的后果，尤其是财产上的不平等，由此又产生不同的利益和情感。除非取消每个人运用自己才能的自由，否则分歧和不平等在所难免，而保护每个公民自由发挥其才能又正是政府的要义。事实很快证明了这一点，在华盛顿的第一届内阁里，两位最重要的成员——国务卿杰斐逊和财政部长汉密尔顿很快产生分歧，形成两派，难以调和。杰斐逊终于辞去国务卿，回到弗吉尼亚。

在反联邦党人从政坛上消失后，内阁里是清一色的联邦党人，那么他们之间的分歧又出在哪里呢？矛盾是从汉密尔顿的经济政策开始的。汉密尔顿是开国初期最坚定的强大中央政府的倡导者，他的政见可归纳为三大要点：国家主义、重工主义和精英统治。汉密尔顿极力主张强化中央政府和总统权力，甚至建议过总统终身制。汉密尔顿虽然为宪法辩护，但对它并不十分满意，因为它远远没有达到他的要求。汉密尔顿被任命为财政部长后，主管了国家的经济政策，在争论颇多的关于是否按票面价值兑现国债的问题上，他力排众议，为了维护新生共和国的信誉，坚决主张按原值兑现。接着，汉密尔顿又提交了四份关于鼓励促进工商业的报告，极力将美国经济引向资本主义道路。

杰斐逊的理想则是自耕农的农业国。在他的心目中，农业和美德有天然的联系，而工业则与城市和堕落相关，为此他说过，"把工厂留在欧洲吧！"正如汉密尔顿代表东北部一样，杰斐逊代表农业利益，在地域上也就更多地代表南方和西部。他反对强大的政府，更不用说中央政府，他相信治理最少的政府是最好的政府。他并不认为人民已经能够治理国家，但相信他们有能力选出能代表他们的合适人选来治理国家。与汉密尔顿相比，杰斐逊更接近大众，接近民主。作为《独立宣言》的执笔人，无论是他自己，还是在民众的心目中，他都已经与宣言中人生而平等的精神、公民权利、革命权利等紧密相连。

杰斐逊回到弗吉尼亚，着手组织了自己的党派——民主共和党，它可以说是美国历史上明确成立的第一个政党。一贯赏识和偏向汉密尔顿的华盛顿总统对党争的现实深感困扰，两届任满后他决定退隐，在告别演说中，他表示了对分党分派的忧虑。亚当斯担任总统的四年是联邦党人掌权，其间颁布的《客籍法》和《反颠覆法》等都有针对共和党之意，但结果不仅没能清除异己，反而进一步使共和党人相信他们是在实施"暴政"。杰斐逊和麦迪逊策划弗吉尼亚州议会宣布该法无效，开启了动用州权来抵制联邦法的危险先例。

1800年，总统选举中杰斐逊胜出，毕竟当时的美国是个农业国，小农仍占多数，而且宣布站在人民一边的政党自然也会赢得占人口大多数的民众的支持。这次选举使政府权力在两个政党间完成了和平转移，杰斐逊称之为"革命"。和平转移比起内战、政变之类的血腥权力斗争，当然具有历史的进步性，也更忠实于人民有权改变政府的原则，但说到底，还是因为两党之间其实也不存在政治理念和原则方面的根本差异。在选举的关键时刻，是汉密尔顿为杰斐逊的当选做出了贡献。杰斐逊在就职演说中也清楚地表明："我们都是共和党人，我们都是联邦党人。"这样说不仅是策略性的，也的确是实事求是的评估，在杰斐逊的八年总统任期内，他接受了汉密尔顿和联邦党人的大部分政策，他让自己讨厌的《客籍法》和《反颠覆法》寿终正寝，他不得不承认发展工商业的必要性，而且恰恰是他的禁运法促使了东北部工业化的启动。为了购买路易斯安那，他只好放弃原先忠实于宪法字句的做法，而换成了忠实其精神。历史的辩证法是，杰斐逊在政治斗争中胜利了，结果却是帮助实现了汉密尔顿的政治经济宏图。除了精英统治衰落外，美国一直在朝着国家主义和重工主义的方向发展。美国两党历来保持着这样一种又争斗又交融的关系，你中有我，我中有你，时分时合，你我互变，而这基础就是自由主义，并且在这过程中自由主义一直在得到巩固和强化。

由于联邦党人在1812年反英战争中持反战立场，在战后高涨的爱国热潮中落了个声名狼藉，彻底瓦解。现在，美国政坛上又只剩下民主共和党一个政党了。然而，当主要矛盾不存在时，次要矛盾便不可避免地上升为主要矛盾。在一个结社自由的国家里，不同利益和不同政见必然还会形成代表它们的新党派。

3. 民主党与国家共和党（辉格党）

在度过了门罗执政的短暂蜜月"和睦时期"（1817—1824）后，新的党争随即又起。安德鲁·杰克逊由于竞选上的挫折，带领自己的人马从民主共和党中分裂出来，组成独立的"民主党"，余下的民主共和党人便改称"国家共和党"。

尽管民主党一直以人民代表自居，并将对方称为贵族老爷，但是这两党之间其实也谈不上什么根本分歧，争执主要在诸如国家银行等一些具体问题上体现出来。杰克逊并不反对资本主义，他只是反垄断，他要保持经济上的自由竞争机制，维护小业主的利益。至于州权和联邦权之争，他是毫不含糊地维护联邦统一的。

杰克逊的政治遗产主要是杰克逊民主，亦即大众政治之滥觞。美国立国后的精英统治延续了六位总统，现在面临平民化的挑战。当最后一位贵族总统——约翰·昆西·亚当斯孤寂地退出白宫时，面对熙熙攘攘的杰克逊拥戴者，他神情沮丧，对未来一片茫然，这种浓重的失败感一直影响到他的孙子——史学家亨利。正如哈茨所言，在美国受挫的是贵族——精神贵族、天然贵族，他们自以为高明，但握有选票的人民不认你。美国人可以接受你比他富比他高明，但不能接受你摆出一副富人高人的架子。

国家共和党改称辉格党来对付"安德鲁国王"，但他们屡战屡败，寡不敌众。直到1840年，他们终于悟出，在确定了人民主权的美国，对人民摆架子是必败无疑。于是他们开始改变策略，也向人民套近乎。在1840年竞选中，他们精心包装自己的总统候选人哈里森，把他说成是从小圆木屋中走来的人民代表，虽然事实并非如此。这只能说明一点，那就是两党又多了一条共识，贵族终于向人民缴械，至少在辞令上不得不如此，但要真正完成转化尚待时日。

哈茨对辉格党的分析富有真知灼见，他指出，汉密尔顿和辉格党的错误在于他们对欧洲辉格党的盲目仿效。在欧洲，辉格党代表自由主义中产阶级，他们可以与民众联手反对贵族，又能与贵族联手排斥民众，可谓左右逢源。但是在不存在真正贵族的美国，他们自己就成了最上层，成了"反动贵族"，成了众矢之的，显示不出其自由主义本质，因为大家都信奉自由主义。遗憾的是，他们看不到民众这一与他们相同的本质，因此不是去联合民众，而是将民众视为"暴民"，然而，在美国根本不存在欧式暴民，这就是他们受挫的根源。

4. 民主党与共和党

在对待奴隶制的问题上，民主党和辉格党内部各自按地域分裂为南北两派。民主党以南方为大本营，最后成了支持奴隶制的党，并因此遭重挫。辉格党淡出，北方成立新党——共和党。至此，民主、共和两党确立，延续至今。美国政党名称不是民主就是共和，民主党从民主共和党中分出，其对立面最后还是成立了共和党。派系似乎总是在"民主"和"共和"里变来变去，而且还能相互演变，因为民主与共和只是侧重不同，并不对立。但美国从未产生过值得一提的自由党，因为在自由主义上，两党可以说没有分歧。

内战前，民主党的目的是维护种植园利益，这是奴隶制的根本，手法还是强调州权和少数权，以州权与联邦抗衡。共和党的口号是维护联邦。林肯在美国历史上的特殊性在于他既是代表工商利益的辉格党员，又是忠于《独立宣言》、解放黑奴的民主代表。也就是说，在林肯身上，汉密尔顿和杰斐逊终于合二而一了。林肯继承了分歧双方能延续下来的合理成分：他既代表了北方工商业对南方奴隶制农业的胜利，又代表了联邦和民主的胜利，他的崇高威望绝不仅仅来自他的个人魅力。

联邦党失去政权，但他们主张的联邦不可逆转。辉格党自行消亡，但他们要发展的资本主义不可逆转。奴隶制消灭了，但民主生存下来，因为民主不可逆转。几次三番的党争在一定程度上找到了共和国初期几大矛盾的解决方案。联邦权与州权的冲突以联邦的胜利告终，州权从此退出美国政治的焦点，不再成为问题。南北冲突以南方统一到北方的体制告终，奴隶制被彻底埋葬。工商业与农业的冲突以全面工业化结束，自由主义资本主义得到确定和强化。精英与大众的冲突以民主的胜利告终，大众也同时纳入了自由主义的轨迹。自由主义的美国终于洗刷掉奴隶制这一身上的污点，卸下历史的重负，可以轻装前进了。但在这一切到来之前，首先要付出六十万生命的代价。

第二章

内战：自由主义清理门户

自由的基因 | 美国自由主义的历史变迁

美国历史上有过许多激烈的争论，但不得不诉诸战争来解决争端的却只有一次，那就是由奴隶制引起的内战，这说明奴隶制确实是美国体制中唯一无法调和、无法妥协的异数。奴隶制直接违背了崇尚自由平等的美国价值，不可能被纳入美国自由主义的大框架中，它在这一文化中毫无合法性可言，并随着时代的进步，日益成为美国人的难堪。

奴隶制最初并非南方所特有，但是南方天然的气候和农作物，以及殖民时期地多人少的情况，在那片土地上历史地形成了以奴隶制为核心的种植园经济。而南方人又是各殖民地中最英国化、贵族化的。如果说新英格兰清教徒是反对英国而来到美洲，准备着在另一种制度下过另一种生活，那么，弗吉尼亚的庄园主们正是为了到美洲来当英国绅士的，他们要将英国的一套照搬到北美来，这一当老爷的心态和奴隶制倒正相吻合。一旦种植园奴隶制正式形成，它就影响到南方生活的方方面面。一切政治、经济、文化无不围绕着奴隶制连成一体，形成僵固的传统，难以自我纠正。北方在独立后取消了奴隶制，奴隶制便成了南方的区域性问题，南方文化成了美国最特殊的部分。

如果美国维持在13个州而不曾向西扩张的话，奴隶制的问题也许不至于非得在血泊中解决。路易斯安那购地、兼并得克萨斯与俄勒冈、墨西哥战争，使美国的疆域成倍地扩大，新领地上是否允许奴隶制存在成为南北对抗的焦点。在自由主义占主流并且已经开始工业化的北方看来，奴隶制早已变得无法容忍,如果再让它扩展到新领地,等于承认它在全国范围内再次合法化,岂不成了历史的倒退?而南方也意识到,如果奴隶制不能扩展到西部,南方必将萎缩,建国初期的南北势力平衡必将彻底丧失。围绕奴隶制的南北对抗终于越出了妥协范围,南方唯有以独立来试图摆脱困境。但是正如林肯所说,联邦是不容分裂的,美国要么全部变成奴隶制,要么全部自由。

内战是两种制度的决战,自由主义的美国清理门户,一举摧毁了奴隶制——其体内的畸瘤。战后,南方完全统一到北方自由资本主义的制度和意识形态中去,挣脱羁绊重归一体后的美国活力洋溢,生机勃勃。但对失败的南方来说,这是一次脱胎换骨的痛苦经历。

第四节 南方的理论困境

1. 南方的杰斐逊传统

南方虽然有摆脱不了的奴隶制,但这并没有妨碍它形成和北方同样的自由主义传统。美国革命的成功是弗吉尼亚绅士和马萨诸塞清教后裔联手抗英的结果,双方在共和立宪上也无分歧,他们领导新生的共和国长达半个世纪。更有意思的是,开国诸贤中最重要的自由民主代表杰斐逊正是一位南方人,整个南方都为他感到自豪,维护着他的传统。当杰斐逊领导他所称的"1800年革命"将美国引向更民主的道路时,南方正是他的老根据地。

为什么恰恰是一位大奴隶主成了美国民主的代言人?这若非虚伪,岂不匪夷所思?其实看来奇怪,却也不怪,事情毕竟就这样发生了。也许正是因为有了奴隶,自由人才感到他们彼此间的平等,希腊城邦的民主也是与奴隶制并存的。在南方，奴隶主们以一种优越的主人心态表现得宽容大度，他们在主持大庄园的过程中学会了管理国家的本领，庄园主之间有风度地平等参与公共事务。而同是社会中的上层，北方的富人必须面对一个心怀不满、易于骚动的底层。相比之下，南方绅士要安全得多，因此也容忍得多。奴隶是不容易作乱的，而下层白人由于种族优越论的安抚，也得到心理满足而与他们认同。在当时，相信白人优越与信仰人类平等似乎并不矛盾。

杰斐逊书写"人生而平等"时，也许就是处于这样一种历史心态中，他的民主理论不能以"虚伪"二字轻易处置。与其他革命领袖一样，杰斐逊并不赞成奴隶制，在《独立宣言》初稿中，他曾写了一段谴责奴隶制的话，但由于当时大敌当前，必须一致对付英国，大陆会议以团结为重而将其删去。奴隶制与独立宣言的自由平等理念相去甚远，实在无法自圆其说，杰斐逊对此当然再清楚不过。但是对于一种如此深深编织进南方社会的历史产物，他也奈何不得。每当想起他钟爱的共和国里潜藏着这个隐患，他便惶恐不已，为他的国家感到战栗。也许他唯一可以庆幸的是，他总算没有活到大祸临头的那一天。

革命时期，美国政治人物无论南北，对奴隶制可以说基本上都持否定态度，视之为"不得已之恶"，虽容忍，却不为之辩护。制宪者们在合众国宪法中默认了奴隶制，因为他们不想冒新生联邦分裂的危险。倘若当时不容忍，南北肯定成不了一个国家。但是宪法从头到尾没有出现"奴隶"一词，表明制宪者们耻于提及它，因为奴隶制与革命立国的精神完全不符。他们还在宪法中规定，奴隶的进口必须在二十年后结束。很有可能，他们是希望奴隶制在南方能像在北方一样自然消亡，因而暂且搁置，存而不论。

2. 卡尔洪维护奴隶制：强调州权和少数权利

到了19世纪上半叶，奴隶制在美国显得越来越不合时宜，并且由于领土西扩，一次又一次地引起南北关于奴隶制的冲突。虽然双方达成1820年的密苏里妥协和1850年的大妥协，但是问题仅仅被推迟和搁浅，从未得到真正解决。

南方越来越意识到自己的前景暗淡，一是北方因为启动工业化而实力大增，二是庞大的西部已经崛起。西部由于地理自然条件和经济人文因素，更可能与反对奴隶制的东北部联合，而不是与他们站在一起。南方已被逼向少数地位，再不可能与北方势均力敌，其社会结构也必将随之面临危险。为了确保自己的地位和制度原封不动，南方在1830年前后开始放弃原先的立场，改变策略，为保障自己的未来做准备。

作为南方代表的南卡罗来纳州联邦参议员约翰·卡尔洪是美国内战前政坛三巨头之一，当时丹尼尔·韦伯斯特代表北方，亨利·克莱代表西部。卡尔洪原本是坚定的联邦主义者，后来由于充分意识到南北冲突的严重性和南方面临的险境，不得不改变立场，为本地区的利益辩护。他死于内战前的1850年，临终前不久，他在国会的发言中系统地提出了自己的观点。他断言，联邦正在分裂，已经不存在全国性的政党了，连教会也成了区域性的，原因是北方的强大打破了制宪时南北的区域平衡。北方控制了联邦政府，将关税强加于无助的南方，还不让南方平等地进入新领地。他还抱怨，从1835年开始废奴主义者不断地攻击南方体制。然而和所有自知理亏的人一样，卡尔洪只是一味抱怨别人对他说三道四，却绝口不提奴隶制本身是否应该受到攻击。

卡尔洪指出，1790年宪法刚实施时，全国人口近400万，北方只比南方多4.5万人。当时共有16个州，南北各8个。由于奴隶按五分之三个自由人计算，所以北方在众议院和选举人团中略占优势，但仍在南方可以接受的范围之内，而这种平衡是当时各州愿意加入联邦的基本原因。到了1840年，这一平衡已被打破，全美总人口达到1700万，北方将近1000万，南方只有700多万，相差约240万。北方有众议员135人，南方只有87人，相差近50人。北方在州数上也超过了南方，因此在参众两院和选举人团里都占绝对优势。由于他们左右着政策倾向，南方被排斥在公共领地之外，无法建立新州，照此发展，趋势只会越来越有利于北方。

更有甚者，北方仇视南方的社会组织和种族关系，视之为美国的污点，必欲消灭之。北方两党对废奴宣传不仅从未加以制止，反而逐渐受其影响，大众亦然，连强大的宗教体系也未能抵制，他们的这一仇视随时可能转化成行动。在北方的绝对控制之下，联邦政府可以轻而易举地通过立法来为他们服务，而南方却完全无力阻止这个政府来摧毁南方的现存体制。联邦的纽带已然被削弱瓦解了，除武力外，将再无维系的力量，因此南方已经无法安全而有尊严地留在联邦内。应该说，卡尔洪的推理是完全符合逻辑的，准确地预见了事态的发展。南方确实只剩两条路可走——要么废奴，要么脱离。遗憾的是，他始终无反思之诚意，从不反求诸己。

诚然，卡尔洪本人还是想维持这个联邦的。他提出了几点要求，作为南方留在联邦的条件：1) 满足南方对新获领土的平等要求；2) 北方必须严格执行逃奴法；3) 北方停止废奴鼓噪；4) 修宪，以保障南方自卫权利。卡尔洪认为，美国当时的情况是，一个地区由于人数的优势而完全控制了全国政府和制度，少数沦为多数的牺牲品而无力自保，双方对立而仇视。针对少数服从多数这一原则所造成的弊病，他提出"一致多数"（concurrent majorities）的理论，即全国立法必须取得各地区的多数，这是他从少数的利益出发，试图限制多数优势的策略。据此理论，他也曾建议过设立双总统制，一个代表北方，一个代表南方，各自有否决权。他在发言的最后说，如果现在不解决南北冲突，恐怕将来再无机会。如果北方不能答应南方的条件，请明说，让我们和平分手。他很无奈地表明："我已经充分、自由、坦白地表述了自己的意见，可能的话，就挽救联邦，不行的话，就挽救地区。无论发生什么，我已经没有责任了。"①

卡尔洪从制定宪法时的背景入手，强调南北势力的均衡，诉诸州权和少数权利。他利用宪法对奴隶制的默认，强调南方的宪法权利和南方作为少数的权利，以防止北方作为多数将其意志合法地强加于他们，但他却似乎没有意识到，他的少数权利理论很可能会搬起石头砸自己的脚，因为即使在南方，拥有奴隶和庄园的人也只占白人的极少数，大庄园奴隶主更是少数中的少数。卡尔洪在对待奴隶制的态度上已经开始背离杰斐逊，他不再否定奴隶制，但也不肯定，只是说如若摧毁奴隶制，对南方的白人和黑人都将是一场灾难。

3. 州权论的不彻底性

州权与联邦权之争是美国早期政治的一大焦点，长期骚扰着这个年轻的共和国，直到打了一场内战才基本解决此问题。州权的问题是美国先有州后有国的历史事实所决定的，从13州联盟反英开始，就产生了各州和这个联盟的关系问题。1776年，当大陆会议准备将奴隶按人头包括在全部人口内来征税时，南卡罗来纳就威胁要退出联邦。在制宪会议中，麦迪逊也一再提请关注联邦瓦解的可能性，极力加以防范。

美国政府按宪法成立后，州权的问题主要集中在两点：一是各州是否有权宣布联邦法律违宪？二是各州是否有权合法退出联邦？

南方动用州权来否决联邦法律的做法始于杰斐逊和麦迪逊。1798年，以约翰·亚当斯为首的联邦党执政时，由他们控制的国会出台了两项法令：《客籍法》和《反颠覆法》，据说是为了准备与法国打仗。前者将移民归化

---

① "John C.Calhoun on the Slavery Question, 1850", in *A Documentary History of the United States* (Richard D. Heffner ed., New York: Mentor, a division of Penguin Putnam, Inc., 1999) p.146.

为公民所需的最低居住年限从五年延长至十四年，并规定总统有权处置涉嫌危害国家的移民。后者更是明目张胆地限制任何反对政府与总统的集会和言论，直接侵犯了公民权利。当时以杰斐逊为首的共和党在许多问题上都与联邦党执掌的政府有分歧，并公开批评政府，而移民又大多支持共和党，因此这两项法令显然意在削弱共和党的地盘。

杰斐逊对此当然不能无动于衷，但他身为副总统，在政府中也难有作为，更不用说最高法院大法官多数是他的政敌。如何对抗一个合法选举产生的国会所合法通过的法律呢？杰斐逊决定联络南方诸州利用州权来进行对抗。很快，由他本人执笔的《肯塔基决议》和由麦迪逊执笔的《弗吉尼亚决议》相继发表。决议认为各州加入联邦并非无条件服从，而是通过宪法这个契约交出一部分州权给联邦政府；同时保留其余的州权。联邦政府的权力来自加盟之各州，并以宪法明文规定，它无权决定自己的权力范围。如果它可以不经各州同意自行其是，那就是篡改了立约时全体选择的政府形式。当这个政府在自行行使未被赋予的权力时所制定的法律是违宪而无效的，各州有权反对。思想言论自由是任何政府无权取消或限制的，人民自由交流的权利是其他一切公民权利的保障，《客籍法》和《反颠覆法》用意险恶，是违宪和无效的。

《肯塔基决议》和《弗吉尼亚决议》显然认为一个州有权来仲裁联邦法的违宪，并可以自行宣布该法在本州无效。但如果这样的话，联邦的基础必将十分脆弱，可以说国将不国。这一点，杰斐逊和麦迪逊自己也很清楚，所以他们在决议中虽然强调联邦政府的权力有限，却不谈州的主权。

此后南方又一而再地动用州权，主要是为了维护奴隶制和抗议国会的高关税。征收进口税一直是联邦政府最主要的财政来源，为了保护国内的制造业，从汉密尔顿任财政部长起，美国就实行保护性关税。特别是1812年战争后，关税一直在提高，以农业为主的南方对此极为不满。1830年，针对南方"自由第一，联邦次之"的喧嚷，韦伯斯特在国会发表著名演说。

他指出，创建联邦政府的不是州政府，而是人民。州权和联邦权彼此不是对方的源头，两者都直接来自人民，是人民将不同的权力交给了两个不同的仆人。宪法和联邦法高于州法，这是联邦存在的基础。如果24个州都有权决定联邦法违宪，那联邦就成了根沙绳，与邦联时没什么不同。制订宪法的目的就是要成立一个不必通过各州就能行使权力的政府，这个政府由于实行分权制衡，可以自己决定其权力限度。至于国会法律是否违宪的问题只能由最高法院来裁决，州政府无权越俎代庖。即便联邦政府形成了压迫，人民也能自己保护自己，不用通过州政府。韦伯斯特最后坚定地表示："自由和联邦，现在到永远，统一不可分！"[①] 三天后，杰克逊总统再次毫不含糊地强调，"我们的联邦——必须维持！"

1832年，南卡罗来纳州议会通过法令，拒绝执行联邦关税法，宣布该法在本州境内无效，并要求州的官员宣誓效忠本州与该法令。杰克逊随即向南卡罗来纳人民发布公告，坚决予以制止。他首先以宪法为依据，否定了州对联邦法律具有否决权的说法。他说，宪法乃全国最高法律，各州法律不得与之抵触，否则联邦政府不可能存在。如果法律的合法性由各州决定，那么每个州都可以将不利于自己的法律解释为违宪，这岂非大谬？宪法的制订就是为了"建立更完善的联邦"，用政府的形式来取代松散的邦联，宪法是维系联邦的永久纽带。如果上述致命的理论得势的话，宪法就会成为一纸空文，联邦也将被摧毁。他明确指出："一个州僭取权力以否定联邦的某项法律，乃是与联邦之存在相违背的，是与宪法的内容明显地互相抵触的，是宪法精神所不容许的，是与宪法所根据的每一项原则不符合的，而且对宪法的伟大目标具有破坏作用。"[②]

接着，杰克逊否定了任何州有退出联邦之权。持退出权的人认为，宪法是主权州之间的契约，各州保留全部主权。杰克逊指出，宪法建立的是

[①] "Daniel Webster's Second Reply to Hayne, 1830", in *A Documentary History of the United States*, p.125.
[②] Marquis James, Andrew Jackson, *Portrait of a President* (New York: Grosset & Dunlap,1937), p.313.

一个政府，而非一个联盟，联邦政府代表全国人民，并直接向每个公民行使权力。从立约的那一刻起，各州就不再拥有任何退出的权利。退出联邦不是在破坏一个联盟，而是在摧毁国家的统一，联邦政府对此具有制裁权。联邦是为了所有各州的利益而组成的，是通过相互舍弃一些利益与意见而产生的，那些舍弃的东西也是可以收回的吗？各州不是独立自主的，任何一州无权解除其义务。南卡罗来纳要拒绝执行联邦法，威胁脱离联邦，甚至要招募军队来实施其脱离行动。他们的这个法令是非法的，旨在分裂，必将把他们引向毁灭和耻辱的道路。杰克逊警告说，南卡罗来纳提出的问题涉及美国的繁荣能否持续、自由政体能否立足，他作为总统一定要利用一切宪法手段来维护联邦。次年，杰克逊和南卡罗来纳达成折中关税，这才避免了一次不幸的摊牌。

但南方并未从此作罢，真可谓不见棺材不落泪。当共和党作为第一个地区性政党在1856年参加总统竞选后，南方就威胁说如果共和党赢得大选，他们就退出联邦。当林肯当选后，他们果真这么做了。林肯在首次就职演说中对州权问题表明了自己的立场。他说，分裂已从威胁变成了行动，但联邦是永久性的，它甚至比宪法还要早得多，它在1774年第一次大陆会议通过联合条款时便已组成，1776年的《独立宣言》使之臻于成熟，1778年的《邦联条款》使它进一步成熟，当时13州宣誓保证邦联永存，1787年宪法宣布要使联邦更趋完善。所以，任何一州自行脱离联邦在法律上是无效的，这样做将毁灭国家组织，毁灭美国的一切利益、历史和希望。

林肯还指出，分裂一旦成立，便不会停止在南北分裂，各州还有可能根据自身利益进一步分裂下去，最终形成无政府状态。他说："一个多数派，被宪法的强制力和规范所约束，并能随着公共舆论与舆情的审慎变化而顺变，才是自由人民唯一真正的治理者。"[①] 否则，不是无政府就是专制。

[①] "Abraham Lincoln's First Inaugural Address,1861", in *A Documentary History of the United States*, p.177.

林肯做出最严肃的誓言，要"保存、保护和保卫"联邦政府。

其实，无论是提倡州权还是少数权利，南方卡尔洪之流仍然是洛克的信徒，因为州权仍未脱离政府契约的框架，而少数权利也还是源于天赋人权。对南方更不利的是，谈论天赋人权又必然会涉及奴隶的天赋人权问题，因而卡尔洪的理论一旦深入，便会自相矛盾，缺乏逻辑上的一贯性和彻底性。

4. 同盟国的内在矛盾

南方最终还是退出了联邦，组成了美利坚同盟国。他们自称是华盛顿和杰斐逊的传人，是为了捍卫传统的美国自由，反对又一个乔治三世式的压迫者而进行的又一次的脱离，又一次和美国革命一样的革命。

然而，当他们在试图与联邦对着干的时候，终究挣脱或超越不了自己自由主义的过去。他们像合众国当年一样，也签订了《同盟国宪法》。除了使黑奴作为财产合法化，并对中央权力有所削弱外，《同盟国宪法》基本上照抄了《合众国宪法》。同盟国是又一个契约立国的宪政共和国，尽管承认各州的独立和主权，其宪法仍然提倡人民主权，宣称"我们，同盟国的人民"，仍然限制政府的权力，仍然实行分权制衡，仍然有保障公民权的权利法案，它并没有挑战美国的自由主义传统，更谈不上逆转。要说意识形态只是维护实利的幌子，没有比这更明显的了。说到底，南方只是想维护自己的利益所在——主要是奴隶制，也有一些关税和国内建设方面的利益。他们和北方并无实质性的思想分歧，这就是南方所谓保守理论的虚伪性。

一旦如愿以偿，南方发现他们的理论并非行得通。由于信奉州权至上，各州视中央乃至上级为压迫者暴君，常以州权与之对抗。戴维斯总统缺少中央权力，致使人力和物质资源调度困难、无法保证，战争难以为继，来自佐治亚的副总统斯蒂芬斯甚至曾威胁要退出同盟。在极为艰难的四年中，南方饱尝了自己理论的苦果：其不切实际和无法解决的内在矛盾。提倡州权的逻辑结论只能是退出联邦，但这样做也解决不了南方的问题，因为南方最大的理论困境就是如何在自由、平等、民主的前提下维护奴隶制，而自由主义从本质上讲是绝不能接受奴役制度和种族主义的。

第五节　菲茨休：美国自由主义传统中真正的异数

1. 菲茨休拒绝人类平等和社会契约

乔治·菲茨休在思想和逻辑的彻底性上无疑比卡尔洪高明，他明白光谈少数权利是回避不了奴隶制的根本问题的，于是他另辟蹊径，完全摆脱美国自由主义传统，返回欧洲保守主义，他反对洛克，否定启蒙时期，直接从旧约希伯来传统和希腊古典哲学中寻找奴隶制的依据，这在美国政治思想史中可以说是绝无仅有。

菲茨休于1854年发表第一部作品《南方社会学：或自由社会的失败》，受到相当重视。他的代表作是《全是食人者！》（1857），副标题为《没有主人的奴隶》，他说的奴隶是指北方的自由工人。从这两个副标题上就可以看出，菲茨休是多么针锋相对地批判当时北方引以为荣的制度——"自由土地，自由劳动，自由人"。菲茨休在书中声明，南方不再为奴隶制道歉了，而是要证明奴隶制是完全正常和自然的制度。全书紧紧围绕两个要点展开：一是否定人类平等，二是批判资本主义。在他看来，只有奴隶制才是天经地义的，不仅历来如此，而且还将永远如此。

人类平等的观念可以说自古有之，佛教、基督教等在创始之初便都以众生平等的理想吸引民众，但正式以此作为政治制度的基础，却是随着自由主义登上历史舞台才开始的。

美国政治承继英国传统、诞生于启蒙时代、深受洛克影响，自由主义可以说是它唯一的传统。在这一传统中，没有人比菲茨休更称得上异数。哈茨在《美国自由主义传统》中称他是"美国唯一的西方保守主义者"，这里"西方"指的是欧洲。在美国思想家中，只有他公然否定历史进步，否定自由平等，否定社会契约。他贬低宗教改革、启蒙运动、洛克、斯密、杰斐逊和《独立宣言》。他推崇的是承认奴隶制的亚里士多德和希伯来圣经，还有洛克的论敌——为父权与君权辩护的罗伯特·菲尔麦。

菲茨休首先要批驳的是人类平等，他的坦率令人开眼。针对杰斐逊在《独立宣言》中所言"人生而平等"，他断然宣称，真正不言自明的真理是"人生而不平等"，在体力、智力等一切方面都不平等。他强调人的社会性，而非个体性。他说，鹰和虎是个体的，而人和蜜蜂、蚂蚁一样，是社会动物，人类社会就是"人巢"。每个人根据生就的能力大小，有着天然的分工。他写道：

> 我们同意杰斐逊先生所说，每个人都有天赋的不可剥夺的权利，违反和无视这些权利就是反对天意的安排，不会有什么好结果。从物理界、动物界和人类社会所观察到的秩序和依附关系证明，贵贱生来有命，少数人是发号施令的，多数人则是服从。我们认为每二十人中，大约十九个人有着要让别人和保护的"天赋的不可剥夺之权"，他们需要监护人、丈夫和主人。换言之他们有当奴隶的"天赋的不可剥夺之权"。二十人中只有那一个是生来或因教育而适合发号施令和自由的，不让他成为统治者和主人，犹如不使大众成为奴隶，是对自然权的极大违背。有那么一点点个性对社会是有用的、需要的，——太多了就会混乱、无政府。①

---

① George Fitzhugh, *Cannibals All! or, Slaves Without Masters*（C.Vann Woodward ed., The Belknap Press of Harvard University Press, 1960）, p.69.

照此逻辑，菲茨休认定等级制是人类社会的自然和正常状态，奴隶制正是顺应了自然。在奴隶制中，能力低下的黑人奴隶就像没长大的孩子（实际上，菲茨休认为人类的一半都只是没长大的孩子），需要奴隶主的关心照料和管理控制。自由和竞争对他们来说是致命的，奴隶制对黑人来说是最好的制度，使他们衣食无忧，生老病死都有保障。种植园是他们最好的家、最好的学校。这种制度也同样适用于包括妇女、儿童、学徒在内的一切弱者，他们都需要保护者——主人。在他描绘的南方种植园里，主人辛辛苦苦地关照奴隶，奴隶心悦诚服地爱戴主人，好一幅人间友爱的景象，好一个美不胜收的奴隶制！

为了证明奴隶拥护奴隶制，菲茨休还专门引用了《爱丁堡评论》的文章，说的是卸任的麦迪逊总统有一次召集他的全体奴隶，表示要立即给他们自由。不料奴隶们却一口回绝，说他们出生在他的庄园里，无论健康还是生病，一直由他提供衣食。要是他们自由了，便将无家可归，没有朋友会来关心和保护他们。因此，他们宁可生生死死都是他的奴隶，而他一直是他们善良的主人。

如果人类社会是蜂巢一样的有机整体，人与人之间就不可能是彼此平等的个人，洛克等思想家将人视为具有天赋权利的平等个人也就居心叵测了。菲茨休上纲上线地批判道，这是意在瓦解人类社会，割断人与人之间的一切天然关系。因为人之间平等了就意味着将彼此视为对手和敌人，个个雄心勃勃，社会从此不得安宁。他不无得意地接着说，提倡平等的人后来也意识到社会还是需要的，于是他们又设立法郎吉、摩门教等各种组织，而所有这些组织的共同点就是向群体回归。遗憾的是，事实证明这些群体都只有在强人的独裁下才能维持，而强人统治显然又违背了他们当初人类平等的思想。所以一句话，人类平等根本是不可能的，唯有在历史中形成的等级制社会才是符合自然的、能够久远的。

社会契约论是建立在天赋人权和人类平等的基础上的，否定了个人间的平等，社会契约论也就成了无稽之谈。菲茨休反问道，父亲的统治难道还需要得到妻儿的同意？同理，统治者的统治也无须得到被治者的同意，双方之间从来就无契约可言。

菲茨休明确指出，所有这些奇谈怪论的根子还是出在宗教改革，由于宗教改革承认了个人判断权，才延伸出"个性"以及旨在限制个性的社会契约论。宗教改革实在是走过了头，引起社会动荡，信仰沦丧，个人膨胀，政府衰败。启蒙运动也同样是历史的退步，人类平等的观念不仅虚伪，而且不道德、不可取。所谓人类平等的革命理论也只是在煽动革命时才有用、才有人听，实际上则是完全不可行的，直接与一切政府、财产和社会现实相冲突。

《全是食人者！》一书大概是内战前为奴隶制辩护的各式书刊中唯一仍在再版和有人阅读的作品。这本书可以说是美国思想史中唯一彻底背离自由主义的标本，如果没有它，美国将无真正的保守主义可言。菲茨休绝不从众，凡是公认为进步的，他都认定是倒退。他的思想对美国人来说可谓创见，但对当时世界上大部分地区来说，却是最传统不过的——等级制、宿命论源远流长，一直是人类思想和社会组织的主流，而自由平等才是日光下的新事。

2. 菲茨休猛烈抨击资本主义自由社会

菲茨休用了全书的大部分篇幅在批判资本主义，其激烈程度大概只有社会主义学说可以与之相比。他兴奋地宣告，自由社会失败了！西欧和美国北方的人都承认了，他们全在批评自己的社会，上千种的"主义"正在泛滥成灾，一致同意现状必须改变，区别只在于所开的药方不同。自由社会由于思想自由，必然缺乏共同信仰，没有什么原则对他们来说是绝对的和神圣的。思想不统一的结果是萌生各种"主义",最后导致血腥的暴力革命,社会惨遭破坏。看看这些所谓的自由社会吧:西欧已经连续革命了二十年,北方在离经叛道上走得更远,现在正被无政府主义、共产主义、社会主义、自由恋爱、女权、工运、摩门教、千禧年等无数"主义"所困扰。

菲茨休对资本主义的批判相当深刻,并且情理并茂。他的理论基础是劳动价值论和剥削论,他认为唯一能产生价值的只有劳动,资本所产生的利润不是来自劳动,因而是不公正的,是彻头彻尾的剥削。早在社会主义理论诞生前三千年,摩西就反对高利贷,因为它将劳动者变成奴隶。资本家从劳动中榨取的利润使工人成为奴隶,但工人却享受不到奴隶的权利,资本家有当主人的一切好处,却不必承担奴隶主的责任。资本家是吸血鬼,工人是"没有主人的奴隶",形容这种关系最确切的词就是"剥削"。不过,他反对社会主义者将工人称作"工资奴隶",认为这是对奴隶制的极大诽谤,因为工人根本不配与奴隶相比。他坚持认为劳动价值论是有关劳资关系的唯一正确理论,不仅资本,就连技术产生的利润也被菲茨休列为剥削之列,知识分子和专业人员也都在剥削者之列。他说,每产生一个百万富翁,就会产生一千个穷工人。资本家的利润大大高于奴隶主,这正说明资本主义的剥削远远超出奴隶制。他一再重复的是,"劳动产生价值,而机智则剥削和积累这种价值"。[①] 自由社会的人们,你们不是在批判我们奴隶制吗?其实都一样,"全是食人者!"

菲茨休以对待平等的同样态度来嘲笑自由,认为没有任何人是自由的,尤其是那些没人雇佣的工人,生活都没着落,哪里还有什么自由可言?当他们衣食无靠时,自由对他们又有什么价值?他在引用了孟德斯鸠等自由主义思想家对自由的分析后写道,他们都认为公民自由并非为所欲为,而是只能做法律许可的事情,既然如此,又怎么叫自由呢?他的定义是,有

---

① George Fitzhugh, *Cannibals All!or, Slaves Without Masters* (C.Vann Woodward ed., The Belknap Press of Harvard University Press, 1960), p.69.

政府就没有自由，有人管就谈不上自由。

主张自由放任资本主义的古典政治经济学更是菲茨休批判的重点。亚当·斯密的理论在他看来不值一驳，什么个人追逐私利的结果最后会有利于全社会的福利，简直腐败透顶。自由放任不过是彻底的自私，是放手让强者和富人无节制地去压迫弱者和穷人。自由贸易就是放任工商利益去剥削农业经济——不论是南方还是海外穷国。自由竞争则是"人人为自己，落后者遭殃"。自由对弱者来说也是致命的，他们要的不是竞争而是保护，因而他们转向社会主义。当代政治经济学和道德哲学都是为自由社会辩护的，社会主义已经把它们驳得体无完肤。在自由社会中，三分之一的人在干坏事，三分之一的人在挨饿，怪不得暴民四起。自利对任何动物来说都是必然的，但它不应成为人类的唯一准则。菲茨休大声呼唤加强政府控制，政府不是多了，而是太少了，必须大大加强。政府要保护弱者，反对弱肉强食。他当然不会忘记提醒大家，当前只有奴隶制能实行最有效的控制，所以南方社会安定，舆论一律，既无主义泛滥，亦无暴民作乱。

菲茨休熟读包括论敌所办的国内外报刊，他列举了他所能收集到的、揭露自由社会中工人和穷人惨状的报告，这类个案在自由社会的报纸中可以说是俯拾皆是，得来全不费功夫。这一幅幅血泪场面，一个个惨绝人寰的悲剧，无不令人发指，无不令人确信资本主义之罪恶及其必败的命运，无不令人羡慕起当奴隶的安全幸福。

3. 北方的回应

菲茨休自己说过："我们在文明社会前是没有听众的。"果然，以《解放者》报创办者威廉·加里森为首的废奴主义者似乎不屑答复菲茨休的攻击，在他们看来，难道连革命时期都没人理会的理论还想在一个多世纪之后来征服美国吗？菲茨休简直神经错乱，更值得同情而不是去嘲笑和禁止他。加里森在自己的报纸上大量转载菲茨休的文章，只想说明奴隶制的辩护是如何冷峻冥顽。废奴运动所依据的自由平等理念自始至终贯穿着整个美国传统，现在只是要将它扩展到黑人奴隶身上，根本不需另起炉灶。难怪加里森只是轻蔑地说了声："辩论，要我论证什么呢？"确实，这一传统是如此厚重、如此深入人心，他几乎没有再去论证的必要，而菲茨休也几乎没有颠覆它的可能。

菲茨休让自由社会回到奴隶制的建议实在是螳臂挡车，他的义愤甚至没有得到他为之伸张正义的北方工人的支持。乍听之下，他的揭露批判自然是感人肺腑的，他们也许会被他打动，但再一看他所提供的替代物——原来竟是奴隶制，拉倒吧！处于水深火热之中的北方工人没有一个逃到南方庄园去享受他许诺的千好万好的奴隶生活。相反，他们很快积极行动起来，加入联邦军队，跟着林肯去消灭奴隶制。按菲茨休的理论，他们的阶级觉悟一定是出了问题，居然不意识到自己所受的阶级压迫和剥削。

要说嘛，当时北方的白人并不特别喜欢黑人，他们中的大部分其实和南方白人有同样的种族优越感，他们很不想让黑人到北方去。但是，他们中的大部分对奴隶制的厌恶也是真诚的，不平等的观念是他们所不能接受的。奴隶制使一些人支配另一些人的人身自由，将他们视为财产和会说话的牲口，这更是违背了他们的人道观念。

资本主义如果只有菲茨休所说的弊病，就不会存在下去了，它之所以能成为最大限度激发人类潜能的制度，最重要的原因也许就在于它所提倡的自由平等理念，它们唤醒了每个人心中自由平等的愿望和行动的冲动。随着封建制度逐渐瓦解，庞大的等级制分崩离析，工业化随即又开始颠覆整个农业社会，当经济和社会处在这样大转型的时代，人类面临的是任何个人都无法控制和改变的局面。原来牢牢地依附于土地和主人的中世纪农奴被释放到社会上，他们从人身依附中解放，没了主人，没了鞭子，但也没了面包，成了自由而流浪的个人、四处觅食找工作的游民，伴随着每一次解放，总有一部分人会失去原先的"安全"，人类为了摆脱野蛮的等级制也许不得不付出如此野蛮的代价。

工人们的处境固然悲惨，但也许并不比以前当农奴时更加绝望，他们并不想再回去当奴隶，这起码是事实。他们心中萌生了从未有过的希望和想象。自由，是要付出代价的，但是所谓的安全，也同样要付出代价。北方工人懂得当奴隶的代价，所以不假思索地选择了自由——靠自己生存，而不是选择安全——靠主人生存。他们要从自由平等中去求发展，在法律保护下去求安全。自由平等的理想掀翻了整个旧世界的秩序，自从人类平等的理论提出后，不平等的理论就再也没能统治过。普通民众一旦拥有了自由平等的概念，就再也无法放弃它。

奴隶制已经被彻底埋葬，它对任何人不再有吸引力。菲茨休谴责杰斐逊只破不立，但他自己谴责资本主义，提供的却不过是奴隶制，同样也是只破不立，甚至他的道德义愤也没有使他的论点更有吸引力。人类社会自然必须有道德，但是仍然存在着比日常所言道德更强的力量在起作用。经济基础决定上层建筑，道德作为上层建筑的一部分，也许只能起一个纠正基础弊病的作用，很难完全阻挡其自身发展。菲茨休似乎没有充分意识到资本主义调动人性的巨大威力，这是任何生物都有的自我保护本性。哈茨说过，美国的自由主义已经将工人农民纳入其中，使他们都具有了资本主义的创业精神。如果他们一个个都想成为创业者企业家资本家时，他们和资本家的区别不是就只在于成功和失败了吗？还存在什么截然不同的心理上的阶级区分呢？菲茨休发表《全是食人者！》时，离内战爆发只有三年了，尽管他一再信誓旦旦地保证奴隶制必将永存不朽，万古不变，但是事实毕竟是：他所抨击的制度在彻底摧毁了他所美化的制度后，越发迅猛地发展了。

菲茨休似乎非常同情弱者，口口声声为弱者穷人鸣不平，但他将人视为天生的强者和弱者、主人和奴隶，而又把自己归于天才，这岂非更加赤裸裸地蔑视弱者，自以为高贵？如果强弱贵贱天生注定，不是等于完全否定了人的后天努力和完善可能？更何况主人奴隶还是世袭！大概没有任何当奴隶的人会对这样的前景心生憧憬，也没有谁会稀罕这样得来的生存与安全。人毕竟不是蜜蜂，不分工蜂和蜂王。"人生来平等"的口号真是最生动地触及了一切"贱民"的内心最深处，不能不成为他们视为比生命更宝贵的价值。

菲茨休对自由的看法也相当胡搅蛮缠，他将自由与安全、自由与政府、自由与法律全都对立起来，显然是将不同性质的问题搅在一起。从生物学意义上说，或从哲学和宗教的层次上说，受七情六欲束缚的人自然没有一个是自由的，但政治上的自由与专制之分还是有目共睹的。菲茨休的两分法是：奴役有饭吃，自由就挨饿。但众所周知，没饭吃的不自由和没有政治自由完全是两回事，前者是人作为生物所受的限制，后者是人作为公民所受的限制。其实，菲茨休也不反对自由，只是他将自由视为少数人的特权罢了。他写道："模仿、规矩和奴隶制适合大众，自由和放任适合天才和生来就发号施令之辈……为确保进步，我们必须给天才松绑，将平庸之辈拴住。自由归个别人，奴隶制——不同形式的奴隶制——归大众。"[1]

菲茨休的诡辩早就没人听了，不过有趣的是，他本人倒并不是一个穷凶极恶的奴隶主。他并不富裕，结婚后就"嫁"到女方，只有妻子名下的少许几个奴隶。他自学法律，偶尔接点活。他有儿女九个，把家看得比什么都重。他私下也承认奴隶制的邪恶，只是不便在公开辩论中提及。他甚至反对种族仇恨，反对将黑人排斥在人类兄弟之外。战后，他在专门为解放后的黑人设立的"自由民局"中服务了一年多。在一片废墟中，他写道："爱是比恨更美好的感情，过去六年我们恨得太多了，现在我们去寻找

---

[1] George Fitzhugh, *Cannibals All!or, Slaves Without Masters*（C.Vann Woodward ed.,The Belknap Press of Harvard University Press, 1960）, p.69.

爱吧。"①

　　以菲茨休为代表的南方奴隶制辩护家们早已彻底输掉了，他们没有在美国思想史中留下任何位置，即便是后来的保守主义也不是他们的精神后裔。但菲茨休的杰作却具有不可否认的理论上的坦率和彻底性，仍然能提醒读者去思考。他的写书与其说是剑拔弩张的辩论，倒更像是一种智力游戏，在测试自己驳倒对方的逻辑思维能力。虽然荒诞，倒也别致，更值得注意的是，他确实在推理辩驳的过程中涉及了人类社会一些最带根本性的问题。任何政治哲学探讨的最终问题无非是人类社会的构建形式，何种社会才最符合人性、最公正、最有利于人类的生存和发展？人性到底是善是恶，还是非善非恶？人类有无平等可言？平等的结果是好是坏？自由是否必须？限度何在？人类社会的争斗演进无不围绕着这些基本问题展开，菲茨休提出的问题还是值得人们继续去深思的。

---

① George Fitzhugh, *Cannibals All!or, Slaves Without Masters*（C.Vann Woodward ed., The Belknap Press of Harvard University Press, 1960）, p.xii.

第三章

新政：自由主义由古典向现代的转折

自由的基因 | 美国自由主义的历史变迁

内战解决的奴隶制是一个由殖民时期遗留下的历史问题，随着这个古老制度的轰然坍塌，美国可以说也同时告别了"古典"时期。美国在头一百年中完成了建国，巩固了国家的统一，内战后几十年的工业化则使美国旧貌换新颜。到20世纪初期，美国经济已经一跃而为世界第一，进步成了这个时代的主题。可是财富的增长从来都不是平均的，贫富悬殊凸显，社会又陷入新的矛盾之中。以往那种相对简单的生活、相对一致的思想被搅乱了，简直是一去不复返，美国社会又一次面临危机。

　　但是与奴隶制相比，工业化带来的问题相对容易解决一些，虽然也伴随着暴力，但还不至于发展到战争。这是因为工业化毕竟大幅度地增加了社会财富，大部分美国人都不同程度地受益，进步是实实在在的。处于经济最底层的往往是新到的移民，而他们在母国的生存状态也未必更好。因此大部分美国人虽然感到不安和不满，希望社会改革弊端，但并不想剧变，不准备革命。他们把激进思想视为欧洲专利，这就是美国中产阶级的保守传统在起作用。

　　改革的需要和愿望终于在20世纪初化为一场轰轰烈烈的改革运动，这是在两党合作一致基础上的一次进步运动，本质是借助国家的公共权力来限制过于庞大的私人经济权力，打破垄断，维护自由企业的自由竞争条件。工业化引发的问题暴露出放任自由主义的内在缺陷，进步主义是美国首次对古典自由主义的改革尝试，其幅度不可能很大。无论是西奥多·罗斯福的新国家主义，还是威尔逊的新自由，都试图维持经济发展和限制垄断之间的微妙平衡，因为他们都逐渐意识到工业大集团的形成是经济发展的必然，摧毁它也就将危及经济本身。进步运动主要是反兼并反垄断，是理解和接受一种崭新的经济现实和经济概念，故而带有强烈的道德色彩。进步运动收到了一定的效果，特别是在社会心理方面，美国人开始接受政府对私人企业的某种限制，并且觉得政府有责任维护经济公正。

大萧条的爆发将美国推进深渊，如果没有这样的冲击，富兰克林·罗斯福的新政在美国难以想象。新政时，大企业的经济现实已被接受，要解决的是紧迫而实际的民生问题，所以新政在本质上是实用的。在进步运动的基础上，新政大刀阔斧地再一次改革古典自由主义，其纠正力度之大足以改变其内涵。现在，政府不仅要担负起全面调节经济的责任，而且要对人民的生活福利做出一定的承诺。从新政到"四大自由"，美国人心目中的自由概念从消极的不受政府干涉演变到积极的指望政府扶助，这是一次历史性的转折，自由主义从此进入现代，市场这只看不见的手受到政府这只看得见的手的积极调节。设想，如果放任自由主义能够避免这样被改造的命运，那么现代自由主义就不会在欧美各国出现。变还是不变，这也许不是一个理论问题，而是被现实逼出来的。随着政府功能的增加，联邦政府的规模也从新政开始不断扩大了。

在美国，"自由主义"这个词是到进步时代才被普遍用于政治的，它在20世纪初代表的是进步主义。也就在此时，古典自由主义开始被反对派贴上保守主义的标签，虽然他们自己并不接受。无论是实施新政的罗斯福还是反对新政的胡佛，都愿意自称自由主义，虽然他们各自理解的自由主义已经有了很大的区别。这说明，"自由主义"这个词在进入美国大众政治后不久，就有了不同的品牌。

第六节 进步运动：修正的开始

1. 进步的困惑

南北战争后，美国彻底摆脱奴隶制的羁绊，经济迅猛发展。工业化、城市化和大批移民涌入是这个时期改变美国面貌的三大要素。由于科技进步，劳力充裕，市场自由，产销两旺，美国经济一跃而为世界之首。

然而，任何进步的取得都不可能完全不付出代价，在这几十年自由放任最典型的时期，财富飞速增长，随之而来的是财富的高度集中。生产的工业化和社会化，国内国际市场的激烈竞争，都迫使经营者拼命压缩成本，提高产量，形成规模。如若不能适应，企业便将被迅速淘汰或吞并。工业兼并运动以惊人的速度在进行，到1900年，美国的财富已经基本上集中到73个工业联合体，每个资产都超过一千万美元，其中许多联合体对本行业的控制达到50%以上，而仅仅两年前，这样的联合体还不过20个。到1901年，美国1%的公司生产了全国44%的制造品，铁路网也已经集中到五至六个经营者群体的手中。①

更令人惊恐的是新形成的金融资本主义，华尔街所集中的资本是前所未闻的。仅摩根公司一家，凭它自身的实力就足以将全国陷入经济恐慌和工业萧条。1901年，摩根公司买进卡内基的钢铁公司，组建成美国钢铁公司，资产达15个亿。在世纪交接的短短15年中，美国总统在危急中三次求助于这位华尔街的上帝来挽救国家。1893年，克利夫兰请求他帮助维持黄金储备。1902年，罗斯福在解决煤矿罢工时，找的不是矿主，而是摩根。1907年，国家面临金融危机时，是摩根派人到白宫，建议由他的公司来拯

---

① George E. Mowry, *The Era of Theodore Roosevelt* (New York: Harper & Row, 1958), p.7.

救国家。

空前的财富带来了空前的两极分化。一边是个别财阀拥有亿万资产，掌握着国家的经济命脉。有笑话说某大亨扬言要买下一个欧洲小国，虽有点夸张嘲弄，但并非没有这个实力。另一边是无数穷人在贫困中挣扎，其生存条件之恶劣是美国人从未见过的，尤其是沿海港口城市的贫民窟，境况惨不忍睹。由于美国的特殊国情，工业化不仅使大批农村人口进城打工，而且还吸引来数以千万计的移民，他们大多是欧洲穷人，到美国来寻求生活改善，其中相当一部分是逃避迫害的东欧和俄国犹太人。他们身无分文而来，不可能置地务农，而且美国在1890年边疆封闭后，已经没有土地可以分给移民了。这些新移民大多只能滞留在纽约、波士顿这样的入港城市，在血汗工厂出卖体力。移民中不是没有精明成功者如卡内基，日后成为钢铁大王，但绝大部分是一辈子苦于谋生，生活改善有待几代人的奋斗过程。

财富增长所凸显的社会冲突迫使许多美国人思考进步与贫困的关系。亚当·斯密等老一辈启蒙学者曾经相信，只要增加物质财富的创造，社会就会进步。现在科技突飞猛进，生产能力变得如此巨大，人类对自己新近释放出的能量简直有点目瞪口呆。在参观了1893年的芝加哥世界博览会后，连孤芳自赏的亨利·亚当斯也不得不赞美人类伟大的创造力和成就。谁能说这不是进步呢？一切都是前无古人的创举。但是进步难道不应该是全社会共享的吗？现在少数人的财富和多数人的贫困反差如此之大，这到底算不算进步呢？这样的进步是福还是祸呢？工业进步真的必然带来政治和社会的进步吗？目前的困境仅仅是进步过程中的暂时挫折呢，还是前途堪忧？是耶非耶？众说纷纭，"进步"这个概念成了那个时代的思考焦点。

亨利·乔治是1880年代美国名气最大的思想家之一，他的《进步与贫困》一书印数高达两百万册，在平民运动和劳工运动中影响尤为巨大。乔治的主要观点是：所谓的进步给大众带来的只是贫困，原因是土地被垄断了，而没有土地的人无异于奴隶，甚至比奴隶不如。他的建议是将所有的税收合并为一项单一的土地税。当时很多无地的人都非常信服他，然而事态的发展并未能证实他的理论，于是他很快被遗忘了，就像他迅速成名一样。

卡内基从完全不同的角度也提出了他的看法。他承认美国当时最大的问题是财富分配问题，但是他认为贫富悬殊是财富增长后不可避免的现象，只有前文明的社会才可能处于原始平等的状态。社会在进步，这点毋庸置疑。财富并不可恶，关键在于有产者如何处置财富。他反对将财富作为遗产传给家人或留给社会，因为遗产到别人手里往往被愚蠢地浪费掉。花钱和挣钱一样需要智慧，会挣钱的人应该在生前就将财富明智地用于为社会服务，不是化整为零地广布施舍，而是建图书馆、博物馆、公园等公益事业，为力求上进的人提供阶梯。与清教领袖温斯罗普的观点一样，卡内基也认为富人拥有的财富只是临时托管而已，最终还是要归还给社会的。洛克菲勒在1907年也发表过类似的声明，言称："我受上帝的信任托管他人财物，我因此觉得继续为公司的福利服务是我对上帝和公司投资人的责任。"[①] 不过要解决人类社会这么大的问题，仅仅诉诸于富人的自律是远远不够的，正如对滥用权力的防范不能诉诸于掌权者的自律一样，更何况也不是每个富人都有这样的认识和自觉。

2. 放任自由主义的内在缺陷

法国革命前不久，法王路易十六问一个自然法则决定论者："我该做些什么能够使我的国家繁荣起来呢？"答曰："laissez faire, laissezpasser." Laissezfaire（被译为"自由放任"）从此成为旧式自由主义的代号。自由主义确实是消极看待国家对经济的干预，但也并不是完全放

---

① George Fitzhugh, *Cannibals All!or, Slaves Without Masters* (C.Vann Woodward ed., The Belknap Press of Harvard University Press, 1960), p.45.

手,很奇怪当初为什么不将它译为更加中性的"无为而治"?

自由放任既解放了生产力,也释放了贪婪和不平等的能量。生产一旦获得突破和重组,财富来得太多、太快,美国人的心理难以跟上。同时,农业经济时代的制度也尚未准备充分来解决一个工业社会的财富分配问题。面对一个似乎已经变得无法控制的世界,整个社会的思想都陷于困惑迷茫,人们对"自由放任"的经济传统是否合理明智提出了质疑。

其实,经济上绝对的自由放任到了一定程度必然会引起贫富悬殊,这不能不说是旧式自由主义的内在缺陷,否则它也就不会、也不必演化到现代自由主义了。这一缺陷源于自由主义两大理想——自由与平等——的内在矛盾,所以仅仅攻击为富不仁解决不了问题。假设所有的富人都遵纪守法,取财有方,只要听之由之,过不了多久,也必然形成贫富分化,而且愈演愈烈,就像霍布斯描绘的政治上的无政府必然导致绝对主权一样。个中理由麦迪逊在《联邦党人文集》第十篇中已经讲得很清楚,因为人的能力存在着类别和大小的不同,其自由发挥的结果势必体现在各个方面,包括财富的获得。除非人的才能完全一样,或者被限制得完全一样,才有可能达到结果的一样。但限制个人才能的发挥对个人来说是否公平还是小事,可以想象,一个有才不用甚至压制人才的社会将蒙受何种损失。麦迪逊认为,结果的一样是不足取的,政府的首要责任就是要保护个人发挥其才能的自由,而这也正是自由主义最本质的含义。任何社会都会有利益和阶级的不同,这是无法否认的事实。在任何竞争中,有人胜出就必然有人落第,有人富也必然有人穷,再加上资本自身所具有的再生能力,富者与穷者的距离拉大也就在所难免。有正常推理的人都不难看出,由于人在能力上生而不平等,后天也不可能使之完全平等,所以只要有发挥各自才能的自由,就必然产生不平等的结果。

这听来很是无情,然而承认这种自由与平等的矛盾及其后果,并不等于接受这一物理中所包含的不合人的情理之处,人类社会不同于原始丛林也正在于此。人类产生平等的愿望，这是现代社会的进步，而且人们也认识到，只有一个相对平等的社会才是公平合理，长治久安的，所以如何缓解贫富悬殊、纠正经济不公、维持社会和谐、保护自由民主，便成了美国当时刻不容缓的任务。

3. 左、中、右的社会反应

19世纪后期是美国历史上资本进入垄断的时代，人称"镀金"时代"。在这个"强盗男爵"主宰的时代里，整个社会弥漫着庸俗的拜金主义气息，物质利益至上，精神空虚，政治腐败。到1890年代，农民反抗运动已经延续了相当时间，1893年的经济萧条使社会矛盾更加激化，罢工浪潮迭起，劳资争端常常以暴力镇压结束，社会动荡不安。美国人一向没有"普天之下，莫非王土"的意识，如此史无前例的经济极权对他们是太大的冲击，反应和态度也就大相径庭，大致可以分为保守、激进和中间三类。

自称"老卫士"的保守立场是固守美国体制，坚持自由放任，欢迎新的经济形势，为财富的现状辩护，其理论基础是斯宾塞的社会达尔文主义。斯宾塞著书立说之时，在英国的自由主义内部，"有原则的干预论"似乎已经占上风，这使他觉得有必要重新强调个人主义式的自由主义。其实就自由主义理论而言，其宗旨是最大限度地解放个人潜力，本身并不排斥国家干预。亚当·斯密反对政府干预经济的一个重要原因是当时执政的贵族不懂经济，只会把经济引入歧途。斯宾塞反对国家干预是立论于对国家与社会的区分，他将包括经济和各阶层在内的社会视为一个具有天然分工、有机发展的整体，而国家则是个外在的强制机构，国家的发展永远赶不上社会的发展，所以国家的干预通常是对社会自然发展的粗暴干预，结果是破坏性的。

斯宾塞主义在美国的代表人物是耶鲁大学的威廉·格萨姆纳，[1]从他的两篇代表作的标题就可以大致看出他的观点——《社会各阶级之相互依存》（1883）和《重造世界之荒谬企图》（1894）。萨姆纳确信进化理论完全适用于社会科学，物竞天择，适者生存是自然法则，最有能力获得最大回报是天经地义。人类根本不可能违背这可以称作上帝法则的自然法则，更不可能改变这种法则。萨姆纳将新教伦理、古典经济学和进化论三相结合，形成具有美国特色的自然主义式的加尔文主义。这种思想和加尔文主义一样具有宿命论倾向，认为人生本是一场奋斗，这世界不欠任何人的。一个人只有努力培养新教提倡的那种伦理和品质，才有望在社会竞争中获胜。

社会达尔文主义的核心是进化论，进化是竞争的产物，而在生存竞争中是没有什么人权可言的，所以它在许多方面与美国传统价值相违背，萨姆纳说过，只有两种选择——要么自由、不平等、适者生存；要么不自由、平等、不适者生存。前者促使社会向前，并有利于其最优秀的成员，后者使社会倒退，有利于最次的成员。他反对使用国家权力来改变这一自然法则，坚决维护自由放任。

出于同一原理，他极力批评福利政策，理由主要有二：1）福利政策的本质是国家通过税收将一部分公民的财产拿来送给另一部分人，由于最富的人永远有办法不纳税，所以纳税的主要是中产阶级。萨姆纳称他们为"被遗忘的人"，认为他们是最典型的辛苦劳动省吃俭用者。政府把他们稍微多余的资金用来分给最底层的贫民，等于判定生存竞争中的努力有成者欠了一事无成者，这就将自然形成的债权人和债务人关系颠倒过来，完全颠覆了正常的自然法则，是不可能起好作用的。2）政府重新分配只会将更多处于中下层的中产阶级陷于贫困，成为潜在的福利救济户。福利国家一经启动就没有尽头，当中产阶级的剩余财富耗尽后，社会分化成两极，结

---

[1] 见 Richard Hofstadter, *Social Darwinism in American Thought* (Bos-ton: Beacon Press,1955)。关于萨姆纳是否是社会达尔文主义者，以及他后期思想的转变，学界尚有争议，本文不作深入探讨。

果只会有利于社会主义革命。萨姆纳反对一切强调国家中央权威的欧洲保守主义，反对国家大包大揽，败事有余。

在此时的美国，反对国家权威的被称为保守主义者。但在对民众的看法上，他们和传统的保守主义很一致。他们大多持性恶论，畏惧民众，轻视民众，认为民众是天生的狂热、偏执、愚蠢和平庸。在某些顽固者眼里，连教育也无法保证一个人的明智，只有经验才是可靠的。马萨诸塞参议员亨·卡·洛奇举例说，一个印度人是经过六千年造成的，就算去牛津读书，也不能使他就此变成一个盎格鲁-撒克逊人。许多经济学家也支持这种看法，他们认为民主已经过头，经济精英不是民选的，所以最符合自然法则。他们反对政府干预经济，因为这会破坏经济运作的自然机制。他们认为即使真要有什么改变，也不可能通过一揽子的政治方案来实现。

激进立场提倡社会主义，主张社会对经济实行全面控制。他们强调物质环境和生产形式的决定性意义，将社会矛盾归结为穷人与富人、剥削者与被剥削者的阶级矛盾，主张为弱者伸张正义。他们一般持性善论，认为一个人主要是由他的经济状况即阶级地位所决定，只有彻底改变剥削制度，人类才有望得救。他们的言行具有抗议性和革命性，目标是建立一个无阶级的社会。他们深信这是社会发展的必然，是人类共同的命运。在1890年代，社会主义思想随着移民的大批涌入在美国迅速传播，工人运动此起彼伏，还成立了社会主义政党，好几个社会主义者当选为市长，在波士顿和旧金山等地颇有政治影响。

民众的大部分处于中间状态，他们并不想一举推翻美国体制，实行社会主义，但急盼改变现状。事实上，美国中产阶级普遍感到自己处于垄断资本和劳工运动的压挤之中，缺乏安全，情绪怨愤。他们极不信任工业兼并和金融寡头这些"大的诅咒"（the curse of bigness），但也十分畏惧贫民的暴力倾向，他们想回到内战前美国相对平等的社会，重新享受那种熟悉的经济自由和个人自由，因而在大部分问题上，他们都采取居中的立场。他们想阻止工业集中，但又不想政府因此而集权。他们的人性论比保守派要乐观些，但也不赞同环境决定论，认为个人还是要对自己负一部分责任的，因为人和动物不同，具有改变环境使之适应自己的能力。他们既想修补这个制度，也要求个人的自律。他们的核心观念是"进步"，但不是进化论者的进步，而是相信人的主观要求和能力可以改善社会，推动进步。这条美国中产阶级所持的中间路线最后获得"进步主义"的名称，而在美国，只有得到中产阶级的呼应，任何改革才可能见效。

进步主义的哲学基础是实用主义，20世纪初兴起的实用主义具有反对保守的现实意义，因为实用主义认为世界是开放的，事物不是一成不变的，社会演进不是自然结果，而是由人的智慧能力所推动。人也需要不断地进行实验来检验自己的思想行为，完善旧的体制，发现新的真理。

民间的进步主义者首先从两个方面做出反应：第一是治标的，直接援助那些底层的贫困者，开设济贫院，帮助他们解决最基本的生活问题，如简·亚当斯在芝加哥创办的赫尔会馆。这些努力大多属于私人慈善性质，所以他们也知道是治标不治本的。第二是要从根本上来治。美国人以前警惕的一直是政府权力被滥用，对民主制度造成威胁。现在他们发现威胁更多地来自垄断资本，而能遏制这一巨怪的却只有政府了，所以不能不转向政府寻求解决危机的手段。自由放任到了必须遏制的地步了，必须实现权力的重新平衡。在这一背景下，改革者不分党派，逐渐聚集到进步主义的大旗下，要求改革政治，整顿经济，遏制垄断。他们从地方和州的政治做起，一直扩展到全国。在这场20世纪初历时十几年的进步运动中，最能体现其精神的就是全国领袖西奥多·罗斯福和伍德罗·威尔逊。

4. 西奥多·罗斯福的新国家主义

麦金莱总统的遇刺使罗斯福意外地继承总统职位，从而正式开启了美国的进步时代，民间的改革呼声在罗斯福领导的政府中得到呼应。

罗斯福出身殷实之家，毕业于哈佛大学，本人绝非经济发展的受害者，原本也不激进。他既鄙视实利主义的富人，又害怕过激的下层民众，但最使他忍无可忍的是垄断资本对他心爱的国家所具有的潜在威胁。罗斯福上台后在民意舆论的支持下向托拉斯发起攻势，上任的第二年，他就以1890年通过的谢尔曼反托拉斯法为依据，连连起诉大公司，其中包括摩根等人掌控的北方证券控股公司、洛克菲勒的美孚石油公司、美国烟草公司等。这位第一义务骑兵团的斗士于是又赢得了反托拉斯斗士的美称，成为进步运动的核心人物。他还发起自然资源保护运动，目的也是防止私人牟利开发造成对大自然无可挽回的破坏。

罗斯福在两届任满后帮助塔夫脱竞选到总统职位，随后便去非洲旅游打猎，声称要退出政界。但是1910年他回到美国后还是积极投入了政治，并且出于对塔夫脱保守倾向的强烈不满，在1912年另建进步党参与总统竞选。他的行为最终分裂了共和党，导致民主党威尔逊的当选。但这时的罗斯福在思想上似乎比在职时更清晰明确了，在堪萨斯州举行的废奴主义英雄约翰·布朗纪念碑的揭幕仪式上，他发表了题为"新国家主义"的演讲，集中阐明了他的政治哲学。

新国家主义的核心是"国家"，国家利益高于任何党派、阶级和个人的利益，联邦政府有权干预经济，规范经济，使之服从国家和人民的整体利益。罗斯福在阐述中着重分析了以下几对矛盾：

第一是人权和产权的关系，他借用林肯的话来说明自己是在维护美国的传统价值。林肯在论及劳动和资本时有这么一段著名的话，其中第一点是说给资方听的："劳动先于资本，并独立于资本。资本只是劳动的成果，如果劳动不存在，资本就永远不可能存在。所以劳动高于资本，理应受到优先考虑。"第二点是说给劳方听的："资本有自己的权利，和其他的权利一样值得保护……不能向有产者开战，财产是劳动成果……财产是大家都想要的，是世上的好东西。"第三点是劳资的统一："让无房者不要去拆掉别人的房子，而是辛勤劳动，给自己造一幢房子，这样就以身作则，保证他自己建的房子也不至于遭受暴力。"[①]罗斯福引用林肯的话，不仅因为林肯的说法通俗而透彻，每个庄稼汉听了都能明白无误，而且可以说明自己是这位共和党先哲的传人。罗斯福声明，对人权和产权他都要竭力维护，但是如果必须面对选择的话，他一定会把人权置于产权之上。

第二是平等和特权的关系，也就是应得还是不应得。罗斯福说的平等是指机会平等，特权是指新生的巨富阶级。他认为，如果一个人所拥有的是他挣来的，如内战将领获得功勋荣誉，这是大家都可以接受的，不是特权。但社会进步的基本矛盾就是一批人所拥有的多于他们付出的，而另一批人付出的多于他们拥有的，这就是大家不能接受的。为争取机会平等而斗争正是一个民族从野蛮到文明的过程。机会平等一是意味着每个人都有充分发展的机会，既不需要特权的帮助，也不受特权的阻碍。二是意味着社会能从个人那里得到他所能提供的最好服务，所以机会平等不仅涉及公平，也涉及公益和社会发展。为维护机会平等必须摧毁特权，摧毁特权者不该拥有的那些特权。内战是摧毁棉花和奴隶主特权，现在是摧毁托拉斯和财阀们的特权。当这些特殊利益集团用金钱开路，渗入政治，钱权交易，施加邪恶影响时，他们对社会和国家的危害就更为严重。罗斯福坚决主张将这种威胁美国民主的特殊利益逐出政治，就像内战摧毁奴隶制一样。

为了维护机会平等，罗斯福提出对全体国民的"公平施政"，不仅要在现行规则下维护机会平等，而且不惜改变游戏规则，以保证更实质性的机

---

① Theodore Roosevelt, "The New Nationalism", in *An American Primer*（Daniel J.Boorstin ed., New York: Meridian,1995）, pp.737–738.

会平等和同工同酬。罗斯福在论及机会平等时始终强调一个人自身的价值，无论法律和政府如何公平，归根结底还要靠个人的性格和努力。

第三是特殊利益和特权的关系。罗斯福很清楚，事情并没有简单到摧毁托拉斯便可使美国经济一劳永逸。企业的"大"乃是经济规律所致，改革掉这个"大"很可能会产生一个不想要的副产品，那就是经济丧失活力。他对民众解释道，工业联合乃经济规律所致，非政治立法所能取消的。每种特殊利益都有权得到公正的对待，但是不能享受特权。财产是公共利益的仆人，而非主人。他反对的不是财富而是不正当行为，是要对其控制而不是禁止。他代表的是道德，要使财富服从全社会的福利。为此，政府对资本加以监督是完全必要的，而且还将走得更远，更积极地干预社会和经济，他赞成实施对高收入征收累进所得税，征收遗产税等措施。

第四是改革和革命的关系。罗斯福明确表示，他不同情那些不关心财产的改革，指的是社会主义和共产主义公有制思想。他说政府对经济的监督、整顿、干预不仅是为了国家安全和社会公正，也是为了避免更激进的革命，他规范铁路系统的目的就是因为不想看到铁路的国有化。他一再强调他同时反对奸商的贪婪和刁民的暴力。他说他代表的是国家，而不是弱势。他既不支持穷人也不支持富人，他支持的是正直的人，不管是贫是富。他一方面要严惩为富不仁者，抵制大公司的不正当影响；另一方面又要压制蛊惑民心的宣传和聚众闹事。

霍夫施塔特认为罗斯福一开始并不主张改革，本质上具有共和党大实业家的传统保守。有人批评他的反托拉斯其实是雷声大，雨点小。这样说未免有点要求过高，不切实际，因为罗斯福作为总统面对一个本党占优势的保守国会，并不能随心所欲地行事。罗斯福反托拉斯不能说是在作秀，不过他也说过，改革并不是彻底的净化，改革的目的仅仅是为了医治国家最明显的伤痛，即通过改革来避免革命。在罗斯福的心目中，国家利益高于一切，谁都不能来损害他的国家，富人不行，穷人也不行。他是一个明智的保守党人成功地将中产阶级组织起来，将其愿望化为政治行动，因为他谙熟中产阶级的心理，明白民众对改革的需求，知道变通的道理，也真心厌恶庸俗的有产者的专制，尤其是绝对不能允许托拉斯比国家还要强大。国家主义既然是将国家利益置于州、地方和个人的利益之上，这样的改革必然使权力集中到联邦政府。在这点上，他可以说与汉密尔顿很相似，都想用国家权力来影响经济，只是时代变了，具体目的也就不同，汉密尔顿是要鼓励经济，罗斯福则是要控制经济。

5. 威尔逊的新自由

在样样都标榜"新"的20世纪初，针对罗斯福的"新国家主义"，他的对手威尔逊提出"新自由"。威尔逊也不反对财富，而是试图从另一个角度来打破垄断，那就是保护自由竞争的格局。在解决特权扼杀自由的问题上，遏制特权与维护自由可以说是殊途同归。

威尔逊是个学者型的总统，在他之后美国再也没有出过一位如此博学的总统。他是北方人，却在南方长大，父亲是长老会的牧师，他本人也是天性敏感，善于反思，本能地倾向于将问题道德化。他对英国的政治制度情有独钟，是个多愁善感的传统主义者。他喜欢英国思想家那种有意识的保守传统，感觉上认同于曼彻斯特经济学派和柏克，反对法国哲学，因为他相信社会的渐变，讨厌革命。但他和罗斯福一样，也真诚地反对托拉斯，因为托拉斯使少数人控制了国家的经济命脉。威尔逊认为："真正的危险在于联合企业的联合……在于同是这一群人控制了银行系统、铁路系统、整个制造业、大型采矿企业，以及开发本国水利资源的大型企业，把一系列董事会的成员串联在一起的是比美国任何可以想象的企业联合更可怕的共同利害关系。"①所以他也要用国家的权力来对它们加以控制,他还将这一冲突视为贪婪与正义的较量。威尔逊在担任新泽西州长时便获得了改革者的名声,在总统任内也通过了一系列的改革立法,包括四个宪法修正案、建立联邦储备系统和实行高收入累进所得税等。

要确切区分"新国家主义"和"新自由"不是一件容易的事,因为两者非常相近,又都模棱两可,这是由于罗斯福和威尔逊都想既不阻碍经济发展,又要维护社会的公正和安定。但顾名思义,罗斯福更强调国家的首要地位,尤其是总统的行政部门,威尔逊更强调恢复自由竞争。如果说罗斯福的新国家主义与汉密尔顿主义一致,那么威尔逊就是继承了杰斐逊主义,可以说是代表小资本在与大资本进行较量。他既不要大企业,畏惧大资本积累所造成的权力,也不要大政府,畏惧大政府对自由的威胁。他指责罗斯福的国家干预会引起政府膨胀,而他认为政府不仅要规范企业,还有责任维持自由竞争。

威尔逊清醒地看到,美国生活已不是二十年前,甚至和十年前也不一样了。他说:"旧秩序变了,我们目睹这一变化,它不是悄悄地平等地进行,而是疾风骤雨的重建,伴随着声响和热量。"②新的经济制度已经出现,前所未有,一切都变了。美国人历来的自由丧失了,中产阶级被挤压,个人被淹没。原先的个体劳动者现在成了天天只和机器打交道的雇员,他们连自己的雇主也不认识,因为雇主是庞大的组织,是控制着一切的托拉斯。在新情况下,过去的旧规则已经不再适用,不再解决问题,必须改革,必须进行一场大动作的重建。一百三十多年前,美国的开国诸贤关注和改革的是政府的权力结构,要使之有利于全体国民,防止政治极权。但当时的社会简单,政府只要保证人民不彼此伤害就可以了,所以管得最少就是最

---

① 理查德·霍夫施塔特,《美国政治传统及其缔造者》(北京:商务印书馆,1994年),第252—253页。
② Woodrow Wilson, "The Old Order Changeth", in *Documentary History*, p.281.

好。现在生活变得复杂得多，政府仅仅无为已经不够，必须阻止强者挤垮弱者，所以需要重建经济结构，立法保护正在创业的人，而不是让已经创业成功的人独霸天下，这就是自由，因为正在创业的人才是美国活力所在，生命所在。而在重建经济的过程中，政治结构也会得到相应的调整。进步运动的改革幅度之大，可以说是美国建国后的首次大调整。

与罗斯福一样，威尔逊也绝对反对诉诸武力。他说，只有改革才能防止流血的革命，而改革本身就是一场静悄悄的革命，它镇静而清醒，靠的是理性而非激情。改革的目的是恢复以前的理想，重建一个为全体国民而非特殊利益服务的政府。

威尔逊同时反对大企业和大政府，但是具有讽刺意味的是在他任内政府明显扩大了，美国参战后企业也扩大了。历史似乎向来有它独立于人类意志的走向，政治理想和政治现实始终保持着神秘的距离，非人类所能预测。

6. 进步主义：20世纪初的自由主义

回过头来看历史真是很值得玩味，因为过程已经完成，谜底已经揭晓，所以到底什么是真正的不可抵挡的时代潮流也就一清二楚了，曾经辩论不清的问题也已成了常识。就进步运动而言，它是美国人在试图纠正工业革命后产生的社会问题和弊端，解决历史摆到他们面前不得不解决的问题，它当然是历史的进步。

顾名思义，进步主义和进步运动是相信社会的进步并推动之，但全是这样吗？事隔一个世纪，我们也不能不看到，进步运动的某些要求掺杂着相当复杂的怀旧情绪，故而"恢复"是进步运动中常用的一个词。罗斯福看到了这一点，他指出进步运动分成两派，并且正在危及运动的成功，是有其道理的。他说："一半人乃是真正的农村托利党人，试图完成那不可能完成的任务，将经济状态退回到六十年前去。另一半人想沿着正确的道路往前走，承认企业联合的不可避免和必要，并以相应的扩大政府权力来控制大企业。但与此同时，这些真正的进步主义者行动受阻，因为他们不得不时时对他们的同伴表达忠诚，而这些同伴从本质上讲不是进步主义者，而是退步主义者。"① 他还攻击威尔逊的新自由是农业反动，要回到19世纪去。

在社会发生剧变的时候，人们往往头一个反应就是回到过去，美化过去。他们只念着过去的好处，却未想到他们早已离不开现在的好处。很多人对当时出现的一些新事物很难接受，因为他们的眼光还是19世纪的。他们有的将金融家，甚至整个银行业，等同于不生产、不制造、不劳而获的高利贷者，有的则一概否定企业的联合。他们不理解工业革命在改变生产的品种、速度和方式的同时，也必然带来生产组织形式上的巨大变化。工业化的联合体替代了个人可以决定自己命运的自耕农、小手工业、小作坊和小工厂的个体化社会，这是人力难以挽回的，美国早年那种独特的个人自由随着环境的一去不复返而无法恢复了。实际上，直到第一次世界大战后，人们才从心理上适应了大企业的事实。

进步运动的这类向后看的思想使它赢得另一个自相矛盾的称号——"除去草籽的平民主义"。(Populism with the hayseed removed) 像威·杰·布莱恩这样一个拥有众多追随者的平民主义领袖为什么屡屡失败？就是因为他风云政坛几十年，却始终未能对症下药，总是想用农业社会的办法来解决工业社会的问题，纵然他占有道德优势也无济于事。他那不能与时俱进的思想最终在1925年田纳西的猴子案上成为笑柄。②

进步运动虽然被第一次世界大战的炮火打断，但这场波澜壮阔的全国

---

① *The Era of Theodore Roosevelt*, p.55.
② 1925年，田纳西州的中学教师斯科普斯违反了该州禁止在公立学校教授进化论的法律，受到起诉。布莱恩协助起诉，和被告的辩护律师达罗进行了广泛的争论，观点陈旧。

性的革运动还是取得很大成就的。在经济改革上，反托拉斯诉讼的成功导致数以百计的非法兼并被勒令解散，克莱顿法又进一步完善了谢尔曼反托拉斯法。1912年，政府开始实行美国历史上第一个高收入累进所得税，由政府对财产进行再分配。必须注意，美国宪法规定，联邦政府只能管理州际贸易，现在介入私人企业，已经是迈了一大步。在劳资冲突中，政府也改变了19世纪末一味支持资方的做法，通过劳工法，支持劳工有组织地与资方协商的权利，还通过了八小时工作制和废除童工等有利于劳工的法律。

在政治改革上，威尔逊任内通过了四个宪法修正案，如此集中地修宪是内战后未曾有过的。它们包括国会课征一切所得税的权力，公民直选参议员，禁酒和妇女选举权。其他政治改革还有文官制度改革，直接初选，公民创制权、公民表决和罢免权等，这些改革从根本上动摇了此前党魁说了算的政党机器政治。在党魁政治中，由州议会提名参议员的做法使美国的参议院成了百万富翁俱乐部，直选就是为了打破这种钱权交易。即使在所谓保守的塔夫脱的四年任内，他制裁的托拉斯比罗斯福任内还多一倍，这也说明大势所趋。遗憾的是塔夫脱不像罗斯福能既赢得改革名声，又得到企业支持，他无法保持共和党内两派的平衡。

霍夫施塔特对罗斯福的评价是"充当进步派的保守派"，威尔逊则是"作为自由主义者的保守派"，两个原本保守的人被时势造就成了改革派。尽管党派不同，他们领导的进步运动有着基本的共同点，也就是都在自由主义的框架之内改革。

首先是只反对不公平竞争和不合法经济行为，而不反对资本主义本身，他们恐惧的是经济特权。在代表资本反对特权这一点上，进步主义和自由主义是完全一致的。

其次是两人都很注意有限地使用政府权力来管制经济，不采取任何极端措施。他们意在通过法律，而不是通过扩大政府的规模来管制经济。在有限政府和对政府权力的警惕上，他们也基本上维持了自由主义的原则。

最后是两人改革的目的都是为了避免革命，避免社会主义。他们都不赞成城市劳工组织和农村平民党的过激做法，而要在寡头统治和社会主义两个极端间走一条中间道路，这仍然还是坚持自由主义。所以，进步运动是一次真正意义上的改革而非革命，它和美国革命一样保守，它只是旨在纠正工业化冲击所带来的社会弊病，纠正自由主义的内在缺陷，为自由资本主义的发展创造更健康的环境。

但是进步运动毕竟走出了自觉依靠政府权力来遏制资本垄断的第一步，也就是走出了古典自由主义向现代自由主义过渡的第一步。它也许动作不大，但全社会毕竟形成了新的共识，其核心就是联邦政府的作用。美国人改变了以前消极的国家观，普遍接受政府有责任规范经济使财富为公众利益服务的看法。在美国早期的政治标签中，通常使用的是"民主派"和"共和派"，很少用"自由派"在1912年大选中，罗斯福一派的共和党人在对抗塔夫脱时曾自称"造反派"或"反对派"，但罗斯福马上纠正了这一称号，坚持要用"进步派"。威尔逊也以进步主义或自由主义自称。李普曼认为，正是在1912年大选中，罗斯福的进步党开始将"自由派"这个词引入美国的大众政治，随后威尔逊在1918年也用它来表示自己的政治立场。而"自由派"一出现，它代表的就是区别于右派和左派的中间派，"自由主义"这个概念从这时起也就与自由放任划清了界限，美国人不再称一个主张自由放任的人为自由主义者，而将他归为右派或保守主义者。

进步时代可以说是现代美国的开始，这种政府和经济的关系一直延续至今。罗斯福重申华盛顿的权力，威尔逊则进一步说："国民政府对人民的服务必须范围更为广泛，不仅要保护人民免受垄断的危害，而且要便利人民的生活。"[①] 他还说："我确信，现在由个人和公司经营的许多事情，将来会不得不由政府办理。……正因为我不是一个社会主义者，我才相信这些。

[①] 理查德·霍夫施塔特，《美国政治传统及其缔造者》(北京：商务印书馆，1994年)，第252页。

我认为此类措施是防止共产主义的唯一方法。"①这些意味深长的话,预示着政府对经济和民生更为积极的干预。从进步运动开始,美国人对经济民主有了新的意识和要求,对政府的作用也有了新的认识和期待。

第七节　罗斯福新政:现代自由主义的开始

1. 胡佛的美国体制碰壁

胡佛的命运具有强烈的反讽意味。他是美国总统中少有的理财能手,却在美国最严重的一场经济危机中遭遇滑铁卢。他的前半生以人道主义的救济活动蜚声国际,他的名字象征着粮食和繁荣,下半生却成了饥饿和萧条的代名词。他是一个认真对待美国体制、坚守自由主义信仰的人,但美国人民却不认真对待他,最终遗弃和嘲弄了他。大半个世纪过去了,人们发现他对美国体制的阐述十分本质,并无大错。这到底是怎么回事呢?问题出在哪里?

第一次世界大战结束后,美国迎来了1920年代的繁荣。进步运动的成果虽然没有被否定,但一连三个共和党总统采取的都是亲实业的政策,柯立芝总统的表白最为直截了当,他的名言是:"美国的事业就是实业。"1928年,胡佛和民主党候选人艾尔·史密斯竞选总统,大选前夕他在纽约发表了题为"美国个人主义"的演说,集中阐述了他的政治理念。他将经济繁荣和人民生活提高归功于共和党的领导,因为共和党在战后立即恢复了战时中央集权前的状态,在过去七年多的执政中坚持了美国体制和传统,拒绝政府在经济生活中与民争利。

---

① 理查德·霍夫施塔特,《美国政治传统及其缔造者》(北京:商务印书馆,1994年),第275页。

胡佛演说的中心是政府和经济的关系，时至今日，这仍然是美国政治中的一个中心议题。胡佛区分了两种不同的政府理念：个人主义的和集体主义的，美国的和欧洲的，共和党的和民主党的。胡佛作为工程师和国际商人，曾在东西方许多国家管理过企业，他在国外的丰富阅历使他更加欣赏美国个人奋斗的体制，他相信美国的成功源自美国人倔强的个人主义，欧洲的失败在于他们的家长制和国家社会主义。

胡佛着重论证了为什么政府管不好经济、如果政府管理经济的话又会带来什么问题。他说，美国体制的本质是自治，自治必须避免权力集中，各种制衡机制都是为此设计的。它们在分散权力上很是成功，但负面的结果是办事拖沓，这在政治上可以接受，但对经济来说却是致命的，因为经济管理需要集中责任，把握时机，当机立断。如果经济决策进入民主程序，推诿扯皮，还有什么效率可言？所以民主政府决管不好经济。同时，如果政府真的要接管经济，势必建立一整套组织，形成一个庞大的官僚迷宫，促使中央集权，一切竞争也将宣告结束，而没有竞争的经济不可能有活力。更有甚者，经济自由的丧失最终必然危及人民的其他自由和自治权利。

再说，政府管理经济也不可能明智，经济领导的才能来自现实的商界竞争，但政府如何任命领导经济的官员呢？由政府挑选，还是民选？无论哪种方法，都不可能选出真正的经济管理人才。因此，胡佛一再重申，政府在与经济的关系中只能充当裁判，是进行规范和管制，而不是直接参与。他将此视为政治原则，决不含糊，而他的失败也许正孕于这一执著。

胡佛作此演讲是有所指的，在大选中他感到来自左的威胁，也就是民主党的具有社会主义倾向的宣传，所以他自认有责任出来捍卫他所欣赏的美国体制。胡佛信仰的坚定与他本人的经历很有关系，他出身于铁匠家庭，是白宫主人中不多见的劳动人民出身。胡佛全凭个人奋斗进入斯坦福大学深造。由于能力非凡，成绩卓著，他从二十几岁起就担当重任，不到四十岁就成了百万富翁，历任工程师、企业家，在世界各地施展才华。第一次世界大战期间他在比利时任救济委员会主席,巴黎和谈时任政府顾问,战后任美国粮食总署署长、商业部长,直至总统。更有意思的是,总统是他第一个竞选的官职。可以说,他本人就是美国梦的实现,这使他不能不坚信美国的机会平等和美国体制的完好。正因为他太成功了,也就太执著于一个信念,乃至大萧条的特例都不能使他稍许改变思想体系。

在一个自由放任的社会,经济上的两极分化是必然的。社会能够承受一定程度的分化,但支撑到某一点上也许就会招架不住,失去平衡。分化的危险首先是造成社会内部的对立,乃至阶级界限分明,互不沟通了解,彼此横生仇恨。更深层的危险是国民经济失衡,财富过度集中,少数人的消费毕竟有限,大部分人购买力低下,不足以刺激经济。在生产效率激增的情况下,难免产品积压,经济运转失灵。一旦社会和经济两根弦都绷得太紧,社会心理就会扭曲,离心离德者有之,铤而走险者有之,社会开始动荡,革命也就为期不远了。

对美国来说,那压死骆驼的最后一根稻草就是1929年的股市崩溃,这根稻草如同沉重的钢筋,这才引发了大萧条这样空前的危机。在这种紧要关头,胡佛的表现却有点像头倔驴,即便他对美国体制的总结并不错,但实在是不合时宜。再好的原则,不能灵活运用也是枉然,只有掌好"度"才是头等才情。

公平地说,面对大萧条,胡佛也采取了一些他的前任从未考虑过的措施。他是美国历史上第一个使用联邦政府来应付紧急危机的总统,他促使国会建立了复兴金融公司和联邦农业局来协调经济,但他始终跨不出强制企业的那一步。在无数美国人面对饥饿的时候,他却在考虑政府管理经济对美国体制将会造成的潜在后果。他也跨不出让联邦政府直接从事救济的那一步,唯恐从此损害了美国人自强自立的性格。他那倔强的个性使他不能在非常时期采取非常手段,缺乏处理原则与现实关系时所必不可少的灵活性,而他那不善于与民众交流的性格也使他显得呆板而不通人情。

霍夫施塔特称胡佛为美国放任自由主义的最后一位总统，但胡佛本人并不认为美国制度是放任自由的制度。胡佛对自己的界定是"真自由主义"，称那些从左边批评他的人为"假自由主义"。在1920年代的美国，主张改革的进步主义者已经差不多独占了自由主义的号（1924年的大选就被人们称为"拉福莱特自由主义"与"柯立芝繁荣"的竞争），而胡佛就偏要来个正名。胡佛选择"真自由主义"之称，一是可见当时已经存在两种"自由主义"的概念，二是双方都想争这块招牌。显然，胡佛所说的"真自由主义"更接近于美国19世纪的自由主义——政府少管，让私人企业发挥主动精神——他本人正是在这一精神的熏陶下成长的，所以对此终生不渝。

然而可以想象，像胡佛这样非意识形态化的实干家，是没有耐心在主义的标签上纠缠不休的。他曾经说过，自由主义和非自由主义这样的术语根本就不适合美国，"我们常听说某某是托利党、反革命、保守主义者、自由主义者或激进主义者……这些术语的政治使用……是从英国进口的，不适用于美国"。他反对使用这些标签，一是因为其不确定性——"你可以将自己归为任何一派，只要你不厌其烦翻来覆去地说。"二是因为它们已经成为政客们操纵玩弄的武器——"如果你不喜欢某人，你就可以将他打入你的听众最憎恨的一派。"[1] 他的话也不是没有道理。

对胡佛来说，倔强的个人主义也罢，真正的自由主义也罢，目的都是为了保障每个美国人享有尽可能发挥其才能的自由和机会。他也承认放任无序的个人主义会有危险，但是他认为美国的个人主义受到机会均等的制约，不至于走向极端。在他看来，主要应该防止的是社会主义的倾向，因为任何一个部门的国有化都会导致丧失经济自由，并最终导致丧失政治和其他方面的一切自由。

---

[1] William Gerber, *American Liberalism: Laudable End, Controversial Means*（Lanham, Maryland: University Press of America, Inc.1975）, p.114.

2. 罗斯福新政永远改变了美国的自由主义

美国自由主义由古典到现代的分界线可以明确无误地划在胡佛和富兰克林·德·罗斯福两个总统之间，胡佛是最后一个固守所谓放任自由主义的总统，而罗斯福是第一个代表现代自由主义的总统，从此，美国自由主义不可逆转地进入现代。

在美国人民对胡佛彻底丧失信心后，1933年罗斯福受命于危难。他上任后的第一件事就是恢复美国人民对自己、对政府和对美国体制的信心。他在就职演说中说："我们唯一需要恐惧的就是恐惧本身。"紧急银行法勒令全国银行关闭整顿，检查合格后方可重新营业，金融秩序得到恢复，人心很快稳定下来。在随后的百日内，他的新政方案一个接一个出台，速度史无前例。从3月9日到6月16日，罗斯福15次致信国会，敦促通过了15个主要法律，做了10次演讲，并且每周举行记者招待会和内阁会议各两次。这15个法律包括银行紧急法、经济法、联邦紧急救济法、农业调整法、紧急农场贷款法、田纳西流域整治法、保险真实法、家宅贷款法、全国工业复兴法、银行法、农场债权法以及铁路协作法等，加上以后几年陆续通过的重要法律如社会保障法、瓦格纳劳工法等，从1933年至1938年的六年新政立法涉及美国政治、经济、社会、生活的方方面面。联邦政府的责任迅速扩大，随着执行机构的纷纷建立，联邦政府本身也前所未有地扩大了。

与新政相比，进步运动看来只是一场序曲，但两者的宗旨是一脉相承的，新政要解决的仍然是工业化所带来的经济问题和社会矛盾。进步运动虽然取得了一定的成就，但是在问题还未解决时就被一次大战打断。1920年代的繁荣不过是一个插曲，还有许多虚假的性质，因为事实上大战刚结束不久，农业就开始不景气了，社会贫富悬殊的趋势也始终未能得到缓和。十年共和党执政时期，实业界可谓一枝独秀，这更加深了其他阶层的不满，改革的要求从未平息过。

但是与进步运动不同的是，新政面对的是大萧条，因此它有更紧迫的经济问题要解决。进步运动基本上是向垄断兼并发起攻势，要解决很多经济概念上的问题，也包含更多的道德内容。到新政时期，企业的规模问题已经早被接受，布兰代斯对"大的诅咒"的谴责显得幼稚，因为只要大企业的经济功能无法替代，"大"就必然会存在下去。在大萧条的生死存亡之际，甚至道德要求也显得次要了。正如霍夫施塔特所言，新政是以实用主义为指导的，它是功利的，重的是效果。它不是道德愤怒，是解决实际问题。新政人看不起不能见效的理论，最讨厌的莫过于意识形态的教条。

新政完成了一次政府职能的转变，它从两个方面永远地改变了美国的自由主义：一是政府对经济的干预，二是政府对人民福利的责任。在此之前，美国也经历过多次经济危机，但是美国人并不认为政府应该承担责任，哪怕是救济的责任，慈善属于教会和个人行为。在个人奋斗的年代里，一个人必须对自己的成败负责，如果他有什么怨言，尽可直接去向上帝诉说。从新政开始，联邦政府承担起确保经济正常运转的责任，不仅要作宏观调控，还要通过所得税、财产税、社会保险等途径积极介入分配。经济运作的好坏可以说成了判断政府成败的关键，政府不干预经济的放任自由主义宣告结束，再无回头之路。

与此同时，福利主义开始，联邦政府直接对人民生活保障负起责任。罗斯福明确表示，1776年美国消灭了政治专制，现在到了反抗经济专制的时候了：

> 政府应当关心使那些愿意工作的人有事可做。让人民免于挨饿，有房子住，生活过得不错，有适当的教育水平，这些是政府关心的事。除了这些以外，另一件没有提到的事是，保护个人的生命和自由不受社会上那些企图以牺牲别人的利益而取得荣华富

贵的人们之害。他们同别人一样有权受到政府的保护。①

失业保险、养老保险等都是从新政时期开始的根本性改革，它们使人民生活有了基本保障。这些措施深得人心，延续至今，很难想象哪届政府敢于更改这个方向，里根政府再保守也不可能回到新政之前，这就是为什么他的保守主义要冠以一个"新"。想当初，梭罗说他与政府的关系就是一年一度与收税人的照面。现在，联邦政府已经深入每个公民的生活，美国人从未与政府有过如此密切的关系，也从未对政府有过这般大的期望。

3. 新政为何可能

史学家老施莱辛格曾经提出，美国历史中的改革冲动具有周期性爆发的特点，差不多每隔 15 年到 16 年，自由期和保守期就会风水轮转一次，这是全国政治心理周期，与经济形势并无明显联系。据此，小施莱辛格认为，无论大萧条是否发生，美国到了 1930 年代都会出现某种新政，只是改革幅度也许没有那么大罢了。

根据小施莱辛格的分析，美国历次改革的诱因通常有二：其一是社会积压的不安与不满（常常是非经济因素的）导致变革的要求。其二是一群富有才干的人感觉受到现存秩序的排挤，利用民众上涨的不满来推进自己的政治方略。这种局外人争取地位权力的野心和人民对现行领导人和现行理想的厌倦两相结合，就成了美国改革的真正动力。进步时代连续二十多年的改革政治使人疲惫，理想主义冲动已被耗尽，于是乎进入 1920 年代休养生息的保守期。连威尔逊本人也说过："一代人也就有一次能这样超越物质生活，因此三分之二的时间会是保守政府来执政。"②

---

① 詹姆斯·麦格雷戈·伯恩斯，《罗斯福传》（北京：商务印书馆，1995 年），第 275—276 页。
② 同上书，第 337 页。

当民众不再关心政治时，政治权力就必然落入经济上最强大的利益集团——实业界，这样反过来又引起了农民、劳工和知识界等其他阶层的不满。到1920年代末，社会上的不满和厌倦已经有点神经质了，这不仅在菲茨杰拉德的小说《了不起的盖茨比》这样的文学作品中得到充分反映，而且在现实政治中也产生了像艾尔·史密斯这样的政治人物，他是美国历史上第一个天主教徒的总统候选人，虽然在1928年大选中败于胡佛，但得票居然相当可观。小施莱辛格认为，史密斯代表的这股反叛肯定要成气候，而这批人恰恰也是后来支持新政的人。他还认为，新政之所以不是反动而是自由主义的，就是因为这次改革周期正好到了自由这一轮。他的这种说法也有一定道理，尤其是想到1960年代那场突如其来的狂飙，那时经济风平浪静，不要说大萧条，连小萧条也没发生，社会不是照样激荡起来了吗？

但是若无大萧条的绝境，要想象新政实在是很困难的。历史是条因果链，环环紧扣，每个事件都几乎决定了下一个事件的发生，至少是决定了发生的状况。大萧条是美国历史上从未出现过的经济衰退，工业产值狂降一半，失业人口占了劳动力的四分之一，美国哪里经历过这种连吃饭都成问题的局面！通常说来，只有在紧急情况下，特别是个人面对生死、国家面临存亡之际，人们才会去尝试一下平常不可能想到的违反常规的做法。美国体制的传统是不会轻易退让的，即便有了大萧条，最高法院尚且要宣判全国复兴法等新政立法违宪，没有大萧条的话，罗斯福怎么可能大刀阔斧地推行新政？守旧派从一开始就指责他搞独裁，颠覆美国体制，控制国会，操纵最高法院。若不是有民众支持，新政实在难以为继。但民众又为何要支持新政呢？还不是因为大萧条的逼迫？新政在本质上离不开民众的接受，而历史表明，美国人只要一等到经济繁荣，就迫不及待地摆脱政府，自己去发展。美国几次大的改革运动，包括19世纪上半叶的改革，20世纪初的进步运动和30年代的新政，都被战争打断，而战争过后迎来的并不是改革的继续，而是经济放任，耽于享受，这几乎成了规律。也难怪，人性使然，很难指望从战争血腥中熬过来的人能变得非常理想主义。所以，如果没有大萧条，即便有改革，也不可能有新政这么大的动作，而没有这么大的动作，也就不叫新政了。

大萧条是新政的前提，但有了大萧条也不一定有新政。大萧条发生在胡佛任内，但在三年的时间里，胡佛并没有施行新政。所以，新政之可能的第二个要素是罗斯福其人，罗斯福确实可以称为在合适时间出现在合适地点的一个合适的人，新政和罗斯福无法分开，是罗斯福一手为新政导的航，是大萧条和"二战"这两次大危机造就了罗斯福这个伟大总统。

就罗斯福本人的经济知识而言，他无法与胡佛相比，然而他却在胡佛失败之处成功了，可见作为领袖的成功不在于拥有某项专业知识，而在于具有领袖所需的素质。与胡佛相对照，罗斯福的第一个优点就是善于和民众沟通，这在民主国家里尤为重要。胡佛与罗斯福在性格上的差异很像后来的尼克松与肯尼迪，胡佛和尼克松都是贫寒出身，靠艰辛的个人奋斗达到高位，他们不缺知识和能力，但是在性情和风度上就不那么潇洒自如了，在与人沟通上也更容易有心理障碍。而对罗斯福和肯尼迪这样出自名门的人来说，自信和成功几乎与生俱来，他们不会把一件小事看得太重，对付大事也更从容。由于一直生活优裕，未涉艰难，心生同情也不是难事。罗斯福来自特权阶层，能深得普通民众拥戴，就因为他能让民众感到他的自信、开朗、乐观、通融和同情。如果他爽朗的笑声和平易近人的风格比起胡佛的一本正经更得人心，如果他的灵活比起胡佛的寸步不让来更受人欢迎，这难道不是顺理成章的事吗？从心理上说，对一个人信还是不信是一件非常个人化的事情，尤其是让美国民众去相信一个政客，所以领袖的个人魅力是极其强大的政治武器。当胡佛劝民众不要丧失信心时，人们报之以嘲讽。而当罗斯福让大家不要恐惧时，人们好像一下子就放了心。他的就职演说一结束，就收到五十万封热情的人民来信。在全国面对灾难时，还有什么比一个总统能将上下凝聚一心更为重要呢？新政的这种上下一致是发自内心的，与希特勒在纳粹德国以恐怖手段造成的整齐划一不可同日而语。罗斯福不是让人民去信任他一个人，将他视为救世主，而是让人民去信任他们自己，做自己的主人。

罗斯福的公关能力是一流的，人们称他为政治心理学大师。他既能控制自己的心态，做到不骄不馁，始终保持微笑；又能确切把握民众心态，保持和民众的呼应，取得民众的理解支持。只要对比一下他和胡佛对待退伍军人进军华盛顿的不同态度，就不难明白为什么一个成功一个失败了。1932年春，胡佛下令军队驱赶滞留在华盛顿的退伍军人，造成数人死伤。他这样对待对国家有功的落难军人，引起全国的愤怒，可谓大失人心。1934年，面对同样进京请愿的退伍军人，罗斯福下令给他们送吃送穿，还派夫人慰问，乐队助兴，退伍军人一个个大受感动，自动撤离，风波就此平息。他们说，胡佛给我们派来军队，罗斯福却派来夫人。政治领袖的愚钝冥顽有时可以将事情推到极端乃至不可收拾，简直是逼人造反，如果他们能像罗斯福那样显示出一点灵活，一点理解，无论是对他本人还是对国家，付出的代价都会小得多。

当然民众的支持主要还是看政策的可行性，罗斯福另一个长处就是他的政治才干，突出体现在他始终能把握大局，不抱偏见，通达权变，随时准备调整航向，又终于不离中庸之道。他在左右各方的叫骂声中稳坐白宫，忙乱无序中却表现得镇定自若，从不灰心。他常说，一个试验失败了就再试下一个，关键是要试着去做，有效就好。有人批评他缺少方向，但在这种非常时期，本无常规可循，而且他原本也未偏离美国体制的大方向。

新政之可能的第三要素是美国的体制和民情。罗斯福上台和希特勒上台相差不过几天，在经济恐慌中不少国家相继走上独裁之路或革命之路，而美国却以新政这样非暴力的方式来加以改革，避免了任何极端，这对自由主义在全世界的命运可以说是意义非凡。说到底，美国之所以能在这样的时刻有罗斯福这样的人当政，还是得益于美国体制的自我纠正能力。在关键时刻，可以通过合法程序甩掉一个解决不了问题的总统，另选一个合适的，而不是走官逼民反的险棋，使已经遭灾的人民再雪上加霜。

与内战相比，新政还表明了美国政治的成熟，美国人放弃了以枪炮解决问题的方式，代之以举国一致的立法改革，避免了流血冲突给社会可能带来的短期和长期的伤害。但新政这一适合美国的方式，未必能在别的国家行得通。一是因为美国人具有实用主义的精神，也就是非意识形态化，不在一些理论概念上纠缠不清，讲求实际效果，敢于试验。二是美国虽有阶级分化，却并不僵固，美国人尚未被阶级猜疑和阶级仇恨所左右，至少普通民众并不因为罗斯福属于特权阶层就不信任他。这些事在美国看来似乎很自然，但却远不是人类社会的普遍现象。

4. 罗斯福为何标榜自由主义

罗斯福在各种场合总是以自由主义自称，他说民主党现在是代表自由主义的党。在1932年的竞选演说中，他曾经为自由主义打过一个形象的比方：

> 我们说文明是一棵树，在成长过程中会不停地产生腐木和朽木。激进派说："把它砍了。"保守派说："别碰它。"自由派妥协说："让我们来修剪它，这样就既不会损害老树杆，也不会损失新树权。"发动这次竞选是为了让全国按既定方向前进，走有序前进的演变之路，同时避免激进派的革命和保守派的革命。①

---

① Arthur M.Schlesinger, Jr., "Sources of the New Deal: Reflections on the Temper of a Time", in *Interpretations of American History: Patterns and Perspectives*（Gerald N.Grob and George A.Billias ed., New York: The Free Press,1967）, vol.II, p.350.

罗斯福是要在柏林和莫斯科之间走出一条自由主义的中间路线，或者如他所说的一条"中间偏左"路线。他说过，"不加控制的个人主义"已经失败，"而那种试图从上而下为一切人提供安全的家长制又完全不符合我国人民的精神，是绝对成不了的任务和组制。"①

罗斯福曾是进步运动的积极参与者，又实践和继承了威尔逊的路线，那么他为什么不延续进步主义的称号呢？显然，他想有个全新的开端，而进步主义已经和太多的人和事联系在一起了，尤其是老罗斯福的进步党。而自由主义这个词在美国政坛上还有新鲜感，如哈茨所说，正因为美国的传统就是自由主义，所以这个词反而用得不多。

19世纪是自由主义的兴盛期，西方各国基本上都在这个时段里采纳它作为治国理念。但是第一次世界大战的发生，再加上大萧条的爆发，使自由主义陷入危机，许多人对它丧失信心，不相信它能解决社会面临崩溃的问题。俄国转向共产主义，德意转向法西斯，自由主义受到来自左和右的双面攻击，它的宽容大度成了软弱无能，它宣扬的自由成了诅咒和嘲讽的对象，这就是罗斯福上台时自由主义的处境。当时美国人普遍感到前途堪忧：要么是自由主义加混乱，要么是集权主义加独裁，似乎两者中非此即彼，这种逻辑使人悲观沮丧，又难以将其驳倒。然而罗斯福却不拘一格，采取了实用主义的糅合折中。

罗斯福标榜自由主义至少有三方面的用意。第一，真心实意支持自由主义。罗斯福虽然不重意识形态，但他接受的完全是正宗的美国教育，他对美国体制是真心拥护的，对自由主义也是真心赞赏的，不是仅仅用来粉饰门面，他对希特勒对纳粹的厌恶确实发自内心，这些都毋庸置疑。历史

---

① Arthur M.Schlesinger, Jr., "Sources of the New Deal: Reflections on the Temper of a Time", in *Interpretations of American History: Patterns and Perspectives*（Gerald N.Grob and George A.Billias ed., New York: The Free Press,1967）, vol.II, p.349.

最清楚不过地表明，他施行的新政挽救了自由主义，使人们对它重新产生信心。

第二，罗斯福标榜自由主义是要表明新政对于美国体制的延续性，有自我辩解的意思。正因为新政是美国一次史无前例的政治变化，所以他更有必要强调他未曾背叛美国体制和美国理想，因为这关系到新政的合法性。我们也可以看到，虽然罗斯福和胡佛的政治理念不同，但是两人都自我标榜自由主义，可见自由主义在美国仍然是一面可以接受的大旗，甚至是唯一的大旗。

第三，在动荡的1930年代，美国国内政治也十分复杂，罗斯福始终面对强大的对抗力量，有来自左的，也有来自右的。激进派阵营里有来自路易斯安那的参议员休伊·朗、神父库林格和汤森老年人协会等，都鼓吹财富共享，当然还有社会主义者和共产党。在大萧条的乌云笼罩下，他们的势力颇为可观。他们批评新政并无新意，仍是维护老的一套，不过这倒不至于让罗斯福过于担心，因为他知道就全国而言，左派不占主流，而且从本质上讲，他们批评他保守也不太离谱，他是有心要维护现存体制的。

那些权力被削弱了的实业界、保守的最高法院、共和党的老卫士，甚至还有民主党内的正统派都属于保守阵营，他们指责新政走得太远了，罗斯福在搞社会主义，背叛了自己的阶级。胡佛称新政在玩弄社会主义的方法，他在1934年发表的《对自由的挑战》中将新政称为"一次重大的转折，从美国那种即便政府也不能侵犯的人权概念，转变为将人全部从属于政府的那类哲学。如果新政继续下去的话，是对自由的极大损失"。[1] 霍夫施塔特也将新政称为"大变革"（the great departure），认为新政绝非自由派

---

[1] Arthur M.Schlesinger,Jr., "Sources of the New Deal: Reflections on the Temper of a Time", in *Interpretations of American History: Patterns and* Perspectives（Gerald N.Grob and George A.Billias ed.,New York:The Free Press, 1967）, vol.II, p.328.

进步主义的继续。更有人指责新政破坏制衡，削弱州政府，侵蚀国会权力，并使联邦债台高筑，空前的权力集中到了总统一人手里。这些抗议是罗斯福必须认真对待的，他之所以强调自己是自由主义，正是要与社会主义划清界限。一个政客在选择自己的标签时，一是要考虑是否名副其实，二是要考虑其政治效果。当年联邦主义者明明倾向于一个相对强大的中央政府，但为了让宪法通过，他们迎合州权者们的心理，不用"国家主义"，偏偏用了"联邦主义"，这既没有违背他们的政见，又堵住了州权者的口。罗斯福标榜自由主义似乎也有异曲同工之妙。

5. 罗斯福和新政还是自由主义的吗

新政一个最大的特点就是它的试验性，罗斯福的名言是："一个失败了再试一个，关键是要去试试！"但罗斯福说的试验并不是遵照一个先验的纲领和蓝图去实践，而是通过试验的效果来决定下一步，可以说是摸着石头过河的意思，所以他的言行很可能前后矛盾。他的目的是解决当前迫切的民生问题，至于意识形态之争，那是吃饱穿暖后才有可能享用的。应急的另一面就是，罗斯福和新政都没有想彻底改变美国体制，罗斯福一再说："你要维护传统吗？那就必须对它加以改革。"所以他的改革目的不是将现行体制推倒重来，而是让它运转起来，还要运转通畅。

罗斯福对自由主义有自己的定义，他明确提出美国自由主义传统由五个部分组成：

> 一，深信人的尊严；二，信仰人类理性的力量和自由求知的力量，三，高度意识到个人对自己及其邻居的责任；四，坚信一个最好的社会就是能使其最大多数成员最充分地发挥其潜力，五，

愿意，并感到有义务通过公共机构为公共利益而行动。①

如果说自由主义从根子上说是解放每个人的潜在能力，那么罗斯福的定义虽然不太具体，并有鲜明的侧重群体的色彩，但还是符合自由主义本质的。

相比之下，胡佛对自由主义的定义要具体得多。他在《美国个人主义》的演讲中多次反对假自由主义，捍卫真自由主义，在他心目中，"自由主义的根子就是政治平等，言论自由，集会自由，出版自由和机会均等"。他接着说：

> 自由主义是一种真正的精神力量，这种力量来自一种深刻的认识——若要维护政治自由，是决不能牺牲经济自由的。即便政府掌握经济能带来更高的而不是更低的效率，对它的反对也不能有丝毫更改。它将摧毁政治平等，它只会增加而不是减低滥用权力和腐败，它将窒息主动精神和创造性。……②

可以看出，胡佛的自由主义是建筑在经济自由基础上的，因而从理论上说只能和资本主义相结合，而罗斯福的自由主义却不提经济制度，在肯定个人发展的前提下比较强调公共福祉。在胡佛眼里，这就是表面上的自由主义，骨子里的社会主义。在当时复杂的形势下，新政还在发展之中，也许胡佛的担忧并非空穴来风，但当历史的尘埃落定，今天再对照自由主义的基本条款，看看新政做了什么，是否背离？尤其是看看罗斯福当时有可能做而没有做的事，那么罗斯福和新政是否还在自由主义传统之中就比较清楚了。事实证明，罗斯福与胡佛在坚持美国传统上并无本质区别，胡佛显然有点多虑了。

---

① *American Liberalism*, p.109.
② Herbert Hoover, "On American Individualism", in *An American Primer*, pp.836–837.

自由主义的要义是自由，特别是个人自由，那么罗斯福和新政有没有从任何方面危及自由呢？罗斯福在执政期间虽然手握大权，但从未成为独裁者，自始至终任何人都可以合法地反对他。最高法院反对他，媒体反对他，共和党反对他，民主党内部也有人反对他。1934年8月，美国自由联盟成立，这是保守的反对派专门成立来反对他的新组织，宣称要"教育人们认识尊重人权和财产权的必要性"，成员包括了杜邦这样的工业家和艾尔·史密斯这样著名的民主党人。所以应该说，罗斯福没有侵犯公民的宪法权利，自由主义的这一基本条款得到了维护，罗斯福也从未试图去改变它。

经济上，新政的动作比较大，政府全面介入了工业、农业、商业、金融业等各行各业，但政府并不直接去接管经济，而是协调经济。罗斯福刚上任时，银行濒临崩溃，主张将银行和铁路国有化的呼声很高。但罗斯福从未考虑这么做过，他对前来游说的人说：还没这个必要，银行家已经答应配合。他始终没有计划将任何私人企业收归国有，更从未有过消灭私有制、取消市场经济和自由竞争之类的念头，所以也不能说他违背了自由主义的经济原则。一般认为，新政通过的最激进的立法要数瓦格纳法，"因为它通过赋予组织起来的劳工以经济和政治力量，因而从根本上改变了全国的政局"，[①]但它至多使劳工阶级在各阶级中上升到相对平等的地位，而不是改变整个生产关系。

从政治上说，罗斯福确实是大权独揽，他在第一次就职演说中就要求赋予他一个战时总统的特权，获得民众热烈响应，这连罗斯福夫人埃莉诺都感到有点恐惧，她就这次演说写道："感到有点盲目，因为我们在巨大的激流之中，我们谁也不知道在哪儿上岸。"[②]被大萧条吓坏了的美国民众简直

---

① 詹姆斯·麦格雷戈·伯恩斯，《罗斯福传》（北京：商务印书馆，1995年），第289页。
② Arthur Schlesinger, Jr., "The Coming of the New Deal", in *Readings in American History*(Glyndon G.Van Deusen and Herbert J.Bass ed., New York：The Macmillan Company, 1966), vol.II, p.365.

将罗斯福视为上帝，国会也是极力配合，但罗斯福并没有利用这种非常效应去搞个人独裁。1936年，他第二次竞选时，所到之处，受惠于新政的民众常常是绵延几英里排队欢迎，其狂热程度连罗斯福也觉得过分了，但他依然没有利用这种民意来搞独裁。在"二战"中他真的成了一个战时总统，不过他既不想改变美国的政治制度，也不想改变美国人的政治思想。可以这样说，美国历史上还从未出现过如此有利于搞个人独裁的时机，但罗斯福没有乘国之危，利用它来达到个人卑鄙的目的。

当然，德国出了个希特勒，美国出了个罗斯福，这也不完全是偶然。因为即使罗斯福想搞独裁，想改变美国体制，恐怕他也做不到。在这点上，胡佛的见解也许有道理，他说过："在过去的一百五十年中，自由主义是在美国体制中找到其真正的精神，而不是欧洲体制中。"[1]罗斯福做过两件比较出格的事，一是当最高法院宣布新政法律违宪时，他试图改变最高法院构成，给每位七十岁以上的法官配备一名助手。二是连选连任四届总统，违背了从华盛顿开始的两届。看看美国人的反应就知道他能不能搞独裁了，先是国会拒绝他充实法院的企图，为此他遭到猛烈抨击。二是国会在他逝世后很快通过修宪，规定总统只能当两届，将约定俗成的规矩以宪法形式固定下来，预防出现第二个罗斯福。可见在美国的政体下，要搞个人独裁是很困难的，美国人始终对权力保持着高度警惕。这正说明了民主并不仅仅是一种政治体制，如果民主制度不是建立在全民的政治思想和生活方式上，它就算形式上建成了，也难以实现其真髓。从这个意义上讲，民主既不能输出，也不能输入。

总之，罗斯福的新政是非常时期所采取的非常手段，没有大萧条就不大可能有新政，新政的目的是治病，是要使美国体制重新恢复活力，而不是将其置于死地。罗斯福采取的办法是一个个问题去解决，一个个阶级去

---

[1] Herbert Hoover, "On American Individualism", in *An American Primer*, p.837.

安抚，一派派政治力量去平衡，新政的结果肯定是折中的，但没有偏离美国自由主义的大传统。当然，大萧条、新政、"二战"接踵而来，"二战"未完罗斯福便已去世，无人能知道他准备战后如何调整新政，是复位到从前呢，还是继续扩大？但一般来说，人们认为新政到1938年就基本结束了，战时经济繁荣，新政失去其紧迫性。但就算新政只有六年，罗斯福对自由主义的影响也是深远的，首先是，在自由主义深陷危机之时，罗斯福因为标榜它而延长了它，挽救了它。其次是，他也深刻地改变了自由主义的内涵，使自由主义从自由放任的古典时期过渡到国家有限干预的现代阶段。与此同时，他也使自由主义的概念变得更为复杂和含混，滋生出无数的争议和误解。

6. 自由主义从古典向现代演化的必然性

自由主义从古典向现代的演变是以自由放任的结束、国家开始整体干预经济为标志的，这不仅发生在美国，也发生在西方其他实行自由主义的国家里。实际上，自由放任资本主义在19世纪中叶便首先在欧洲暴露其问题。美国由于其特殊的条件——主要是开放边疆和工业化较晚——才推延了这一变化的发生。既然这是发生在实施自由主义国家的一个普遍现象，那就必然有其普遍原因。

亚当·斯密在要求经济自由时，他所处的时代是君主贵族掌握着经济大权，所以他要强调对经济放任松绑。即便如此，他也没有否认国家对经济的作用。可是工业化以后，由于经济的发展超乎想象，产生了经济强人的霸权。自由主义有可能过分强调了自由放任的一面，极端者甚至完全排斥国家干预，这大概并不符合自由主义的原意。

在自由主义为唯一主要传统的美国，国家对经济也从未采取过完全放任的态度。汉密尔顿作为美国经济的奠基者，是极其强调国家对经济的扶持作用的，这自然也是一种干预。但由于美国的国情，从杰斐逊到杰克逊，一直到19世纪末，美国基本上是侧重经济自由的，放手让经济发展。国家的作用是尽量少干预，让企业自己去竞争，让市场这只看不见的手去调节。这在当时的美国是必要的，也是可能的，工业化尚未全面展开，在这个主要是农业和农村的国家里，存在着大量未开发的土地，竞争的失败者总能向西部转移，去开拓新的地盘，所以经济上的两极分化来得较晚。但就在这个阶段，美国政府也不是全然不管，他们制定保护性关税，协调州际贸易，投入公共项目，出售西部领地，还实施了宅地法等土地分配制度，所以并非绝对放任的自由主义，绝对放任在事实上是不可能的。

到了19世纪末，情况发生了根本性的变化。1890年，边疆封闭了，这个美国生活的安全阀退休了，自由土地不再存在。农业国已经变成工业国，城市人口超过了农村人口，大部分美国人不是在自己的农场种庄稼，而是在城里的工厂做工，或在公司里当职员，靠工资谋生，美国人的生存状况有了质的变化。可以想象，城里靠周薪、月薪度日的工薪阶层一旦失去工作，是不可能像有地的农民那样多少能生产些充饥的东西来。他们会马上断了经济来源，变得一贫如洗，没有钱就买不到食品，就会失去房屋，流落街头，这是人类社会在工业化城市化以后出现的新问题。由于城市人口集中，一旦陷入绝境的人数增加到一定程度，整个城市乃至整个国家将瘫痪下来，大萧条就是这种局面。

如果没有大萧条就没有新政，就没有自由主义从古典向现代的转化。那么下一个问题就是，大萧条是否必然发生呢？应该说也是某种必然。进步运动就是美国人意识到新的经济秩序隐含的危险，试图通过改革来重新调整。但第一次世界大战后人们被繁荣冲昏头脑，放松警惕，甚至大肆进行股票投机，结果是加剧了危机的到来。工业化后的生产能力大增，财富集中到少数人手中，民众消费能力始终跟不上，大批商品积压，影响投资，影响生产，形成恶性循环，所以1929年的股市崩溃只是个诱因而已。此外还有国际因素，商品过剩加上国际市场日趋扩大而无法把握，生产者处于被不可知因素控制的状态，他的丰收多产并不保证收入的增加，在最糟糕的情况下甚至是多产多赔。经济性质和经济形势发生了如此根本性的变化，经济秩序却一如既往，协调机制的过时和失灵使大萧条这样的经济危机迟早会到来，新政这样的改良也就迟早会发生，自由主义必然从古典走向现代。至少从美国的情况看，这个过程是不得已的，并非人力有意推动所致。

也许在经过复杂的自我调整后，市场最终能够适应工业化后的新经济，但面对困难的局面，人们难以有耐心等到这一过程见分晓后再做出判断。当时很多人都已经对自由主义丧失信心，他们认定只有两种选择：要么是国会民主加经济混乱，要么是经济集权加政治独裁，民主完了，自由主义油尽灯枯了，拯救之路在于一个实行全面控制的制度。连丘吉尔在1930年时也说："你不能通过多数来治疗癌症，需要的是一种纠正。"① 形势对自由主义，对民主提出严峻挑战，除了国有化这条路，民选政府还有能力来解决现代经济面临崩溃的问题吗？

这种在黑和白之间看不到其他颜色的人，说到底都是把理论看得重于实践，看不到中间道路的可能性，这样对待理论只能使理论成为障碍而非指导。罗斯福坚持自称自由主义，却能综合古典自由主义和社会主义的有效成分，经他修正改造过的资本主义虽然缺乏理论基础，却能适合美国当时的现实。新政是非意识形态的、反教条的、行动的、渐变的。在自由主义成败的关键时刻，是新政恢复了美国人民对自由主义的信心，维护了美国体制，再联想到1930年代全世界的形势，其意义就更为昭彰了。罗斯福喜欢用一个故事来答复那些批评新政过头的人：有人从水中救起一个老人，但老人活过来后不仅没有感谢他，反而埋怨自己的帽子丢了，这就叫不知好歹。

---

① Arthur Schlesinger, Jr., *Interpretations of American History*, vol.II, p.342.

当"二战"后古典自由主义在哈耶克等奥地利学派倡导下复兴的时候，有些人似乎忘记了当初它演变成现代的巨大历史压力。如果不干预也可以渡过难关，那么干预就不大会在美国发生，存在的就有它的合理性，何况这么大的变化。绝对的自由放任主义者觉得，似乎只要有一丝干预，那么就会一步步走到国家全面控制，这样说是耸人听闻的，也不符合事实。堵塞不如疏导，胡佛的堵塞没有罗斯福的疏导来得有效，虽然胡佛更坚持所谓的原则。

其实，自由主义的原则有的是可以灵活应变的，只要其基本精神不变，就不会走得太远，这是一个调节摆动，把握程度和限度的问题。美国政治在新政以后左右摇摆，但万变未离其宗，这"宗"就是洛克、斯密、密尔等自由主义祖师爷们再三论证的私有财产、市场经济、个人自由和民选政府，如果这些变了，那么就真的不是自由主义了。

第四章

老左派和新左派：自由主义的继续左倾

自由的基因 | 美国自由主义的历史变迁

美国左派的历史很长，社会主义和共产主义思想在19世纪开始就在美国传播，并且随着大批欧洲移民的到来而形成组织，形成声势。然而，左派在美国始终是少数，从未真正成为主流，主要原因可能是美国工人的保守。在资本主义最发达的美国，工人阶级虽然也成立过工党、社会党和共产党，但是大部分工人却宁可参加像劳联、产联这样的保守工会，在民主和共和两党中选择一个有利于他们的政党。用哈茨的话说，就是美国工人阶级被纳入了自由主义的轨道，成为其一部分，他们不准备推翻资本主义，只是想从中分享更大的利益。美国人概念中的社会主义和共产主义也有比较明显的区别，很多社会主义者坚决反对共产主义。

经过卓绝的努力，美国左派屡败屡战，在1930年代终于掀起第一次高潮。在新政和"二战"的背景下，工会强大，地位很高，社会党和共产党也都有出色的表现。但是"二战"结束后，美国经济危机的周期得到有效的调节和克服，工运可以说基本平息，左派近乎消失。直到1960年代，新左派突然崛起，以一种全新的姿态向现存秩序发起攻势。新左派和民权运动、越南战争、福利制度、反文化运动、女权运动等缠绕在一起，使美国社会足足颠簸了近二十年，其影响力度超过了历次左派运动。直到1980年里根上台，才标志着1960年代风潮的正式结束，但并非真正的结束，因为新左派已经渗入校园，演变成学院左派，以文化革命的方式继续深刻影响着美国社会。

自从进步时代以来，美国的自由主义就一直在向左倾斜，到1960年代可以说达到极致。新左派从本质上讲是反对自由主义和批判资本主义的，但令人费解的是他们不像老左派那样高举社会主义的大旗。学院左派也是如此，虽然他们公开信奉马克思主义。新左派开始时沿用新政和民权运动的自由主义概念，也得到许多自认是自由主义者的拥护。但是到1960年代末，新左派已经改变了自由主义的内涵，使它变得越来越左，不再等同于新政自由主义，而是等同于福利国家、道德虚无、姑息邪恶等。新左派的激进和反文化运动的过分也许是导致这一变化的直接原因。看来，败坏一种主义最有效的办法莫过于将其推至极限，使其面目全非；或是盗用其名，以便真假难分。到1980年代，自由主义的名声已经变得如此糟糕，乃至各方政客都极力回避这一标签。

第八节　老左派的兴衰

1. 早期乌托邦社会主义

美国的激进主义传统由来已久，最早的清教徒，革命时期的爱国者，内战前的废奴主义者和女权主义者，都曾经是激进派，但很少称他们为左派。激进一词的词根（radix）是"根子"，即刨根问底，从根本做起，也有极端的意思。所以，重大的新思想刚出现时都会被认为是激进的，包括后来被认为是保守的洛克或者斯密。

一般说来，美国左派的含义是和社会主义学说相联系的。除了个别宗教性质的公社小团体亦曾以社会主义自诩外，社会主义作为改造旧社会建立新社会的理论，最早是在19世纪初由欧洲输入，主要是罗伯特·欧文和傅立叶的乌托邦社会主义。至于马克思主义，是1848年欧洲革命失败后由德国移民带来的。

19世纪初，工业革命开始在美国东北部兴起，它从生产方式和生产关系上彻底改变了农业和小手工业的社会，工厂制度导致大批雇佣工出现，他们不同于以往的自耕农，没有土地，没有独立，完全依附于工厂主，沦为"工资奴隶"。同时，大量创造的社会财富主要集中到少数人手里，贫富差距达到前所未有的地步。自由资本主义的激烈竞争产生了一个处于劣势的劳工阶级，他们自觉不自觉地进行反抗，但收效甚微，充其量只是在增加工资、缩短工时上略微有些改善。

资本主义发展引发的严重社会问题迫使广大有识之士思考对策，他们试图构思出一种理想的社会结构，从此一劳永逸地替代万恶的资本主义。在内战前的改革时代，美国人充满了各种社会理想，进行着无数的社团试验，那是一个乌托邦盛行的时代，几乎所有文化名人都卷了进去。爱默生在给卡莱尔的信中说："这里每个读书人的背心口袋里都揣着一个理想社会的蓝图。"

罗伯特·欧文是英国著名的企业家，他白手起家，年纪轻轻就大功告成，53岁便享有改革盛名。但他并不是一个只顾自己的资本家，他要让工人也来分享他们的劳动成果。他在苏格兰新兰那克纺织厂的试验享誉欧洲，那里环境整洁，工人得到人道的待遇，童工被取消，年轻人可以免费上公立学校。前来参观的人络绎不绝，连未来的俄国沙皇尼古拉一世也来了。但是欧文意识到，像他这样的个人努力并不能根本解决问题，因为问题的根子不是资本家的贪婪，而是竞争，而取消竞争就必须取消私有制，组织合作社会。他相信，劳资双方都会放弃阶级斗争，归依他倡导的共同幸福的理想新秩序。欧文选择美国作为他公有制的试验田，因为美国已经有了五十年的政治自由，人民有相对丰富的自治经验。

1824年，欧文到达美国，受到广泛欢迎，从来没有一种重建社会的思想受到如此礼遇。美国众议院两次请他演讲，门罗总统及当选总统亚当斯都到场聆听。欧文花了十五万美元在印第安纳买下三万英亩大的"和谐"之地，它原为一群德国移民的聚居区，现将其改名为"新和谐"（New Harmony），聚集了八百人，开始建立他美好的公有制社会。在"新和谐"里，决策民主，财产公有，所有人在公有店铺中各取所需，并实行公费医疗。一百二十个小孩免费食宿、接受教育，文化生活也很丰富，还有自己的乐队举办音乐会。

奈何好景不长，虽有不少杰出人物加盟，但成员间观点利益各不相同，关于财产的使用争吵不断，生意亏本，还有人贪污。民主的议会不管用，常常不得不由欧文本人或他指定的委员会来专断。不到一年，欧文就开始被迫出售财产来维持生计。公有的新和谐小镇逐渐被分成私有的小块土地，私营店铺也出来竞争，一切似乎回到了从前。不到三年，"新和谐"彻底瓦解告吹，美国各地其余十八处欧文式试验地也均以失败告终。欧文回到英国，他将失败的原因归结为：私有制中训练出来的家庭不具备公有制所需的互助美德。

人类追求美好理想的努力是百折不挠的，欧文失败后不足二十年，到了1840年代，傅立叶主义又在美国掀起更大的浪潮。傅立叶以他特有的法兰西浪漫，幻想出一种名叫"法郎吉"的联合体，据说这一全新的社会组织可以释放人的内在激情，给人类带来最终的和谐。傅立叶详细描绘了法郎吉的构成，其美妙令人难以拒绝。一个法郎吉大致需要投资四十万美元，参与人数在四百到两千之间，其中有个中心，男女都住在里面，合用公共厨房和餐厅。每七至九人为一个小组，小组以上还有大组，每个大组从事一项专门工作。为了不使工作变得乏味，个人可以随意在不同的大小组之间调动。据傅立叶估价，由于在法郎吉里劳动成了自愿，生产力将提高四到五倍，一个人只需要在十八至二十八岁间工作十年，此后便可安享清福了。

这次傅立叶本人没有到美国来，他死于1837年。他的美国大弟子艾伯特·布里斯班得到他耳提面命后，回到祖国身体力行，得到美国文人的普遍支持。1842年后，傅立叶和他的联合体成了美国文人的热门话题，傅立叶学会纷纷创立。注重实践的美国人按照导师的蓝图，建立了三十四个法郎吉，参与者八千余人。其中最有名的莫过于波士顿附近的布鲁克农场了，因为那里聚集了不少著名的超验主义知识分子，前来朝拜者更是不计其数。1843年社员们入股入社，以一万五千美元买下二百英亩的农场，决心以兄弟合作来代替自私的竞争。他们集体生活，亦工亦农亦学，脑体劳动交替进行，人数最多时达七十人，日后的大文豪霍桑在那里养牛。1844年农场正式改名为"布鲁克农场法郎吉"。可惜为时不长，矛盾便纷至沓来，1846年的一场大火又烧掉了刚建的法郎吉中心，农场勉强维持四年后，不得不宣告结束。美国境内其余三十几个法郎吉也无一例外地都失败了，最后一个勉强撑到1850年。但是布里斯班确信，失败的原因不是出在理论上，而是试验的问题。在他看来，没有一个试验是严格按照了导师的要求做的。于是他又坚持不懈地试了四十年，但到1890年他去世时仍未获得成功。

苏格兰姑娘范尼·莱特既是激进的废奴主义者，又是激进的女权主义者。受到欧文的影响，她想出了一个逐步解放黑奴的计划。在她的设想中，白人支持者先买下黑奴，再让黑奴在集体农场工作五年，学会技艺，偿还债务，然后移居他国，成为自食其力的自由人。她估计照此方法，美国的黑奴在五年内便可全部获得自由。

说干就干是范尼的个性。1825年前后，她在田纳西的那晓巴（Nashoba）买地建农场，实施宏图。她原计划在两千英亩的农场上集中五十至一百个黑奴，但她筹到的捐款只够买五个奴隶。虽然有个农场主慷慨贡献出一家子的黑奴，但总数始终没有超过30个。范尼亲自带领他们辛勤劳作，但他们的劳动积极性却不如想象中那么高。范尼累病后去法国康复，此时农场又传出性自由的丑闻，范尼·莱特主义成了激进和道德松弛的同义词。范尼最终彻底放弃那晓巴，将30名黑人送到海地去开始他们的自由新生活。

但范尼的激进主义并未就此告终，她和欧文之子罗伯特·戴尔·欧文又设想出一条新的通往平等之路，那就是"国家督办教育"（State Guardianship Education）。他们建议让无论穷富的所有孩子，满两岁便集中到寄宿学校，穿同样的衣服，吃同样的饭，受同样的教育，费用由部分富裕家长和财产税等公费承担。他们认为在这样平等条件下长大的孩子必然会依照同样的平等原则来改造社会。这一设想不能不说是击中了要害，而且如果人们能舍弃天伦之情的话，也不失为最彻底的解决办法，但不知为何却从未尝试付诸实践。

类似的试验层出不穷。纽约奥尼达（Oneida）的完美主义者社区反对一个容忍不公平的政府，他们不仅财产公有，而且废除婚姻，所有男女皆互为夫妻。素食主义者的福路兰（Fruit-land）不仅不吃动物肉类，就是蔬菜也只吃长在空气里的，不食长在土里的根茎类。他们主张一切必须遵循自然，只生产维持肉体所需的农产品。还有人发明了工人互助的"工时店"（Time Store），工人存入自己所干工时，所得劳动券可购买同样工时生产出的商品。他们相信，这样便可省去中间剥削，取消货币。但所有这些试验至多维持几年，没有一个能避免失败的命运。就此，爱默生不能不问：小范围内尚不能实行的，怎么证明在大范围里就能实行呢？最令他怀疑的一点是：财产公有，利润取消，人是否还能保持劳作的动力？

2. 19世纪的社会主义、马克思主义和工人运动

18世纪末，美国便出现了最早的工会。1820年代，新英格兰刚开始工业化时，产生了最早的劳工组织，为工人阶级奋斗的工人党派也从劳资冲突中诞生。在1828年至1834年间，美国工人成立了61个工党组织，创办了68份劳工报纸。他们使用的是阶级斗争的辞令，宣称现在已经存在两个

分明不同的阶级——富人与穷人、压迫者与被压迫者——双方的目标和追求截然对立。

当时工运的主要目标是十小时工作日、扩大选举权、成立公立学校、反对国家银行和新兴的责任有限公司制度等。他们的很多要求在杰克逊民主时代得到了实现，他们的土地要求也在后来的宅地法里得到满足。大多数工人感到有工会为他们撑腰就够了，不需要成立自己的政党。这是因为他们并非不能与政府认同，尤其是杰克逊总统，他们将他视为自己的总统，因此工会选出的官员很快就归于民主或联邦两大党。美国工人在1834年就成立了全国性工会（The National Trades' Union），拥有会员三十万，但美国始终没有产生一个强大的工党。美国的工运特点有二：一是以争取可达到的福利目的为主；二是起伏较大，往往在经济不景气时形成高潮，危机一过，工运热情便很快下降。但是如果经济过于萧条，例如1837年危机之时，全国有三分之一的工人失业，工资下降30%至50%，新英格兰工厂十分之九停工，这时工会也就没有用了，因为工人会接受任何工资来维持生存，这时他们只能通过想象来建构一个理想社会。

时隔不久，理想社会的模式产生了，德国移民带来了马克思主义，1850年代它开始在美国生根。19世纪上半叶约有三百万德国人移民美国，高峰时一年达二十万人。1848年革命失败后，不少具有丰富斗争经验的革命者避难来美，别号"49人"（forty-niner），他们大多定居大城市，有的一直和马克思、恩格斯本人保持直接联系。随着他们的到来，马克思主义在美国有了正统的代言人和组织者。"49人"是职业革命家，初来乍到便着手组织共产主义俱乐部。他们支持林肯，积极参与内战。

马克思主义对全世界的左派影响深远，通过历史唯物主义、辩证法、剩余价值和阶级斗争的学说，马克思使社会主义拥有了科学基础，使之超越单纯的愿望，成为一种历史必然。这使左派们内心充满了崇高的历史使命感和必胜信念，《共产党宣言》当之无愧地成了左派的圣经。但是历史的必然不等于资本主义会自动变成社会主义,无产阶级还是需要组织起来,去向资产阶级夺权。

然而,内战没有像马克思希望的那样,成为美国工人阶级崛起的契机,却相反巩固了资本主义。战时经济发展,福利工运亦随之发展,到1865年共有地方工会三百个,会员二十万。战争结束后一度失业增加,工人试图反抗,争取八小时工作日。1866年成立了全国工联(National Labor Union),代表工人六十万。马萨诸塞州工人还成立了一个地方性的工党,于1869年将二十三个工人选进议会。但是由于意见分歧,宗派林立,再加上资方勾结政府,加强了反对工运的力量,全国工联仅维持了六年。1869年,工人们还成立了劳动骑士团,提出以工人合作社替代资本主义,该组织在1880年代达到高峰。

1864年,第一国际在伦敦成立,目的在于团结各国工会组织,使它们在工运中彼此呼应支援。受到鼓舞的在美德国移民成立了著名的纽约第一支部。在其影响下,其余三十个族裔的工人也纷纷成立支部,成员虽然只有五千人,却称为"真正的信徒"。他们热心政治,组织工运,在1877年的铁路大罢工中起了重要作用。

但是第一国际内部很快出现派系之争,在夺权策略上分为左、中、右三派,拉萨尔派是改良派,主张走议会选举道路。巴枯宁派是无政府主义派,主张搞秘密组织,武力铲除一切政府。马克思则主张公开的群众政治运动,他在巴黎公社中看到了未来。但是也有一些工会对公社有不同的看法,他们退出第一国际。公社失败后,马克思继续与巴枯宁的无政府主义斗争。为了使第一国际免受巴枯宁的影响,马克思在1872年将它迁到纽约,但这样也就使它脱离了欧洲革命的核心,四年后第一国际消亡。

第一国际的宗派斗争也引起了美国工运的重新改组。拉萨尔改良派占了上风,他们主张工会主义,走议会道路。1876年,几个第一国际的美国支部联合成立美国工人党(Working Men's Party of the United States),要求将铁路和电报业收归国有。1877 年，工人党改名为"社会主义工党"（SLP），不少党员当选为议员，该党领导了 1877 年和 1884 年的大罢工。他们的路线遭到极端分子的反对，最激进的巴枯宁无政府主义者在芝加哥成立党外组织"革命俱乐部"，主张武装夺权。1881 年，该组织更名为"革命社会主义工党"，反对选举，称之为骗局。1883 年，他们另立"国际工人联合会"，即所谓"黑国际"，对改革表示彻底失望，要采取恐怖手段来摧毁资本主义。

美国工会始终面对目前利益和长远目标之间的矛盾，早期工会除了争取直接利益外，有更多的改革社会的意识形态目的。如声势浩大的劳动骑士团最初名为"高贵劳动骑士团"，显然表达了对劳动价值的评估。它是一个不分行业、工种、技术的工人合作性组织，自称代表一切工人，1886 年人数最多时有七十万，按产业组织罢工。但由于非熟练工太多，骑士团缺乏与资方讨价还价的资本。然而对大多数行业工会来说，它却构成了一种威胁，于是这些行业工会也要联合起来。

萨缪尔·冈珀斯，一个 1872 年入籍的生于伦敦的犹太人走到了美国工运的前台，他认为意识形态的目的在工运中已经没有地位，必须走单纯工会主义的道路。他于 1886 年创立"美国劳工联合会"（American Federation of Labor），简称"劳联"（AFL），是个松散的工会联合体，实行工会自主，尊重下属工会的独立性。劳联主要接受熟练工，目标明确，搞经济斗争，只提改良口号，要求提高待遇，提倡阶级合作，并经常与政府配合。在如何参与政治的问题上，他们反对建立工人政党。冈珀斯说，劳联不能把政治资本浪费在社会党或别的独立政党这样没有希望的第三党上。他们宁可随时选择同盟，把力量投向一个对自己有利的大党，这样更有获胜的可能。劳联在头二十年中发展迅速，成员占了非农业工人中的十分之一。

就在劳联成立的当年，发生了秣市事件，成为工运的一个转折点。1886 年 5 月 1 日，三十五万人参加全国大罢工，争取八小时工作日。罢工遭到镇压,"五一劳动节"即由此而来。就在三天后的 5 月 4 日,三千人在秣市聚会抗议前一天四名工人被杀。警察前去时,突然有人扔炸弹,死伤数人,其中有警察也有民众。八名无政府主义者因此被起诉,四人被处绞刑。秣市事件引起美国人对移民激进分子的恐惧,此后镇压工运的势力加强。

在 19 世纪的最后二十年中,移民潮汹涌而来,1880 年代十年间就吸引了五百多万移民。美国的产业工人从三百万猛增到六百万,生产则占了全世界的三分之一。由于生产发展,劳方有了更多谈判的余地,也从经济繁荣中分到一杯羹。到了 1888 年,工会已经一个个消失,仅得选票几千张,劳工党派似乎也走到了绝路。当年,爱德华·贝拉米发表《回头看》一书,幻想 2000 年美国的社会主义前景,成为和 1878 年亨利·乔治的《进步与贫困》相似的热销书,美国人成立了几百个学习小组来讨论无阶级社会的可能性,美国社会主义逐渐从移民转入本土。

新领袖丹尼尔·德列昂的出现给 1890 年代的美国社会主义工党注入了新的活力。他是一位出身上层的博学之士,受马克思主义影响,于 1889 年参加只有几千人的不景气的工党,任该党机关报《人民报》的主编。德列昂是美国的社会主义理论家,据说列宁对他也颇为敬慕。他主张走工运与选举相结合的道路,认为工人阶级有可能通过选举获得政权,一旦政权到手,就把权交给工人,也就是说改变美国体制。他很看重工运的社会主义目的,因此坚持不与颇有声势的平民党联合。他也反对不从根本上涉及资本主义制度的修修补补,最恨的就是冈珀斯主义,他要唤醒工人阶级的阶级觉悟,发展产业工会,反对行业工会。1891 年德列昂竞选纽约州长,1892 年他为社会主义工党首次竞选总统,在 6 个州共得票 2 万多张。

但是针对劳联的单纯工会主义,德列昂也面对棘手的问题:是建立新劳联呢,还是联合旧劳联?在 1890 年劳联举行的会议上,社会主义与单纯工会主义之争开始。德列昂主张纯粹的社会主义理想加集中的革命组织,认为社会主义工党应该领导劳联。冈帕斯则认为，社会主义太遥远，还是争取几年内能达到的目标为好，他坚持工会中不要政党，不赞成劳联与工党合并。于是，德列昂抨击劳联是资产阶级化的工贼，是"资本家阶级在工人中的代办"，他对工会主义的这一定性被列宁肯定为"极其确切的绝妙的说法"。①德列昂在1895年组建"社会主义行业劳工联盟"（Socialist Trade & Labor Alliance），人数一度达到两万。但由于缺乏灵活性，该组织发展迟缓，1914年德列昂去世后便基本结束。

1894年的普尔曼大罢工是美国历史上第一次有组织的全国性罢工，罢工虽然失败，却产生了一位美国最著名的社会主义领袖——尤金·维·德布斯，他因领导罢工而坐牢，出狱后便成了一名坚定的社会主义者。1901年，部分社会主义工党成员和美国社会民主党合并，成立"社会党"（Socialist Party，简称SP），人数约一万，成为美国最大的左派组织，这表明美国的激进社会主义已经进入组织上的统一。德布斯长期担任该党领袖，他将社会主义美国化，主张采取日后罗斯福新政式的改良，发展福利社会，不要求国有化。从1900年至1920年，德布斯五次当选社会党的总统候选人，1912年赢得九十万张选票，占全国总票数的6%，有一千二百个社会主义者赢得州和地方选举，七十九个当选为市长，这是社会党的黄金时代。一次大战造成了社会党的分裂，分为主战和反战两派，德布斯坚决反战，在民族主义情绪高涨的美国备感孤立，他去世时已是一个被人遗忘的老人。

要理清美国社会主义和马克思主义工运的来龙去脉不是一件容易的事情，原因是左派思想纷繁，组织林立，时而分裂，时而重组，时而改名，加之领导人重叠交叉，需要许多篇幅才能叙述清楚，这里既不可能也无必要。但是如果完全撇开史实，又不能体会其时代风云的变幻，所以只好采取折中，说个大致走向。美国社会主义左派虽说成绩不菲，但影响却远远

---

① 列宁，《共产主义运动中的"左派"幼稚病》（北京：中共中央马恩列斯编译局、人民出版社，1963年），第31页。

不如工会主义。社会主义运动必须有工会做后盾,但美国工人却总是倾向于工会主义的工会。1904年,劳联发展到一千七百万会员,冈珀斯与资方的合作越来越频繁,并公开对社会党表示不满。左派则始终处于分散和分歧的状态,没有统一组织,只是在美国主流政治的边缘地带活动。

3. 第一次世界大战前后的老左派

根据约翰·帕·迪金斯的分析,美国在20世纪有过四次不同的左派兴衰,依次为诗情左派、老左派、新左派和学院左派。[①] 其实根据其目标和特点来看,也可以更简单地分为老左派和新左派两大类,1910年代的诗情左派和1930年代的老左派是衣钵相继的,不妨统称"老左派"。1960年代的新左派和1970年代后的学院左派也是一脉相承的,可以统称"新左派",而新老左派之间则有比较明显的不同。

所谓诗情左派,指的是一战前后的左派文人,特别是聚集在纽约曼哈顿著名的格林威治村的艺术家们,也包括了"迷惘一代"作家。这些人首先是文化叛逆者,与欧洲现代派文艺的兴起相呼应,他们心中的偶像是尼采、弗洛伊德、本格森、詹姆士、劳伦斯等。他们抨击维多利亚道德标准,钟情于波希米亚生活方式,扬言要冲破一切束缚,追求自由解放,那种心态很像是"上帝死了"以后的狂欢。他们大多出身于中上层,思想活跃,然而十分混杂,他们中有革命社会主义者、民主社会主义者、工会主义者、无政府主义者、女权主义者等等,共同之处是都热衷新奇,反对清教主义、资本主义、民族主义,倾向革命和世界主义,视艺术为拯救,提倡政治和艺术的结合。对他们来说,激进政治可以说是宗教的替代品。

诗情左派的代表人物是马克斯·福·伊斯门,他自称是美国的诗情社

[①] John Patrick Diggins, *The Rise and Fall of the American Left* (New York: W.W.Norton & Company, 1992), p.20.

会主义者，确切地说是"马克思带大的惠特曼的孩子"，[①] 他将社会主义视为美学解放。沃尔特·李普曼同样将政治美学化，认为社会主义可以用来抵御大企业。伊斯门创办左派杂志《群众》，约翰·里德是他的帮手。诗情左派人数虽然不多，但他们能发出很大的声音来传播思想，影响不可小觑。不过，格林威治村的名流们充其量只是一些空想的左派，根子里还是自由派知识分子，并不真能给资本主义掘墓。当革命真正到来时，他们分道扬镳，大多感觉异化，认为大众不可理喻，对民众产生反感，对社会主义失去兴趣，放弃了早年的政治理想，有些人甚至转向天主教和法西斯。

劳工左派并不看好波希米亚式的激进文人，他们想不出标新立异能对无产阶级提供什么帮助，虽说诗情左派也帮助做一些为罢工工人筹款、为黑人说话之类的事。当时真正的左派还要数革命工运的领袖们。1905年，出于对劳联路线的不满，主张采取直接行动的德列昂、德布斯和威廉·达·海伍德等社会党左翼激进派另立革命工会"世界产业工人联合会"（简称"世界产联"，IWW），试图建立一个统一的工会战斗组织，结束美国工运的分散状态。

世界产联具有无政府工团主义的特点。他们信奉阶级斗争，认为工人阶级和雇主阶级毫无共同之处，工人必须组织起来，从旧制度的内部着手来构建新社会。他们要推翻雇工制度，但却不准备建立无产阶级专政，因为他们不放心任何政府，主张权力归工会。他们的口号是"一个总工会，一次总罢工"，要争取以一次总罢工而不是武装起义来推翻资本主义。

当时移民工在一些行业中占了工人总数的五分之三到三分之二，而劳联却往往将他们排除在外。世界产联吸收大量非熟练移民工，在1908年至1919年间组织领导了一连串罢工，颇具声势。世界产联的勇士们都和德布斯一样出身穷苦，富于战斗性，几千人的队伍精兵强干，敢打敢拼。他们

[①] John Patrick Diggins, *The Rise and Fall of the American Left*（New York: W.W.Norton & Company, 1992）, p.94.

前赴后继，勇敢献身，不过人数最多时也只有十万多，而 1900 年劳联就已有五十五万之众。世界产联由于没有财政，难以为继，有事就得求助于劳联或社会党，甚至自由派人士。

社会党反对使用武力，于 1912 年通过了《反破坏决议》，并且将海伍德免职，理由是他宣传以暴力作为工人阶级斗争的武器，来年又把以海伍德为首的工团主义集团开除出党。海伍德这个美国社会主义的重要领袖之一于是回到工运中去，他在 1915 年成为世界产联的领导。

"一战"构成了对左派的首次挑战。1889 年第二国际取代第一国际时，曾决定一旦战事爆发，就要政治动员民众，以罢工为方式，阻止战争，举行反战游行，加速推翻资产阶级统治。不料战争真的打响后，民族主义却占了国际主义的上风，各国工运组织纷纷支持本国政府。美国社会党坚持国际社会主义，在 1914 年即发表宣言反对战争。德布斯说，他只支持社会主义革命这一场战争，世界产联说只要阶级斗争，但是党内争论持续不断，从未达成一致。社会党和世界产联都因反战而孤立，力量大受挫折。

诗情左派如杰克·伦敦、厄普顿·辛克莱、李普曼、杜威、范布伦等大多支持政府的立场，或者是保持沉默。也有少数人如伊斯门坚持反战，结果是他主编的《群众》被禁，但最令他失望的是美国工人阶级的态度——冈帕斯代表劳联支持政府参战。伊斯门反对民族主义，称之为"愚蠢的偶像崇拜中最为平庸之举！"[1]他终于悟到，爱国原来是一种宗教，是人性中群体本能的表现，战争比文化冲突、阶级冲突更能调动民众的牺牲精神和民族一体幻觉。

---

[1] John Patrick Diggins, *The Rise and Fall of the American Left* (New York : W.W. Norton & Company, 1992), p.105.

4. 十月革命后的高潮和低潮

社会党因战争而分裂，三年后他们的争论还未结束，却传来了十月革命成功的消息。十月革命产生的精神能量是无法估量的，全世界的左派有了主心骨，充满信心和活力。美国左派不分派别一致欢呼称颂，因为列宁证明了他们的正确，连改良派也开始接受暴力，承认革命不是请客吃饭。社会党发表宣言，声称十月革命送来了无产阶级革命的信息，为其成就和胜利感到无上光荣。德布斯赞扬社会主义如旭日东升，自称是彻头彻尾的布尔什维克，并以此为荣。世界产联说布尔什维克就是他们组织的俄文名字。伊斯门也同情俄国革命，但他知道社会主义除非美国化，否则在美国没有机会。两个月前赶赴俄国采访推翻沙皇的约翰·里德亲历了十月革命，兴奋不已，写下具有震撼力的《震撼世界的十日》一书。在德国和匈牙利等一些欧洲国家里，社会主义运动也在出现高潮，这极大鼓舞了美国左派，他们感到革命的发生只是几个月，顶多也就几年的时间了，资本主义马上要完了。成千上万的人归依列宁，苏联成为左派一个新的凝聚点，在他们的集会上，只要一提到苏联，顷刻掌声雷动。

1919年被称为革命的春天，当年美国七分之一的工人阶级在罢工——三十五万钢铁工人罢工，四十万矿工罢工，1922年还有四十万铁路工人罢工，都是规模空前，工会活动和激进运动高潮迭起。社会党中更为激进的成员主张立即着手准备革命的到来，要组建列宁式的政党，严密组织，整肃纪律，统一思想、指挥和战略。由此分歧又开始了，社会党分为左右两派，德布斯领导左派，伯格领导右派。同年，四十个州的一千名劳联代表不顾冈帕斯的反对，成立了全国农工党（Farmer–Labor Party），要求将铁路、矿产、森林、水力、电报、电话，以及银行、未用土地等全部国有化，他们在1920年的总统竞选中得票三十万张，但整个工运则由于分裂而削弱。

海外力量一直是美国左派的关键所在，新出现的左派核心仍然是移民。从1900年至1914年，有一千三百万移民来到美国，他们大多是欧洲的穷人，思想本来就比较激进。1908年时，社会党四万成员中有71%出生在美国，到1912年，党内已有十四个不同语言的支部，到1915年非英语的支部占了三分之一，到1919年占了一半以上。1919年，以路易·弗雷纳等为首的社会党左翼发表《左翼宣言》，扬言不要改良，只要革命，批判右翼是"香肠社会主义"，号召工人组织起来，夺取政权，建立无产阶级专政。不久，列宁领导的布尔什维克在莫斯科创建第三国际，为了与社会民主党人划清界限，他们使用"共产主义"一词，第三国际因此称为"共产国际"，它是一个高度集中的共产党世界性组织，目的是促进世界革命，它要求各国社会主义党都与其右翼分离。美国社会党是第二国际的一部分，于是左右两派忙着争夺党的控制权。

同年，纽约的激进派创办报纸《纽约共产主义者》，由约翰·里德任编辑。他们成立党中之党，实行党证党费，严肃组织纪律，并开始领导社会党，以10比1的多数通过决议，支持该党与共产国际联合。但是党内的老卫士坚决反对，他们宁可冒分裂的危险也要把占党员人数三分之二的共产主义者开除出党。在六个月中，他们开除了七个左翼外语支部，社会党人数从十一万降到四万，1921年更缩小到1.3万，几乎回到1901年的水平，被共产国际称为"美国资本主义的附属组织"。而他们则认为自己的路线和马克思在1872年所说的相一致，即英美工人有可能和平夺取政权。

到1919年，共产主义在美国已经拥有七万追随者，他们足以与世界产联竞争美国激进派的核心地位了。共产主义的口号是准备武装革命，成立工人政府，决不满足于增加工资。6月，纽约召开第一次共产主义全国大会，二十个州来了九十四名代表，但立即分为两派。弗雷纳领导的激进派是人数较多的外语支部，他们急切要求与社会党一刀两断，另立共产党。里德等领导的英语支部是本土激进派，人数较少，他们希望将社会党改造为革命党，里德认为外语支部不了解美国工人阶级的心态。结果多数派退会，本土激进派则准备去争取社会党。9月，社会党已经一分为三：右翼老卫士自称正统社会党；里德等成立"共产主义工党"；俄语支部等成立"美国共产党"。两个共产党加起来约有四万人，其中四分之三来自东欧语支部，只有十分之一的党员讲英语，他们都主张搞群众运动、双重工会，即共产党必须有自己的工会。正当他们加紧准备迎接革命到来时，不料等来的却是镇压。

战争，特别是十月革命的成功，使资本主义世界深感危机，美国爆发了赤色恐惧。国会在1917年6月通过惩治间谍法，来年又通过处置叛乱法，严惩一切妨碍参战行动的人。社会党和世界产联的领导人，皆因反战活动屡被指控，社会上的暴民也不断对他们进行骚扰。战后，司法部长帕尔默认为美国的革命之火已成燎原之势，他甚至预感到在1920年五一前，成千上万的美国布尔什维克就会推翻政府，把红旗插到国会山，于是他决定重拳出击。1919年11月7日，左派庆祝十月革命两周年的大会遭袭击，此后共产党和世界产联在多处被查抄，社会党全国总部也遭袭击，激进派移民被遣返回母国。一些左派领导受到起诉，有的被判刑一年至五年，162个世界产联成员被捕，包括海伍德本人。1921年他乘保释之机逃到苏联，在那里却不太如意，在生命的最后几年始终感到是个局外人。从1919年到1920年初，两个美共均大受挫折，人数降到一万，但他们自认是真正的布尔什维克。为了保存实力，他们决定转成地下组织，使用暗号、假名，行事机密，纪律严格。许多党员对此感到不适，他们离开共产党，又回到公开正常的政治生活中去。

比宗派和镇压更大的打击来自欧洲。与原先的估计相反，战后大部分欧洲国家不是向左转，反倒向右转了，德国和匈牙利等国的革命形势都遭失败而退潮。在意大利，墨索里尼上台巩固了资本主义。美国也一样，整个1920年代是共和党执政。在被称为"金色的20年代"里，美国经济繁荣，国民收入提高，工运衰退，连劳联会员也大幅度削减。雇主们组织起来，想出各种招数来对抗罢工，颇有效果。到了1920年，全欧将爆发伟大的国际苏维埃革命的预言显然是不大可能实现了。眼看到手的希望就此破灭，美共的头十年备感失落，著名的无政府主义者萨柯·凡泽蒂案是当年左派受挫的象征。

1920年，列宁发表《共产主义运动中的"左派"幼稚病》，对德国和英国等西方共产主义左派进行了直截了当的批评，指责他们不懂妥协的必要，不懂无产阶级革命成功的政策和策略，他们拒绝在"反动工会"和"资产阶级国会"内工作是幼稚愚蠢的：

> 德国左派说什么共产党人不能而且不应该在反动工会里工作……必须另外创立一种崭新的、清一色的、由非常可爱的（也许大部分都是非常年轻的）共产党人臆想出来的"工人联合会"等等，这种非常渊博和极端革命的重要论调，我们也不会不觉得是同样可笑的幼稚的废话。①

列宁指出，哪里有群众，就一定到哪里去工作。他还点名批评了美国的世界产联，说他们中"还有相当一部分人在坚持共产主义左派的错误"②1920年后，世界产联除了保留芝加哥总部外，几乎停止活动。1921年，共产国际命令两个美共合并，浮出水面成为合法政党，放弃世界产联，渗透到劳联中去工作，而不是反对劳联。

策略的改变使包括弗雷纳和海伍德在内的美国左派难以接受，世纪初他们就因为社会党容忍劳联而批判社会党，他们不能相信最不妥协的革命

---

① 列宁，《共产主义运动中的"左派"幼稚病》（北京：中共中央马恩列斯编译局、人民出版社，1963年），第28页。
② 同上书，第68页。

者列宁居然要他们去劳联这样的反动工会工作，他们觉得自己有点跟不上列宁了。里德要求第三国际让"世界产联"作为美国工会的唯一声音，理所当然遭到拒绝。弗雷纳赶紧见风使舵，同意在劳联中工作。第二年，莫斯科决定，共产党全部在工会内部工作，从此美共党内的一切争议都以莫斯科的表态拍板定音。里德深感失望，但受到死后被葬于莫斯科红墙旁的殊荣。弗雷纳于1922年退党，时年才28岁，从此当了作家和教授。1924年，颇有群众基础的拉福莱特以第三党候选人竞选总统，但是共产国际认为他代表的是农民而不予支持。

美共倾向于纯而又纯的革命路线，但是共产国际决定"到群众中去"，建立"联合阵线"，美共只能改变态度，进入劳联工作。但他们在劳联内部建立了一个左翼组织，成员主要是非熟练工和陷入绝境的工人，因为对共产党来说，工运不是最终目的，消灭资本主义制度才是目的。不过冈帕斯可不买账，他在1923年向红色宣战，驱逐劳联中的激进分子。

苏联的斯大林—托洛茨基—布哈林之争也不可避免地反映到美共内部。在1928和1929年，美共先后将以凯农为首的托派和以洛夫斯通为首的布哈林派开除出党，接替他们的是厄尔·拉·白劳德和威廉·扎·福斯特。1930年以后，莫斯科显然更愿意和白劳德打交道，他担任美共一把手长达十五年。

美共的排外和听命于斯大林带来的是一次次失败，有议论说美共是建立在电缆上的，其严密组织也使一般美国人感到害怕和反感。到1920年代末，美共"从内部工作"的策略失败，不得不一度放弃争取工会的企图。美共党员只剩下9642个，不足开始时的七分之一。社会党也缩小到7793个党员，其中一半是讲外语的。

美国左派的斯大林化结束了诗情左派的天真时代，左派知识分子在1920年代很少再跟随共产党，因为他们感到自己的两个基本理想被否定了：一是知识分子的自主，二是工人阶级的自我解放。伊斯门在失望之余转而支持托洛茨基，受托洛茨基之托，他从莫斯科带回许多反映苏共内部斗争的文件在美国发表。连世界产联也不相信苏联工人能有独立工会，不相信美国工人在美共中能有独立的声音。

5. 红色的 1930 年代及其余波

1929 年股市崩溃引发大萧条，使左派迎来了红色的 1930 年代。失业者在 1932 年达到空前的 1250 万人，5761 个银行破产，100 万农民失去农场。社会主义重获生命，共产主义运动首次成为美国生活中一种实质性的影响。在诺曼·托马斯的领导下，社会党在新政期间一度复兴，人数最多时达 11 万人，厄普顿·辛克莱、杰克·伦敦等大批知识分子参加社会党。1039 个社会主义者担任公职，其中有 56 个市长和一个联邦众议员。1932 年，托马斯代表社会党竞选总统，得票 90 万张。他支持十月革命，但不赞成第三国际的中央集权，此后他一共 6 次参加竞选。白劳德代表共产党竞选，也吸引了不少无产阶级。

1928 年托派被开除出苏共后，托洛茨基本人来到美国，得到一小批美国左派的拥护。但美共党内禁止争论，甚至不准在公开场合议论。斯大林已经给国际共运重新定位：第一阶段为 1918 年至 1923 年的高潮，第二阶段为 1923 年至 1928 年的低潮，1929 年开始第三阶段，将掀起新的高潮，美国革命的时刻又快到了。于是美共又开始组织独立于劳联的工会，并指责美国政府是资产阶级的统治工具，指责劳联是工人贵族，背叛工人阶级，指责社会党是"社会法西斯主义"，号召走俄国工人的道路，他们人数最多时超过 12 万。由于美共经常用武力阻止别的左派集会，这种做法使他们在 1929 年到 1933 年间一共只增加了八千名党员。

1930 年时美共人数不足 1 万，但以大批失业者为社会基础，组织了好几次全国性的示威抗议，要求救济和失业保险，其中包括动员 20 万退伍军人进军华盛顿，动员黑人争取平等权利等。在1934年的共产党大会上，233个代表中有39个黑人，还成立了黑人支部。尽管罗斯福的新政得到普遍拥护，但是美共仍然坚决反对他，称他为法西斯，因为罗斯福是在挽救资本主义，而他们要埋葬资本主义，他们对罗斯福的攻击一直延续到1935年。

到1935年7月，情况再度发生变化，共产国际宣布第四阶段开始。5月刚签订了苏法条约，现在斯大林在找盟友，不想再四处树敌。他要求各国共产党建立人民阵线，美共策略立即改变，白劳德宣布罗斯福不再是敌人，甚至宣称"共产主义就是20世纪的美国主义"，"暴力"之类的辞令也统统删除不用。到1939年，美共果然发展到7万人，其中不乏知名人士，还拥有更多的卫星组织，号称朋友100万，但就是未能领导劳联。

劳联在这期间也壮大了，有地方组织1300百个，1933年动员了120万工人罢工，第二年150万人。当极端派执意要攻克大产业堡垒时，劳联不愿冒险，采取旁观态度。主张走中间道路的约翰·卢·刘易斯等为了制止极端派夺取劳联领导权，建议在大生产中组织产业工会，未被劳联接受，他便于1938年正式成立"产业工会联合会"（Congress of Industrial Organizations），简称"产联"（CIO），成员100万，其中五分之一是共产党员。由于新政的机遇，产业工会得到承认，人数发展到四百万。

在红色的30年代，美国左派却不能感到太乐观。在1936年至1938年间，斯大林有系统地清洗了几千名原布尔什维克领导人，美国人称之为"莫斯科审判"。在美国左派心目中，这些人都是十月革命的英雄，很难相信他们犯下所谓的反革命罪行。大部分美国社会主义者一直在怀疑斯大林，现在他们公开谴责他。美国的托派更是担心自己会因为反对斯大林而遭劫难，下决心揭露莫斯科审判的真相。1937年，他们联合无政府主义者和自由主义者，劝说德高望重的杜威率领一个调查委员会亲赴墨西哥，对托洛斯基本人进行了一场"反审判"，以证明他的清白。许多老左派深感信仰危机，他们觉得维护托洛茨基也就是维护十月革命残留的希望。

1939年8月，苏德签订互不侵犯条约，连美共也感到难以置信，机关报《工人日报》压此消息一天未发。9月，德国侵略波兰，苏联占领波兰东部的三分之二领土。美国老左派大多支持反法西斯，原先将苏联视为抗衡法西斯的希望，苏德条约使他们感到幻灭，许多著名左派出面谴责。事态发展如此出人意料，对美共来说简直是釜底抽薪。亲共的工会中有许多是犹太人，估计总共有一万到一万五千党员撕掉党证，几倍数目的同情者也离开美共，人民阵线关门了结。美共因听命于共产国际、走阶级路线、僵化教条而被抛弃。当美共终于清醒过来时，又开始为斯大林辩护，说签订条约是苏联在争取时间，苏联反战是因为战争是帝国主义在竞争世界霸权。他们还批判罗斯福支持英法同盟，说他与希特勒相比是青出于蓝胜于蓝。美共利用美国国内的中立情绪组织军工业罢工，1940年白劳德竞选总统时也以反战为口号。

但是美国的工会却都支持宣战，并保证在美国参战期间不罢工。到1941年6月，希特勒入侵苏联，美共就再来一个180度的转弯。他们支持罗斯福，赞成参战，因为帝国主义战争已经转化成了人民战争。他们也保证不罢工，并且要与所有的人联合，除了托派。1943年年底德黑兰三巨头会谈后，白劳德声称资本主义和社会主义已经可以和平共处，不必再去推翻资本主义了，而是要使它运转好。1943年6月，他支持斯大林解散共产国际，一年后他宣布解散美共，代之以一个纯教育性的非党组织"美国共产主义政治协会"。1944年，美共支持罗斯福竞选总统，这是1920年以后美共第一次不提自己的候选人。

可是紧跟过了头也会适得其反。1945年4月，法共领导人到莫斯科和斯大林会面后，回国便发文批判白劳德的阶级调和，福斯特也主张批判白劳德，认为他低估了资产阶级的危机。白劳德最终被开除出党，福斯特等重建美国共产党。福斯特既要讲阶级斗争，又想吸引资产阶级自由派，有点左右为难。

"二战"后历史没有重复，"必然的"经济崩溃、大批失业、法西斯等都未出现，美国人不再认为革命是必然的或必须的，极端派消失，对美国自由主义的共识增加，反共情绪高涨，美共开始走下坡路。1949年，司法部控告十一个美共领袖违反1940年的史密斯法，宣传教唆以武力推翻政府。国会调查非美活动，几千人遭调查并因此失业。同年，产联开除十一个由美共控制的全国工会，1955年与劳联合并成"劳联—产联"，工运分裂结束。1950年朝鲜战争爆发后，美共由于支持北朝鲜而处境更糟，难以洗刷受外国势力控制的嫌疑，成为麦卡锡主义攻击的主要对象。美共虽然并不非法，但是已经完全边缘化，再不能像一个公开合法的政党那样运作，1951年的党员人数已不足4000。

1956年，更大的冲击袭来，赫鲁晓夫在苏共二十大上的报告证实了原先的资产阶级宣传，再加上波兰和匈牙利发生的事件，致使美共有史以来第一次公开谴责苏联，连不少挺过了麦卡锡时期的党员也脱党了。党报《工人日报》主编约翰·盖茨不仅自己脱党，还要求取消美共。在前后四十年的时间里，美共几起几落，最终演变成一个约一万人的小宗派，大多是疲惫的中老年人。1962年，联邦调查局宣称美共党员中有一千五百个联邦调查局的告密者，也就是说大约每七个人中就有一个。

6. 为什么美国始终拒绝社会主义

美国在19世纪末已经建成世界最强大的资本主义经济，按照马克思的理论，是最有可能进入社会主义的。但是自从社会主义思想诞生起，就一直在美国受到抵制，从爱默生和林肯开始，再经过两个罗斯福总统的改革，直到肯尼迪和约翰逊，社会主义从未真正进入美国思想的主流。美国的无产阶级也主要选择劳联这样的福利工会，只想分享经济增长的好处却不去推翻资本主义制度。坚持社会主义和共产主义的老左派屡屡受挫,而且他们越是激进,就越是受到工会的排斥。甚至在大萧条这样最有利于革命的形势下,老左派也未能形成气候,个中原因,值得深思。除了国际上的因素外,主要也许还是由于美国社会内部的特点。列宁在《共产主义运动中的"左派"幼稚病》一文中提到的西方国家中存在的不利于无产阶级革命的"合法偏见,宪政偏见和资产阶级的民主偏见"[1]等,在美国可以说尤为根深蒂固。

美国拒绝社会主义的原因很多,大致不外乎有以下几点:

第一,阶级的流动性。社会主义理论是强调阶级斗争的,所以阶级分化越厉害、越固定的社会肯定越容易接受它。美国社会在工业化之后虽然贫富悬殊,但阶级分化仍然不是固定僵化的,也就是说,与别的社会相比,这个社会还是相对开放的,有人称之为"阶级开放社会"。美国人强调机会平等,依然存在着社会升迁的可能。处于社会最底层的往往是新到的移民,但他们在母国的境况也许并不更好。移民即便不是个个都做着美国梦而来,但对自己在新国家里的前途多少抱有一些希望和信心,所以大部分美国穷人还是更愿意利用美国社会现有的条件去争取具体的利益,走个人奋斗的道路改善处境,而不是急着去推翻它。

第二,种族、族裔的认同对阶级阵线的干扰。美国是个移民社会,从同一个母国迁徙而来的移民之间必然保持着千丝万缕的联系,他们在文化和利益上的认同往往超过了阶级认同,因此美国人除了阶级区分,还有几乎同样强烈的种族和族裔区分。美国工会中长期存在种族界线,有的工会只有白人才能参加,1882年的排华法案没有工会的支持也是不可能通过的。1902年,黑人工会会员只占3%,大多限于黑人地方组织。

第三,中产阶级占多数。一个两头大中间小、贫富截然分化的社会是

---

[1] 列宁,《共产主义运动中的"左派"幼稚病》(北京:中共中央马恩列斯编译局、人民出版社,1963年),第33页。

革命的有利条件,当一支人数众多、铤而走险的赤贫队伍形成时,革命就只需一根导火索了。然而美国社会始终是两头小中间大,中产阶级占了国民的大部分,他们虽然也有很多不满,但还没沦落到只剩下一根锁链的地步,所以并不欢迎革命。在美国,任何重大的社会变革如果得不到占人口大多数的中产阶级的支持,就很难有成功的希望,这已经被历史一再证明。

第四,自由主义思想的深入人心,使美国面对社会主义表现出明显的保守态度。美国的工运坚持财产私有观念和个人主义,连美国的左派也是先读了杰斐逊,才读马克思的。他们即便反对资本主义制度,乃至反对私有财产,但也很少不接受自由、自主、平等、宽容、法治等自由主义思想,这使他们对武装革命暴力夺权的道路有所保留,更无法放弃自我,听命于他人,特别是接受国外的遥控。这些都说明了为什么美共始终未能成为一个列宁式政党,美共党员发生分歧时就无所顾忌地自行其是,不受党纪约束,这就违反了列宁指出的成功之路:"无产阶级革命实行无条件的集中制和极严格的纪律,是它战胜资产阶级的基本条件之一。"[①]

第五,美国的独立宣言承认革命的权利,美国宪法保障表达和结社自由。一般而言,在越有压抑的社会,离经叛道的言行就越是具有神秘性和吸引力。在美国,除了某些特殊时期,社会主义和共产主义都是可以自由传播,合法存在的。社会主义和共产主义党派随便建立,而且能够一而再地参加总统竞选,直至1980年代,美共仍在组织本党参加总统竞选。正因为太容易组织了,一旦产生意识形态分歧,左派就不欢而散,散了再建,建了再散,宗派林立,力量分散,始终形不成一个统一强大的无产阶级政党,连个像样的欧洲式工党都不存在,根本不可能与现存政府对抗。同时,也正因为可以公开而充分地辩论,美国听众有足够的机会听到不同的声音,有足够的时间进行比较和选择。当一种思想必须投入思想市场去竞争时,

---

[①] 列宁,《共产主义运动中的"左派"幼稚病》(北京:中共中央马恩列斯编译局、人民出版社,1963年),第4页。

便很难形成垄断地位。

第六，美国的制度提供了一定的纠正空间。美国人可以通过选举、立法等合法手段来对社会进行改革，甚至实现像新政这样较大幅度的改革，不是非得通过暴力革命来改朝换代。人民作为选民拥有一定的参与权，因此和政府有一定的认同度。劳工对罗斯福的支持是真心的，他们对彻底推翻现存政府的号召不感兴趣。

第七，美国的自治原则允许进行小范围的社会组织和生活方式的试验，如傅立叶式法郎吉，它们的成败往往具有启示意义，在小范围内试验失败的理论很难对大众再有说服力，从而避免了在大范围里再失败的危险。美国人的实用主义精神也使他们重实践轻理论，对理论的评判更注重其可行性和实际效果。

第八，美国得天独厚的地理条件和自然资源，再加上成功的经济，使工人阶级有可能分享利益，特别是在经济上升阶段。从"二战"后到1970年，美国制造业工人的周薪上涨了三倍多，外加各种福利保障。因此每当经济好转，局势相对稳定，工运很快转入低潮。老左派在美国总是像局外人，备感挫折，很难产生影响。

总而言之，在资本主义经济最发达的美国，老左派却始终未能激发起工人阶级的阶级觉悟，而没有无产阶级的普遍支持，是不大可能发生无产阶级革命的。

第九节　新左派

1. 1960年代新左派的激进轨迹

像每次战后一样，"二战"后的美国人也热衷于享受和平，享受生活，大片住宅区如雨后春笋般地建起，生育高峰亦随之而来。此时的美国经济繁荣，人丁兴旺，大萧条的阴霾终于烟消云散。在反法西斯斗争的胜利中，美国人在思想上也形成了空前共识，对自己国家的满意度大为提高。美共一度自行解散，左派可以说是偃旗息鼓。冷战开始后，一些著名的老左派在反共上态度坚决，即使没有麦卡锡主义的疯狂，国内也会是一片保守气氛。共和党又一次在战后执政，他们虽说没有改变新政的方向，但也没有出台什么新招。

1950年代，罕见的逆反现象来自西部的垮掉派，但他们主要是在生活方式上标新立异，并不那么政治化。《在路上》的作者杰克·克鲁亚克是其中颇有影响的人物之一，他在生前最后一次接受采访时说："我没有尝试创造什么新意识，或者任何那类东西，我们根本就没有一大套抽象的思想。我们不过是一群想舒服的家伙。"[1]

美国社会在1950年代中最重大的变化是南方兴起的黑人民权运动，它是由最高法院1954年对布朗诉托皮卡教育局一案的裁决所引发的。这场由马丁·路德·金领导的民权运动有声势有道义，它挑战并最终摧毁了南方自重建时代就传承下来的种族隔离制度，而且促使全体美国人——特别是非政治化的中产阶级——将目光投向南方，投向黑人，认真反思自己国家的一些根本问题。

艾森豪威尔总统两届任满时，美国左派感到松动的时候应该到了。新左派就是在这样的背景下发轫的，在整个1960年代，它和民权运动、反战运动和青年反文化运动交织在一起，掀起波澜激荡。尽管新左派最终变得相当狂暴和教条，它在开始时却只是非意识形态化的改革意愿，是和平和进步主义的，它最早的声音也正是来自具有进步主义传统的中西部。1959年，威斯康星大学学生创办《左派研究》刊物，试图走出老左派的死胡

---

[1] *The Rise and Fall of the American Left*. P. 209.

同。1961年，在密歇根大学诞生了新左派的核心组织"学生争取民主社会"（SDS-学民社），其前身是温和的老左派组织"工业民主学生同盟"。

1962年，59个学民社成员在该州休伦港开会，发表了《休伦港宣言》，这是新左派第一篇也是最重要最明晰的文献。它提出"参与民主制"（participatory democracy）的概念，要求以直接参与的民主来对抗民众无权的异化状态，它是对群众政治的呼唤。同时，它将高校视为改变社会的基地，这在没有学生运动传统的美国是史无前例的，也是新左派最主要的特点。

1963年，学民社发表第二篇宣言《美国与新时代》，批评肯尼迪政府是大企业自由主义的政治精英统治，再次要求参与性民主，分享决策权。他们原本对肯尼迪多少存有希望，在侵犯古巴的猪湾事件发生后他们对他颇为失望，但肯尼迪遇刺身亡却又强烈地震惊和激怒了他们。

1964年，加州大学柏克利分校的学生奋起反对校方的过分管理，爆发"自由言论"运动，局势蔓延开来，从此激起了持续不断的美国校园对抗运动。通过现代媒体的广泛迅速传播，越来越多的学生介入其中。他们提出修改课程、设置黑人研究、晋升黑人教授等各种要求，他们停止上课，占领办公楼，还与派来维持秩序的警察短兵相接地斗争。

1965年，由于连续发生民权运动分子被害的事件，学生的情绪日趋激愤。北部湾事件后，美军大肆轰炸越南，新左派组织反战示威获得意外成功，便趁势将反战提到运动的中心位置。此时一些左派已经得出结论：只有首先摧毁美国的资本主义制度，才有可能停止战争。

1966年，学民社领袖汤姆·海登亲赴越南，盛赞越南农村组织具有他向往的参与民主性质，其余一些新左派也陆续前往，公开支持越南的反美斗争，甚至给他们送去武器。许多美国人虽然反战，但对这样的行为还是难以苟同，对他们渐生反感。同年，学民社试图在校园里发动大规模的拒服兵役运动，结果未能如愿，新左派元气大伤，开始出现分裂。一方面是黑人极端分子提出"黑人权力"口号，另组黑豹党，批判马丁·路德·金的非暴力抵抗。另一方面是女性成员反抗组织内部的男性中心主义，拉出去另搞女权运动。余下的组织开始由共产主义者来接管。

1967年，反战游行示威扩展为大众运动，进入主流社会，新左派的作用进一步下降。

1968年，越战再次升级，校园对抗达到高潮，极端分子日益占据上风，黑豹党人数增至五千，新左派可以说是胎死腹中。8月，在芝加哥民主党全国大会的会场外，左派的暴力抗议遭到警察的暴力回击，他们不仅没有收到预期的宣传效果，反而适得其反，美国民众普遍支持下令驱散他们的芝加哥市长戴利。工人对示威学生动武、警察视而不见的事也屡屡发生。是年，尼克松以维护法律和秩序的名义当选总统，可见美国人对动乱的厌倦已经付诸政治行动。

1969年，黑豹党怒骂学民社，学民社彻底分裂。极端分子的组织"气象员"出场，扬言要以恐怖手段来对付政府，他们说到做到，制造了多起爆炸事件，最后在格林威治自己办的炸药厂爆炸中归于寂静。

1970年，尼克松命令轰炸柬埔寨后，校园再次骚动，肯特州立大学4名学生在警察的镇压中被杀。新左派大势已去，彻底瓦解。

在短短的十年中，新左派从借助异化理论，提倡参与民主和个人解放开始，发起了一场真正的群众运动，这是美国左派在一个世纪中所未能成就的，但最后却匆匆地毁于自己的挫折感、虚无主义和暴力。[1]

2. 新老左派比较

新左派是美国历来左派情结的延续，具有组织上、人员上和思想上

---

[1] Alan Brinkley, Liberalism and Its Discontents（Cambridge, Massachusetts: Harvard University Press,1988）, p.222.

的直接联系。最早出现的《左派研究》和学民社都与老左派有着直接的渊源关系,其创立者大多来自具有社会主义信仰传统的家庭。学民社的前身"工业民主学生同盟"是一个社会党领导的青年组织,只是因为其简称(SLID)在英文中不好听才改名的。而属于后期新左派的毛主义"进步劳动党"也是从美共中产生的。还有一些老左派如迈克尔·哈林顿,扮演了向新左派过渡的角色,他的著作《另一个美国》使富裕青年第一次意识到美国还存在着贫困。还有纽约知识分子中的小辈查·赖特·米尔斯,他对精英权力的分析也深刻影响了新左派的思想。1960年代的左派与自由派都对美国现存秩序有所不满,不同的是左派想要彻底改变其资本主义制度,而自由派只欲改良之。

新老左派的不同主要表现为:

第一,成员不同。老左派的主力是信仰社会主义的工人和自觉地以无产阶级为核心的知识分子。新左派主力是中产阶级白人青年大学生,工人不仅没有参与,还明确表示反对。新左派的精神领袖之一马尔库塞认为,工人已经资产阶级化了,和其他阶级没有什么本质的不同,不能指望他们创建不同的社会。所以,新左派从理论上就不再认为工人阶级是革命力量,他们"没有(甚至没有努力尝试)和工人阶级建立任何有意义的联系。更有甚者,有些左派不是将工人阶级视为潜在的盟友,反倒是他们最强大又最不可救药的敌人之一"。[1]

第二,战场不同。老左派主要致力于工运,战场在工厂。他们在工会和政党的领导下以罢工和占领工厂的方式与资本家斗,要求改善待遇,他们的最终目标是通过革命确立社会主义制度。新左派本质上是学运,战场在大学。他们自己组织起来和校方斗,要求在学校事务中参与决策。他们罢课、占领校园、批评校方和教授,致使美国的大学在1960年代基本上处

---

[1] Alan Brinkley, *Liberalism and Its Discontents* (Cambridge, Massachusetts: Harvard University Press, 1988), p.231.

于瘫痪状态。他们也走出校园到社会上去，参与民权运动、组织反战示威，但工厂不是他们的眷顾之处。大概是出于对现行体制的"总拒绝"，他们也不另立政党参与美国政治，但不拒绝将民主党作为他们的舞台。

第三，原因不同。老左派的反抗是和经济目的直接相关的，无产阶级试图推翻资本主义制度主要是因为他们认为资本主义造成了自己的贫困无权。新左派毫无生活之虞，他们反叛的原因主要是异化和无权的感觉，本身并无经济目的，但他们自认为是在为民请命。开始时他们的要求只是改革性的参与民主制，而将革命进行到底的那些人则认定必须推翻资本主义制度才能达到目的。

第四，认同不同。老左派和十月革命的苏联认同，但后来大多反对斯大林，他们的英雄是列宁和托洛茨基。新左派从一开始就不与苏联认同，为了表示和被压迫者站在一起，他们与第三世界认同，特别是古巴，认为古巴实行的是有人道的新社会主义。新左派中的极端分子大多信奉"枪杆子里出政权"，他们的英雄是卡斯特罗。

如果简单地概括，或许可以说新老左派最本质的不同就是老左派是穷人的革命，新左派是富家子弟的革命。在政府撤军满足这些年轻人停止越战的愿望后，在宪法第二十六条修正案满足他们参政的权利后，他们就再提不出明确而可实现的目的了。常说左派最大的敌人就是他们自己的年龄，随着青春期的过去，他们大多各奔前程，汇入美国的主流社会中去。至于那些将左派政治当作自我实现工具的人后来也抛弃了它，转而寻求更易满足的手段——吸毒、摇滚乐和性解放等。

大多评论认为，新老左派之间的相异超过了他们的相同。但仔细琢磨，他们也还是一脉相承的，只是环境变了，表现不同而已，而这些不同很可能是表面的。常识告诉我们，在任何时候对任何事情，人群中总会有激进、温和、保守三种态度，也就是左、中、右之分。左派可以说是一种情绪、一种气质，这些人总是比常人偏激一些，总是拿现实与他们的理想相比，对人间期望甚高,因此较常人更难接受现实中的不足,也就加倍感到激愤。当别人要求改良的时候,他们就会要求革命。当别人诉诸法律的时候,他们就会诉诸暴力。因此在美国,左派是永远会存在下去的,但情绪需要找到一个"事业"作为载体,他们的成功依赖于找到一面有道义感召力的旗帜——如平等、自由、和平、反战,足以使中产阶级社会接受。

新老左派都在平等上做文章,站在弱者一边,攻击资本主义制度。老左派以工人阶级为主题,以全世界无产者为舞台。到新左派的时代,美国工人阶级已经脱贫,主题于是就转到国内的穷人——少数族裔身上,再加上国外的穷人——第三世界。当美国的穷人也在各种福利项目帮助下改善后,他们就将抗议的能量集中在同性恋合法权之类的问题上,而在同性恋也被认可后,他们就要求同性恋的结婚权、收养子女权等,当然还有女权、环保等具有号召力的旗帜,总之,世界上的事情永远不会十全十美,不会绝对平等公正。文明又是建立在禁忌之上,人作为一个社会动物注定不能为所欲为。因此,任何社会也不可能做到毫无压抑,人人满意。即便一时满足了,新的不满足肯定马上又会产生,所以可以想象,左派情绪总能找到不满的理由和斗争的事业,这也是乌托邦对人类社会必要的促进作用。可惜左派在每次运动获得成就后,总有一些天生极端的人不走到反面决不罢休,这也是美国左派变化多端却难以持久的原因之一。

3. 纽约知识分子:新老左派的遭遇

最能说明新老左派关系的大概莫过于纽约知识分子了,这是一群以《党派评论》杂志为中心的纽约知识分子,欧文·豪在1968年的《纽约知识分子:实录与评判》一文中首次使用这个称呼。这个群体有着类似的背景和思想,大多是东欧和俄国犹太移民的子弟,成长于大萧条时期,1930年代起活跃于美国的激进主义潮流中。

纽约知识分子可以大致分为两代几个年龄层次：第一代主要有埃德蒙·威尔逊、悉尼·胡克、菲利普·拉夫、威廉·菲利普斯、莱昂内尔·特里林等，比他们年轻、但仍属于一代人的还有艾尔弗雷德·卡津、理查德·霍夫施塔特、索尔·贝娄、保尔·戈德曼、玛丽·麦卡锡和小阿瑟·施莱辛格。第二代有丹尼尔·贝尔、欧文·豪、莱斯利·菲德勒、欧文·克里斯托、查·赖特·米尔斯等，以及比他们年轻的诺曼·波德霍雷茨、苏珊·桑塔格等。凡是熟悉美国文学文化的人都不会不感到这些名字的分量，尤其是当它们集中在一起的时候，简直可以说代表了美国几十年的文坛。

20世纪初，蜂拥而入的犹太移民占了纽约人口的三分之一强，而美国社会此时还刚刚对犹太人开放。纽约名校哥伦比亚大学是新教的，除了个别已经同化的富裕的德裔犹太青年能去哥大上学，犹太移民子弟大多只能去收费较为低廉的纽约城市大学，那里85%～90%的学生都是犹太人。该校的师资很是一般，但这抵挡不住这些才华横溢的年轻人的探索精神，他们无须名师指点，照样能自学成才。这批穷学生是天生的激进派，尽管知识有限，却天天聚在狭小的学校餐厅里慷慨激昂地大谈天下之事，全身心投入地讨论苏联和十月革命，当然还有世界的终极意义等等。争端从那时就开始了，当时聚在一号餐厅的人是反斯大林的，人数只有五十左右，是少数派。聚在二号餐厅的是支持斯大林的多数，有四百至五百人。他们彼此辩论，但后来多数派奉命称少数派为托派，不再搭理他们。正是这些一号餐厅的少数派日后成为纽约知识分子的核心部分。他们虽然出生在美国，但缺少归属感，还是局外人心态，觉得只有WASP（White-Anglo-Saxon-Protestant，盎格鲁–撒克逊新教白人）才是真正美国人。菲利普斯早年曾遇到这样一个真正的美国人，令他十分惊讶的是，此人竟然是美共党员，因为他当时觉得激进主义是他们犹太移民的专利。

纽约知识分子作为一个群体在行动的时段主要是1930年代后半期和1940年代初，在《党派评论》抵制斯大林主义的旗帜下，他们团结起来。

其核心价值是马克思主义、社会主义、世界主义和多元主义，他们反对的是资本主义、狭隘地方主义和种族主义。毋庸置疑，他们是左派文化激进分子，有着极广泛的知识兴趣，从文学艺术到社会政治，没有他们不思考、不辩论的。他们的理想是激进政治与高雅文学的结合，具体地说是马克思主义与现代派文学的结合。

《党派评论》由威廉·菲利普斯和菲利普·拉夫创刊于1934年，他俩是在美共领导下的约翰·里德俱乐部里认识的。拉夫是美共党员，菲利普斯虽然不是党员，也是极其靠近的。拉夫14岁时从俄国移民美国，生活艰难，有时竟不得不在公园的长椅上睡觉，但他潜心攻读左派哲学和现代文学，极有造诣，且个性倔强，好斗善辩。这两人的配合非常默契，詹姆斯·法雷尔戏称他们为"形式与内容"。

《党派评论》创刊时受到美共的支持和资助，美共有意将它办成机关报《新群众》的文学版，但双方很快产生分歧，原因是对政治与文学的关系看法不同。当时美国的激进文学有两种不同的倾向：以埃德蒙·威尔逊为代表的一派主张维护文学的复杂性和独立性，以迈克尔·戈尔德为代表的一派主张文学服从政治和组织的需要。

菲利普斯和拉夫对党让文学从属于政治目的感到很不舒服，反对这样的控制。他们倾向于威尔逊，认为简单化和口号化只会降低文学的标准，主张文学批评与政治分开，用文学的标准来评价文学，承认文学有独立于政治的价值，充分尊重文学的艺术性、独特性和复杂性。特里林对德莱塞和詹姆斯的比较就很有代表性，他认为虽然德莱塞的小说政治上更正确，但也更简单，相比之下文学价值不如詹姆斯。詹姆斯的小说更像文学，更丰富精微。

菲利普斯和拉夫欣赏欧洲文学传统，特别是现代派文学，如卡夫卡、乔伊斯、托马斯·曼和普鲁斯特。他们认为现代派作品反映了现代生活的复杂和异化，是对存在的深刻思考，表现了激进的现代意识，其艺术也是成熟精妙、富于实验创新的。美共的观点则认为现代派文学是资产阶级作品，这使他们感到美共只是把文学当作工具，不关心文学所表达的当代存在和意义，而且文学品位也太差。他们不能接受对优秀文学传统的否定，认为如果不能维持这个世界上最好、最深刻、最有意义有人性的价值，那么宣称创造一个更美好的世界就失去了意义，这份遗产他们是一定要继承的。

但分歧还不仅仅在文学观念，菲利普斯和拉夫相信政治哲学的核心乃是道德准则。他们投身激进主义是因为他们认为它代表和表达了现代意识，如果忽略道德这个关键因素，本末倒置，只关心政治权力，就必然扭曲政治和人性。1935年，美共推行人民阵线策略后，几乎控制了所有的文化知识界，到处都是"同路人"。他俩认为，从文学上说这是一种媚俗的妥协，从政治上说则是利用他人为自己作宣传，是那种让人蒙在鼓里的操纵式控制，他们对美共一味听命于斯大林很不以为然。美共对他们的观点也早有觉察，将他们叫去汇报思想，批评他们说话太随便，告诫他们如果有异议，应该向组织汇报，而不是去向普通党员散布。他们还被怀疑是否在靠近托派或社会党。1936年，美共改变策略，抛弃约翰·里德俱乐部，扶持作协。在施加压力令《党派评论》悔改无效后，美共决定撤去对刊物的资助。

《党派评论》面临倒闭，菲利普斯和拉夫在困境前犹豫不决。左派激进政治是他们的生命，若与美共决裂就意味着改变整个生活方式，包括社会交往。而且美共在文化知识界有很大控制力，一旦公开对立，很有可能招来压力，将会找不到工作，发不了文章。就算刊物再办下去，也可能没人敢给他们写文章。事实证明，后来他们终于走出这一步时，党的机关报《工人日报》果然毫不留情地称他们为左派叛徒、帝国主义者、反动派和蛇，并且不让美共控制的单位雇佣他们。

但菲利普斯和拉夫考虑再三，最后还是选择了决裂，他们找到新的盟友和私人资助，要办一份新面孔的《党派评论》。小说家法雷尔是他们的政治向导，这时他已是全国闻名的作家，也是主张自由思想的左派。他觉得独立办刊可以更诚实，有更大的自由度，也会吸引更好的撰稿人。胡克是他们的理论家，他是杜威的学生，纽约大学哲学教授。他致力于将杜威的实用主义和马克思主义相结合，他的《理解卡尔·马克思》一书是当时美国左派的必读书。正是在他的影响下，这个群体中的许多人归依了马克思主义。但胡克理解的马克思也许和美共的理解不尽相同，他对美共意识形态的僵化感到反感沮丧。当他被要求为苏联当间谍时，他的忍耐终于到了尽头。《工人日报》编辑杜比和耶鲁大学的麦克康纳更是直接进入编辑部工作，还有艺术家乔治·莫里斯是他们的经济赞助人，未来的女作家玛丽·麦卡锡是戏剧评论员，未来的诺贝尔文学奖得主索尔·贝娄也从芝加哥寄来稿件表示支持。纽约知识分子圈就在此时正式形成，新人马个个有棱有角，个性张扬，文采斐然，对信念极度认真。

当 1938 年 12 月《党派评论》复刊的时候，它已经是一份没有任何组织联系的独立激进刊物，突出体现了政治和文化上的双重先锋派。刊物内容涉及历史、思想、文学、艺术等各个文化领域，正如麦克唐纳给托洛茨基的信中所言，刊物关注的更多是文化而不是政治。给他们撰文的名家包括威尔逊、特里林、纪德、奥威尔、托洛茨基、奥顿、叶茨等，再加上他们自己锋芒毕露的社论批评，使这本杂志赢得激进青年的衷心拜读。出生于 1920 年的克里斯托后来回忆道，《党派评论》当时对他来说是很高深的，有时要读五遍才能透彻理解，但觉得这是一种思想训练，比大学教育强多了。出生于 1933 年的苏珊·桑塔格也还记得，她在少女时代的最大梦想就是长大后去纽约，为《党派评论》写文章，拥有五千个读者。

《党派评论》之所以能办成美国最著名的杂志之一，正是因为在它周围聚集了这么一批反斯大林主义的左派知识精英。这群知识分子在接受马克思主义和美共之前，已经有了自己的思想准则，所以当他们发现彼此不协调时，他们更忠于自己原来的理想。他们在政治上不能接受斯大林的一系列做法，包括莫斯科审判、苏德条约和谋杀托洛茨基，在文学上他们不能接受文学隶属于政治的做法。他们意识到，自己视为生命的独立思考和有组织的激进主义是相互冲突的，他们不仅丝毫影响不了组织，反而会被视为异端而遭排斥。但他们选择了思想独立虽九死而不悔。他们曾经很想得到托洛茨基的支持，但当他以领袖的姿态提出要领导他们、将他们纳入他第四国际的轨道时，他们还是断然拒绝了他。他们不想成为任何组织的附庸或工具，哪怕托洛茨基指责他们不跟他走就不是真正的革命家。

与此同时，希特勒的屠犹和法西斯的猖獗也使他们认识到美国在抗衡纳粹上的作用，总之，推力和拉力的双重作用使他们在"二战"前后大多接受了美国体制，从独立的激进主义者转变为反共的自由主义者。他们的改变是因为他们的目标已经达到，美国早已不排犹，已走向世界，融入世界，在现代派文学和反对斯大林上更无分歧存在。纽约知识分子终于汇入美国主流社会，一个个成为权威名流，美国体制化敌为友的吸纳能力实在令人惊奇。

纽约知识分子所代表的老左派和1960年代的新左派至少在以下三个方面有着明显的不同：第一，纽约知识分子都是极其严肃的思考者，凭借深厚的学理背景，从事富于激情的思想探索。对他们来说，思想重于一切。他们几乎个个都是笔杆子、辩论家，他们中涌现出大批一流作家和一流作品，极大地丰富了美国当代的文学文化。他们密切注视政治形势的变化，随时做出判断，并修正自己的观点。正是在这种不断反思的过程中，他们的立场一次次地改变，因为他们是不会让自己的行为找不到合理的解释的。在险象环生的处境中，难得的是，他们"一生都在修正其政治信念，却从未丧失信念本身"。①

相比之下，新左派更重视行动，几乎没有产生自己的理论家。他们大

---

① Joseph Dorman, *Arguing the World: The New York Intellectuals in Their Own Words*（Chicago: The University of Chicago Press, 2001）, p. xiv.

多说不出太多的理论,甚至不能周详地表述自己的观点,如他们提出的"总拒绝"(total rejection)到底是什么意思,没几个人能确切说明。他们没有耐心去分析事实,也不分析理论,更少作深刻反省,总是情绪激昂,不顾后果地急于行动,这些大街上的激进派崇尚的是跟着感觉走。

第二,纽约知识分子不仅认同西方文明和文学传统,而且将之视为标准。他们反对种族主义、地方主义,提倡世界主义、普世价值,力求消除种族偏见,希望人类融为一体。新左派则对西方文明本身持有异议,甚至抱有敌意。他们以第三世界和少数族裔为口号,目的也是对抗西方文明。他们的多元文化主义提倡各种文化的同等价值,唯独贬低西方文化。

老左派最后得到美国社会的承认和尊重,虽然他们大多没有博士学位,却由于著作等身而受聘于大学执教。他们以前没有反对过大学,在进入大学后也认同其文化。新左派从反对大学起家,最后却也安身于大学,但他们不是与之认同,而是要按他们的观念来改造之。

第三,纽约知识分子和美国制度认同。他们年轻时的激进并不专门针对美国,毕竟他们是投奔美国而来的移民,他们只是根本不了解美国,是无根的世界主义者,一心想超越自己狭隘的犹太背景,所以日后与美国体制认同也在情理之中。1952年,他们举办了一个"吾国吾文化"研讨会,重新认识"二战"前的欧洲意识形态,强调文化自由,确认自由民主与一党专政水火不容。他们从激进青年开始,最终抛弃天真,认识到政治和人性的复杂性,并坦诚地承认这一点。他们没有因此变得愤世嫉俗,而是更加谨慎和智慧了。

新左派具有强烈的反美情绪,越战后更是愈演愈烈,一直延续至今,虽然他们不会舍弃美国去流亡。如果说老左派从激进政治开始而变得越来越非政治化,那么新左派正相反,一开始似乎不那么政治化,但变得日趋政治化,并且专注于政治权力,而不是思想和真理。

可以想象,当老左派终于与现存秩序认同时,却意外地目睹了新左派的爆发。他们的心情首先是疑惑不解,他们不可理解年轻人的反叛激情从何而来,因为当年刺激他们激进的因素对新左派来说一个也不存在。在他们看来,这是愚蠢的乌托邦的老调重弹。新左派呢,虽然并不了解老左派的思想历程,却认定他们是失败主义者,丝毫也不想去了解他们的转化过程,或从中吸取点什么。看来,一代人的经验是无法传递给下一代的,每代人都必须自己付出代价去学习。

新老左派之间虽然也有个别传承,如米尔斯和戈德曼,但总的来说是关系紧张。纽约知识分子是艰苦地自我奋斗的一代,新左派是迷失在丰裕中的一代,彼此的经历和看法根本谈不到一起,连争辩的前提都没有,相互无法理解,乃至彼此敌视。欧文·豪是老左派中最坚持左派立场的,但连他也无法容忍新左派的极端。有一次他在斯坦福大学被一群抗议的学生所逼,他们攻击他缺乏激进主义,豪对他们的狂妄无知感到忍无可忍,冲动之下,他盯着其中的一个吼道:"你知道你最后会成为什么吗?一个牙医!"[①]——年轻人总觉得他们能翻天覆地改造世界,但最后只是被世界所改造。

在很多具体问题上,新老左派的观点也很不相同。以争议颇多的"扶持行动"(Affirmative Action)为例,纽约犹太知识分子大多持反对立场,因为他们完全靠自己的才智证明自己,战胜歧视,从社会的边缘脱颖而出,从未享受过什么优惠政策,也不认为这样做对受惠者的性格有什么好处。新老左派之间确实存在着难以跨越的代沟。

4. 学院左派和批评理论

1960年代的狂飙过后,新左派犹如它的突然崛起一样,又迅速退出美

[①] Joseph Dorman, *Arguing the World: The New York Intellectuals in Their Own Words* (Chicago: The University of Chicago Press, 2001), p. xiv.

国的政治舞台，历时不过十年。美国民众已经明确地拒绝和摈弃了新左派的思维方式，一些新左派自己也进行了事后反思，返回主流。但仍有相当一部分新左派坚守阵地，只是转移了战场。1960年代和1970年代初，美国大学急剧膨胀，以满足战后生育高峰一代的入学需要，随着这场大规模的扩招，新左派的老将们回到自己当年造反发迹的大学，加盟教师队伍，在他们曾经势不两立的大学里安身立命。在完成了从对抗（confrontation）到出版（publication）的转换后，他们一个个当上了终身教授，成了学术权威和院系领导。地位是变了，他们的愤怒却丝毫未减，反而因国内外潮流的逆向而愈加激烈。

1982年，当伯特尔·奥尔曼和爱德华·斐诺夫出版他们精心编撰的《学院左派：美国校园里的马克思主义学术》一书时，这批学院左派对美国的大学教育，特别是社会人文学科的影响，已经要刮目相看，该书前言中是这样描述其声势的：

> 当前，美国大学中正在发生一场马克思主义的文化革命。越来越多的师生在学习马克思对资本主义的解释：它是如何运作的（对谁运作得更好，对谁更差），它如何兴起，在向何处去。这是一场和平民主的革命，主要以书本和讲座为武器，行动主要发生在传统学科的边缘处。似乎不可能，但又确实如此的是，双方参与者中极少意识到这场战斗的程度，或者是地位已经转手的程度。公众所知更少。然而，它的首批结果在整个学术界已经显而易见。
>
> 以政治学为例，1970年以来关于美国政治已经出版了四本以马克思为指导的教材，而在此之前一本也没有。同期，三个最权威的大学出版社——剑桥、牛津和普林斯顿，推出了十五本研究马克思和马克思主义的书籍，几乎都是赞同的观点。现在开设的马克思主义哲学课程超过了四百门，而1960年代几乎一门也没

有。作为这一趋势的一部分,马克思主义——被视为一种严肃的替代方式——正在进入实际上每个领域的日益增多的非马克思主义者的课程里。也许最令人吃惊的是两个马克思主义史学家——尤金·吉诺维斯和威廉·A.威廉斯——的成功当选为美国史学家协会主席。几年前,具有强烈马克思主义倾向的激进派路易·坎普夫当选为重要的文学教师职业组织"现代语言协会"的主席。①

学院左派的这场文化革命在改变学院气氛、学术风格、课程设置、学科建设、晋升标准等诸方面都极为成功,将新左派的革命在学术园地中进行到底。他们不再谈论当年的参与民主制,而是一门心思地从理论的方方面面去解构资产阶级的文化霸权。弗·詹姆逊说过,真正的体系变革必须具备两个先决条件:"建立起一支马克思主义的知识分子队伍,建立起一种马克思主义的文化。"② 至于美国公众,直到1980年代后期关于大学必修课的争论进入社会,他们才获知学院左派的存在。

学院左派是美国左派历史上从未有过的一类群体,左派向来是为民请命的,但他们却身居象牙塔尖,从不像老左派那样走与工人阶级相结合的道路。这固然是因为1960年代的政治失败使他们很清楚民众的态度,但更重要的是,他们已经有了新的理论基础,其中民众的作用已经不那么重要了。不仅马尔库塞告诉他们工人阶级已经被腐蚀,不足以担当革命领导阶级的重任,更有葛兰西的文化霸权理论将他们彻底解脱。葛兰西认为,与利益和权力相比,思想和文化更加直接影响人们的行为,也就是上层建筑比经济基础更重要,因为统治阶级是通过他们的意识形态来控制大众的,

---

① *The Left Academy: Marxist Scholarship on American Campuses*(Bertell Oilman and Edward Vernoff ed., New York: McGraw-Hill Book Comp-any, 1982), pp. 1–2.
② 乔纳森·阿拉克,"后现代主义、政治以及纽约才子们的绝境",《最新西方文论选》(王逢振、盛宁、李自修编,桂林:漓江出版社,1991年),第310页。

这就是文化霸权。大众由于被统治者灌输的"虚假意识"所控制，不能觉悟到自己被压迫的处境。葛兰西主张发动一场足以打碎旧传统的"强有力的、自上而下的政治运动"，来穿透上层建筑，通过瓦解文化霸权来追求权力。[①]

葛兰西的理论赋予学院左派两大使命：一是革资本主义的命不必一定从经济基础做起，相反，要从文化领域开始，直捣上层建筑。二是这种文化革命的任务势必只有知识分子来完成，这就奠定了知识分子的革命主力角色。工人阶级既然已被虚假意识所控制，那么理论是否被他们接受也不重要了，尽管葛兰西本人还是认为，造就新型知识分子在本质上是要解决同人民的关系问题，必须和人民融为一体。但学院左派的终身教授身份使他们可以尽情专注于营造理论，只须面对学生或是同行间相互欣赏，无须去说服社会，由此他们获得悠闲的"理论阶级"和"终身左派"的雅号。

在重新自我定位以后，学院左派就将精力放在理论的建构上，也许更准确地说是解构上。既然未能颠覆掉美国的现实政治，他们至少可以从理论上将它解构掉。他们的理论渗入社会科学和人文科学的各个领域，甚至某些自然科学领域，其强项还是文学和历史。不过无论在哪门学科，学院左派的理论大多具有以下特点：

一，将一切视为政治，视为权力斗争，从阶级、种族和性别的角度来重新审视一切，将以往的历史颠倒过来，推翻原有定论，做出新的解释。美国学术界以往的关键词常常是"自由""民主""进步"，学院左派的理论却总是围绕着"霸权""压迫""控制"这些崭新的概念。他们在分析一件事或一项政策时，很少将美国作为一个整体去考虑，而是注重分析其中哪些群体得益，哪些群体受损，一切都是利益和权力的斗争。民族利益和民族团结好像全都消失了，爱国主义自然也属于"虚假意识"之列。

---

① 葛兰西,《论文学》(北京：人民文学出版社，1983年)，第190页。

二，锁定西方文化为斗争目标，通过消解中心来解构其文化霸权地位。他们反对阿诺德所言教育是教授人类最优秀文化遗产的观点，否定西方文明经典，挑战大师，将其称为DWEMism（死了的欧洲白人男性主义），认为所谓的真理、知识都是为统治阶级利益服务的宣传，要求至少将同等时间或篇幅用在学习非DWEM作品上，或者索性取而代之。旧范式必须废弃，要创立新范式，否则不足以唤醒学生对压迫和控制的意识。

三，赋予语言特殊的重要性，将它与权力同等对待，因此有了"权力话语"或"话语权力"的说法，这样做是为了提醒和清除语言中的历史积淀，语言形式本身也因此拥有了空前的自主性。

四，理论走马灯似的花样翻新，令人目眩。语言的晦涩，概念的艰深连业内人士都望而生畏，更谈不上与社会沟通，对社会产生影响，完成将民众从"虚假意识"中唤醒的历史使命。

1980年代里根执政后，美国大学紧缩，大幅削减新增教师，致使终身左派在美国大学独领风骚，他们在那里统领话语霸权已有二十多年，席卷美国的"政治正确"和"多元文化主义"也都发源于此。否定西方文化传统，这从马克思到葛兰西到美国的老左派都从未做过，而以"政治正确"制裁不同观点的做法在美国大学里更是前所未有。一些老左派纷纷对此表示反对，欧文·豪所办《异议》杂志指责多元文化主义是以教育之名行舆论控制之实，小阿瑟·施莱辛格也专门著书批评。

1988年，不少类似观点的教授在纽约开会，成立了全美学者协会（National Association of Scholars，简称NAS），提出"抵制风尚"或"逆潮流而行"的口号（Resist the Zeitgeist），这潮流指的是"学风不严谨不诚实，甚嚣尘上的反美主义，以及存在于众多校园中的咄咄逼人的政治正确风气，只要可能，它将乐于压制一切反对意见"。会议一致认为，"学术界为自己设定的高标准已被降低，高等教育曾经关注的重大问题已被丢弃，偏好的是细枝末节和自我专注。"协会现有正式会员四千三百名，已连续召开十次会议。在"9·11"之后召开的第一次会议上,约有三百名来自全国各高校的代表出席,会议讨论的主题是"高等教育是否和爱国主义相契合"?但有些代表认为更确切的问题应该是,"今天的高等教育是否还和高等教育相契合"?他们的忧虑是,大学不可能与全社会相分离,目前大学的状况迟早会危及社会的健康。

1960年代曾任学生争取民主社会主席的托德·吉特林可能是会上最左的代表,他现任纽约大学教授。他发言认为,爱国主义和高等教育不仅不相互排斥,而且是完全一致的。他说:"如果我们要生存下去,两者的结合是必须的,因为国家需要我们最好的感情和思想。"他甚至表扬保守主义说:"是保守主义者在过去的二十年里认真对待思想,功不可没。"他还指责左派思想的不严谨及其自我孤立,埋怨学术生活的肤浅和狭隘。[①]

观点不同本属正常,各人尽可在话语世界里"自由嬉戏"(借用解构主义的一个词)。即使是极端甚至错误的观点,也可能提供一些新的视角,可怕的是在反对文化霸权的名义下实行自己的文化霸权,解构一切却唯独不解构自己。在没有政治权力支撑的情况下,学院左派竟然能做到这样,实在不可思议。

5. 政治正确

大约从1980年代中期开始,美国渐渐刮起一股意识形态的风气,名曰"政治正确"。这风气一开,便势不可当,在校园里、媒体上,它越刮越盛,直窜到美国生活的各个角落,沸沸扬扬地刮了二十余年,到21世纪初尚未平息。据说,这个不同凡响的词最初来自《女士》杂志主编之口,她检讨说,《女士》近年来的倾向在政治上是正确的。1992年,约翰·泰勒在《华

[①] 关于此次会议的报道见 Stephen Goode, "'NAS' Call to Action" (Insight on the News, vol.18, July 1, 2002), p.12.

盛顿邮报》上发表文章《你政治正确吗？》，遂引起全国注意。

"政治正确"最直白的表现是一套有关使用语言的规则，它规定怎么说是正确的，可以接受的，怎么说是错误的，要挨批的。当然，无论是提倡它或是反对它的美国人，都不会这么小瞧了它。"政治正确"完全是政治性的，它将一切政治化，它的兴奋中心是政治权力，它雄心勃勃地要推翻几百年来的欧美政治文化传统。

"政治正确"自称攻击目标是种族主义、性别歧视和压迫。这本身似乎无可非议，也正因为如此，大部分美国人都被它驯服了，不敢说个不字。但真理过了头，照样也会变成谬误。"政治正确"已经俨然成了新的原教旨主义，任何不同意他们对种族、性别、同性恋、西方文化、教学内容乃至文学名著等观点的人，都被扣上一顶顶吓人的大帽子——"种族主义""性别压迫""欧洲中心主义"，乃至"法西斯"。

以下是"政治正确"指引下发展出的一些极端观点，大部分美国人肯定还没有达到这般"正确"，但它们并非不符合政治正确的内在逻辑：

一，几个世纪以来的欧美文化及其制度的本质就是种族主义、性别歧视和压迫，是体现有产白种男人的权力，美国宪法就是一个典型。

二，教学内容是公开的政治权力斗争，所谓"伟人""名著"都是抬高死了的白种欧洲男人，强化他们的优势。

三，任何对于文学、艺术、思想的诠释和评价都是在行使政治权力，将自己的观点强加于人。

四，不仅《圣经》等名著和传统历史不能学，连自然科学乃至分析思维本身都是有利于白种男性的。

五，家庭是强化异性恋的工具，并且有利于将男女性别角色和结构一代代地传下去。

六，异性恋是妇女受压迫的根源。

七，任何将个人置于群体之上的观点，都只是有利于最大群体或占统治地位群体中的个人。种族主义和性别歧视历史地存在于所谓推进个人自由的制度中,所以"个人自由"本身就意味着压迫。

八,黑人中心主义(Afrocentrism)认为,包括数学、生物学、建筑、医学在内的西学都源自黑人,因为古埃及人是黑人,而古希腊人是从他们那里偷窃到哲学和科学。

九,人类分为冰雪人和太阳人两种,前者的后裔是物质主义的、自私的、暴力的。后者的后裔是精神的、互助的、非暴力的。属于后者的黑人在生物学意义上就优于属于前者的白人。

十,黑人永远不可能犯种族主义的错误,因为种族主义是"制度化的权力",而黑人没有"制度化的权力"。

十一,人分五种:白人、黑人、美洲土著、拉美裔和亚裔。同性恋者和女权主义者虽不以种族或族裔区分,但他(她)们也是受白种男人压迫的。因此,人可以分为压迫者和被压迫者两种,每个人都是非此即彼的后代。

十二,毒品和艾滋病都是白人企图消灭黑人的阴谋。"挑战者号"航天飞机的失事坠落值得庆贺,因为这样可以推迟白人对宇宙的污染。

果然是别出心裁,颇有轰动效应,这种思路在美国历史上可以说是全新模式。说到否定个人自由,连菲茨休都没有走那么远,只是政治正确者自己是绝对不会放弃他们的个人自由的。自由平等的思想虽然自古有之,但将它们确立为政治制度的基础,还是西方文明进入近代以后所建的功绩。政治正确者不知想过没有,否定了西方文明,他们的要求还有根据吗?

现在很清楚了,"政治正确"的矛头所针对的主要是欧美—白人—男性—有产者,凡是维护这类人的权利和名誉的言行都有"政治不正确"之嫌。反之,凡是维护以黑人为首的少数族裔—第三世界—女性—穷人—同性恋者的,一概属于"政治正确"。这种机械的两分法要求种族和意识形态的双重纯正,难怪有人嘲讽道,最正确的只有"同性恋的贫困黑人残疾妇女"了。

"政治正确"的源头和最大市场是在美国的校园里，它从大学刮到了中小学。1992年5月，美国三百多所高等院校制定"政治正确"条例，惩处出言不逊者。例如说"黑人"是不正确的，要说"非裔"；说"印第安人"是不正确的，要说"美国土著"；同性恋等许多词汇属于不准开玩笑之列，违者将被勒令进学习班，作公开的自我批评。课程设置也必须作相应修改，大力强化各少数族裔、女性、同性恋方面的内容，淡化西方传统文化。

"政治正确"的咄咄逼人之势已经使许多人联想到麦卡锡主义。哈佛大学的历史教授瑟思特洛姆深有感触地说："这种气氛是新的，几个亢奋的激进学生能够恐吓住其他所有人。这是一种新的麦卡锡主义，甚至比老的麦卡锡主义更可怕，因为当时学术界没人支持它。现在敌人就在内部，有的学生和教员对言论自由毫无信仰。"[1]

奈何，强劲的"政治正确"有一个与生俱来的弱点，那就是它的自相矛盾。既然一切文化都是同等的，那么欧洲白人文化不是也应该一视同仁吗？为什么如此抑贬和仇视它呢？既然西学不好，又何必说什么"西学非源"，与其争专利呢？如果白人都是坏人的话，黑人又何必要求和白人平等呢？但要说黑人优越，岂非又堕入新的种族优越论了？真是矛盾重重。

不过，"政治正确者"自有种种巧妙的说辞来为自己辩护。例如，按照他们的推理，一个人属于哪个群体，就必然有那个群体的意识，特别是被压迫群体必然具有被压迫意识。但是，如果事实上一个黑人、印第安人、或穷人、女人没有具备这种意识，那只能说明他（她）还没有觉悟，仍然被统治者的"虚假意识"所控制着，总之，他们的理论是永远不会错的。至于是谁赋予了他们这种上帝般凌驾于众人之上的英明？没人能回答。

---

[1] John Taylor, "Are You Politically Correct ?" in *Are You Politically Correct? Debating America's Cultural Standards* (Francis J. Beckwith and Michael E. Bauman ed.. buffalo, NY: Prometheus Books, 1993), p.19.

在崇尚言论自由的美国,"政治正确"的风是怎么刮起来的呢?追究起来,这种极左思维还是 1960 年代新左派思想的延续。一位当年柏克利的激进派、现任某大学人文学科系主任说:"我将我的学术活动视为我积极参与政治的延续。""政治正确"的理论家们大多是大学人文学科(尤其是英语系)的教授,他们从法国批评家那里借来不少理论,发展出各种左派压迫理论、受害理论、权力理论,哪怕是有悖常理,经过七拐八弯的迂回曲折都能变成一家之说,由此将狭隘、极端和仇恨种入下一代人的心里。1964 年,柏克利"自由言论"运动的革命者们独霸了话语权后,也容不得半点"异端邪说"。人们不禁要问,到底是他们蜕变为自由言论的敌人了呢,还是自由言论一直是他们用来反对别人的口实?

6. 多元文化主义

政治正确的理论有多种:激进的女权主义、激进的同性恋、新历史主义等等,但影响最广的大概要数多元文化主义。多元是当今世界的特点,在美国则是一向公认的现实,并非什么新鲜事。除了新左派在 1960 年代将多元视为自由主义的原罪,在理论上也基本没有人反对。但是从多元主义到多元文化主义,其内涵在不知不觉中变了味。多元主义是在肯定某种共识的基础上说的,而多元文化主义说到底就是要否定这种共识。

在美国历史上,一代又一代的移民将同化(也就是美国化)视为理所当然。常言道入乡随俗,他们要学习英语,接受美国价值,慢慢实现他们的美国梦。所谓美国化主要就是与美国文化认同,而美国文化又是以盎格鲁-撒克逊文化为主的。在大熔炉时代,移民在美国化过程中虽然颇为艰难,但并不觉得这样做很伤自尊。现在不同了,同化这个概念变得很犯忌,说要被盎格鲁-撒克逊文化同化似乎成了某种屈服背叛,大大冒犯了政治正确。

早就有人指出，多元文化主义有一种把美国人部落化的倾向。在文化平等的名义下，各个族裔坚持自己的文化，好像彼此互不相干，甚至相互排斥。以文学为例，黑人文学不能用白人文学的标准来衡量，必须有自己的标准，自己的文艺理论。如此，相对一致的文学评价标准就不存在了，文学史成了族裔文学的汇编，也无优劣之分，更无所谓文学大师了。正是沿着这种逻辑，多元文化主义反对学习西方经典，他们要重写历史，重编教材，重设课程，有些州甚至反对将英语作为唯一官方语言。照此类推，出于对公正的不同理解，各族裔是否应有自己的法官？出于政治利益的不同，是否还应各选一个总统？最后，谁又能代表美国去处理外交呢？像美国这样一个囊括了世界上所有民族的国家要是这样各自为阵的话，它还能存在下去吗？而且如果文化真的完全没有可比性的话，也就谈不上平等或者不平等了。

以族裔为单位来划分人，就和划分阶级成分一样，是把每个人分门别类格式化，个人的独立和特点被否定了，这显然是一种倒退。为什么法律都是直接诉诸公民个人而非群体？为什么法律面前要人人平等？原因之一就是每个人应该为自己的行为负责，也只能为自己的行为负责。更何况，阶级还有变动的可能，族裔却完全是先天的，是以更僵固的尺度来衡量人，简直有点种姓制的味道了。难怪有人认为多元文化主义是一场倡导"文化宿命论"的政治运动，人类难道要返回到"非我族类，其心必异"的时代吗？从反对种族隔离到强调种族间的不可通约，是否走完了一圈，又返回到起点？

有观点认为，美国历史上曾经有过三次大的分裂危机，第一次是19世纪上半叶蓄奴和废奴之争，导致南方分离，以一场内战结束。第二次是19世纪末工业化后的贫富悬殊，导致进步运动和新政的大规模改革，放任自由主义演变为国家有限干预经济的现代自由主义。当代的多元文化主义是第三次危机，有人称它为"美国的特洛伊木马"，它倾向于将族裔文化置于共同的美国文化之上,有可能成为各族裔的离心力,最终威胁美国作为统一国家的根基。

小施莱辛格忧虑地写道:"随着意识形态冲突的平息,人类进入,或更确切地说,再次进入一个也许更危险的少数民族与种族仇恨的时代。"[1]他接着坦言:

> 多元文化主义"导致"非盎格鲁白人与非白人少数族裔中对族裔类别的狂热崇拜,导致对同化的谴责,对"一个民族"概念的挑战,保护、促进,甚至致使不同的民族和种族集团永世长存。[2]

否定共识,也等于否定了好不容易形成的美国民族本身,而这种共识确实是延续了盎格鲁－撒克逊——新教文化的传统,这是否定不了的事实,改写历史并不能改变历史。弗雷德里克·杰·特纳曾经论证边疆在美国特色形成中的巨大意义,但是边疆的意义再大,仍然比不上欧洲的基因重要。边疆可以说是对欧洲移民带来的文化基因在新环境中的变异起了作用,以后历次移民潮也持续而深刻地影响和丰富了美国文化,但都没有彻底改变基因本身。如果我们设想17世纪初到北美移民的是中国人,很难想象他们不把中国的绝对君主制搬去,因为他们只有这个传统。当然历史是不能设想的,但是只要比较一下南北美洲的不同,盎格鲁－撒克逊——新教传统对美国的意义也就很清楚了,种瓜不会得豆。

承认这个事实,承认多元背后的共识,并不是否定其他各族移民对美国文化所做的贡献,更不是否定美国文化的多元性,这种多元也不是到了

---

[1] Arthur M. Schlesinger, Jr., *The Disuniting of America: Reflections on a Multicultural Society* (New York: W.W. Norton & Company, 1998), pp. 11–12.

[2] Ibid, pp.11–12.

20世纪末才被发现和承认的,早在殖民时期就已如此。多元应该提倡,但是多元只是在共识的基础上才有意义,多元文化主义要否认的恰恰就是这个共识。他们反对大熔炉概念,要改说沙拉拼盘什么的,拼盘里的沙拉确实各不相同,但装在一个盘里才叫拼盘,那盘子不就是共识吗?没有盘子,还叫拼盘吗?

只有多元没有共识,那就只有争斗了,因为连妥协也需要有一定的共识,更不用说一个国家了。这和国际社会一样,如果没有一定的共识,就不可能有和平谈判的基础,更不要说建立联合国,通过什么宪章了。多元文化主义在美国,就像狭隘民族主义在世界,其作用必定弊大于利。那些只讲多元反对共识的人难道不想想,如果美国文化中没有对于表达自由的共识和法律保证,他们能这样坚持自己的文化吗?

在人类历史上,强调和平、对话、融合的思想一定会比强调斗争、对抗、分裂的思想更有活力,更能久远,因为人类毕竟要在地球这个唯一的家园里共同生活下去。

7. 价值中立的两难

艾伦·布鲁姆曾感叹道,他的学生信仰不同,理想不同,贫富不同,"他们仅仅在相对主义和对平等的忠诚的看法方面统一起来"。[①] 在进入大学时,学生们就已经牢固树立了真理是相对的观念,而价值相对主义、文化相对主义正是多元文化主义的思想基础。

何为价值?价值是人们心目中值得追求的有意义的东西,它包含判断是非、善恶、高低、美丑的标准。对一个社会来说,价值是道德行为的规范,是制定法律的基础,是社会凝聚的中心。对于个人来说,价值是立身

---

① 艾伦·布鲁姆,《走向封闭的美国精神》(北京:中国社会科学出版社,1944年),第17页。

之本，价值的确立可以说是人一生中最重要的选择，也是他的知识、能力、品行等各方面的综合体现。凡是人，就必有他的价值观，否则他的行为就无所依据，但价值与价值是千差万别的。

顾名思义，价值中立就是进入一种价值无差别的境地，对所有价值不作评判地一视同仁，不认为它们之间存在本质上的是非高低。价值有一定相对性，尤其是在不同的文化中。但当价值的相对性被过分夸大时，就变成了价值中立和价值相对主义。

价值中立成为一个政治概念，是自由主义的社会发展到一定历史阶段后才产生的现象。在自由主义之前，所有社会在价值上可以说都是绝对主义的，都有自己自上而下的权威价值，它要求所有成员都奉行这一价值，必要时会不惜采取强制手段。当然，理想的状态是每个成员的内在信仰都能和社会的权威价值自然吻合，或者能自愿地将权威价值内化为自己的信仰，当内外价值达到融洽一致时，社会就能处于安全的平衡状态，但这种理想状态大概只有在原始部落的小群体中才可能实现。

因此，各持己见的人类群体由于价值信仰冲突而大动干戈的事屡见不鲜，人类历史简直就是各种价值之间无休止的交锋、较量和征服，至少名义上是这样，因为价值与利益是分不开的。斗到最后，胜者的价值就成为权威价值，并强加于他们能控制的其他人。在历史上，人们为了维护自己的价值信仰（或曰宗教自由，或曰真理）是不惜牺牲的，但一旦他们的价值成了权威价值，便同样不容忍其他价值。直到17世纪自由主义的先驱们提出宽容，人类历史才第一次摆脱了这种绝对价值更替的方式，承认不同价值的合法性，而自由主义的本意也就是宽容、大度、开明。

宽容是一种美德，也是历史的进步，宽容并没有悠久的历史，它是自由主义带给现代社会的一笔财富。为什么要提倡宽容？洛克在《论宗教宽容》中做了充分论述。当时的价值信仰主要体现在宗教上，所以他从宗教入手来论证。他认为良心自由是每个人的自然权利，宗教的全部生命和动力只在于内心的确信，因此任何外在力量都不能强迫内在的信仰。真理只有一个，到天国的路只有一条，对其正确与谬误的裁决权只在上帝。个人的灵魂属于自己掌管，政府无权强制，强制就不叫信仰，而是对上帝犯下伪善和蔑视之罪，洛克的结论便是宗教宽容和政教分离。可以看出，宽容的主体指的主要是掌握强制权的政府。

宗教宽容的意义大致有二，一是为了使不同信仰的人可以和平共处。既然个人有判断和信仰的权利，信仰不同便在所难免。不同信仰的人只有相互尊重，人类才可免于血腥的良心镇压和宗教战争。二是个人的观点信仰很可能是错误的，许多人共享的观点信仰也可能是错误的，因此必须相互容忍，才不至于堵塞了真理的发展。

洛克的后继者们将宽容的概念逐渐从宗教延伸到道德和政治领域，在这过程中，宽容本身也在向价值中立延伸。宽容确实允许不同价值和信仰的共存，但绝非放弃价值判断，更不是价值真空。宽容就是容忍异议或异端，观点一致就无所谓宽容。宽容就是说：我有我的价值，你有你的价值，我不同意你，但你可以拥有自己的观点和价值，我不会强加于你。可以说，宽容是不以美德相求，只以法纪约束。它本身就是一种明确的价值，宽容不等于价值中立，提倡宽容者有权坚持自己的价值。

在提出宽容的那一代，以及其后对信仰迫害尚有记忆的那几代，他们在提倡宽容之时有着自己十分明确的价值和目的。可是久而久之，宽容的目的被渐渐忘却，宽容似乎等同于不作价值评判，而民主社会的平等意识又无疑将不同价值推向平等，因为每一种价值都是平等的人所拥有的，所以政府没有权利、个人也没有权利，声称一种价值优于另一种。宽容于是一步步演变成了价值中立，而所谓价值中立距离无价值也只有一步之遥了。中立的最终结果无非是将所有的价值一概抹平——无是无非，无善无恶，无高无低，无美无丑。在历史上，一种积极的思想被推向极端，终于丧失其合理性而沦为谬误的事并不新鲜，极端的思想往往由于显得十分彻底而颇具迷惑性。

就这样,价值被解构掉了,宽容也被瓦解掉了,因为它隐含着不平等的价值判断,而价值中立由于显得十分"平等"而深受欢迎,至少是难以拒绝。可是在价值中立中长大的一代人完全失去了价值的指引,精神如浮萍无依,不能不感到无所适从。布鲁姆在形容这代人的精神状态时写道:

> 这种不确定的或无限的未来和缺少有拘束力的过去,意味着这些年轻人的心灵处在一种像天地初开时第一批人所具有的心理状态——精神上一片空白、无牵无挂,独往独来,与事事、人人无固有的或绝对的关系——一样的状态。他们能够做他们想做的任何事情,却没有特别的理由想做特别的事情。他们不仅可以自由选择地方,而且可以自由决定信仰上帝还是做无神论者,或者干脆做不可知论者,不作选择;自由决定是正正派派做人,还是游戏人生,或者不作选择;自由决定要不要结婚,要不要维持婚姻,要不要孩子——诸如此类,无穷无尽。生活中没有什么不可缺少的规范,没有道德,没有社会压力,也没有为之献身的东西,因而不会影响青年走向或背离这些方向的任何一个,不过却有指向每一走向的欲望,并且带有支持这些欲望的相互矛盾的理由。①

在价值缺失、目标游离的状态下,宝贵的选择自由和丰富的机会对他们成了生命中不可承受之重。从过去的独霸真理发展到宽容,再从价值中立发展到无价值,似乎是走完了逻辑的一圈,因为可以想象,无价值必将导致混乱,最后仍是价值的独霸。

即便价值中立真的导致彼此容忍,最好的结果也不过是十足的平庸,

---

① 艾伦·布鲁姆,《走向封闭的美国精神》(北京:中国社会科学出版社,1944年),第87页。

因为每个人必须小心翼翼，避免对任何价值做出评判，这样的心态想必很脆弱。同时，既然没有高尚卑劣之分，自然也不会再有高尚的冲动，也不会再有优秀、杰出和美德了。不，根本无所谓美德了。这样的社会忙于扯平，满足于扯平，很难有什么进步可言。价值中立很像是自由主义在走向自己的反面，从尊重个人权利出发，发展到赋予一切生活方式以同等的价值，个人的特点和价值也就被抹掉了。

平等作为人类公认的价值和追求的目标，也没有悠久的历史。但平等的要求一旦产生，它的发展之快是惊人的。托克维尔早就注意到，美国民众对平等的兴趣远远超过对自由的向往。从《独立宣言》宣布人生而平等开始，美国人很快走完了从追求政治平等到机会平等，再到经济平等的道路，如今价值中立又往前推进了一步，因为价值是道德的体现，所以从本质上说就是在追求道德平等。如果说政治平等旨在取消贵贱，经济平等旨在取消贫富，那么道德平等就旨在将好人坏人一笔勾销了，也就等于否认人是具有道德抉择能力的，否认人类社会是有道德的。将一个自我放纵、危害社会的人与一个严于律己、造福社会的人在道德上扯平，这怎么能让人信服？在这种平等思想指导下，邪恶不嚣张才奇怪呢。

人们厌倦了道德评判，选择不作评判，这在一定时间和范围内是可以理解的，在一定程度上也是合理的，但却不能无限延伸，否则物极必反。完全不作道德评判与任意强加道德评判虽然性质截然不同，但危险是同样的。如果道德可能平等，那只有当人都成为天使，或者成为动物，天使的价值自然都会是真善美的，动物也没有道德上的高低，只有食物链上的高低。

凡是有人的地方就必有价值，价值中立是否真的存在令人怀疑。因为价值中立本身就是一种价值，如果你坚持价值中立的立场，你就不能反对别人的价值不中立，否则岂非违背了自己的中立原则？所以从逻辑上讲，一个是非分明的"政治正确者"是不可能保持价值中立的，也不可能同时又是多元文化主义者。在一个问题上要求绝对主义，在另一个问题上又要求相对主义，这也算价值中立吗？一个社会的权威价值通常是强势群体的价值，价值中立的口号无疑有利于弱势群体维护自己的价值，这是可以理解的，但将价值中立作为维权的武器，用场亦很有限，因为弄不好它很快就会引起反弹。

从最好的意义上说，价值中立就是政府保持中立，尊重每个公民拥有决定自己价值观的权利。但政府的中立也不可能是绝对的，因为一个国家必须有统一的法度，否则国将不国，而法度本身必然体现一定的价值观。当年摩门教徒要求在犹他建州，被联邦政府拒绝，就是因为他们实行多妻制，而美国法定的一夫一妻制就体现了美国人对婚姻和两性关系的一种价值观。

世界上存在的价值观都有其历史形成的原因，也有其某种合理性，但是走到极端都有可能变成谬误，所以关键是在两个极端间找到一个合适的度，一个健康的平衡点。虽说价值标准有一定的相对性，但这相对性也是相对的。因为作为人类，我们多少会有一些共同的价值，好的价值应该是更符合人性和道德的，诸如对生命和人格的尊重，对自由、平等、民主、和平、进步、文明的追求等都是人类普遍认同的价值，至少在今天是全球性的，各种价值只要放到这种普遍的价值前衡量一下，孰优孰劣就不难分辨了。

洛克在论宽容时说过，"只要让真理独立自主地行动，它一定能够很好地生存下来。"[1]真理如何独自行动呢？那就是辩论。走向共识的路不是价值中立和沉默，而是公开公平的辩论。真理怕什么呢？是真理就必然越辩越明。价值是内在的信念，任何强加于人的做法都不会见效，只有在健康自由的讨论中，才能找到不同价值相处的最佳平衡点。一方面要克服狭隘的

---

[1] 洛克，《论宗教宽容》（北京：商务印书馆，1999年），第34页。

排他性，反对那种唯我正确、独占真理的霸道霸气；另一方面要克服无是无非、无优无劣的道德虚无，这样才能使人类更好地彼此理解，和平相处。

第十节　华勒斯坦诠释新左派

1. 郁闷的华勒斯坦

在20世纪60年代激荡全球的政治风云中，美国的新左派可谓异军突起。他们虽然只占人口中一个极小的比例，可是能量非凡，而且无疑是当时形形色色运动中最难纳入美国传统的一支力量，只要看看当前活跃在美国意识形态前沿的学院左派，就足见其顽强生存、不断创新和影响舆论的能力。

然而，新左派在美国政治舞台上来去匆匆，叱咤风云几年后便戛然终止，仓促得让人难以认识其庐山真面目。学院左派虽然著作浩瀚，却是理论艰深，语言晦涩，加上不断地体系翻新和术语更迭，一般读者实在找不着北。不过，伊曼努尔·华勒斯坦的《自由主义的终结》[①]一书却绝无此缺憾，该书对新左派的历史成因、思想要点和目标方略等均阐述得一清二楚，如果觉得他的表达还欠明晰的话，那么真的就只能埋怨自己，而没有任何理由去抱怨新左派在故弄玄虚了。华勒斯坦思考的都是涉及人类社会的一些最为本质的问题，他的许多分析也十分精到透彻，比如贯穿他理论的有关两种现代性——技术现代性和人类自我解放现代性——的矛盾冲突，他

[①] 伊曼努尔·华勒斯坦，《自由主义的终结》（Immanuel Wallerstein, *The End of Liberalism*），（北京：社会科学文献出版社，1995年）全书共三篇：华勒斯坦所著《自由主义之后》《有托之乡——21世纪之历史抉择》，以及他与乔瓦尼·阿里吉和特伦斯·霍普金斯合著的《反体系运动》。为忠于原义，本文将尽量引用作者原话，引文中黑体皆为原文。

甚至对新左派语言艰涩的现象也解释得令人信服。读了他这本书，也能明白新左派缘何对中国的"文革"情有独钟。时隔近三十年，华勒斯坦的义愤不减当年，保持着1960年代新左派的政治锋芒，不虚为"终身激进派"一族。

在大萧条的1930年，华勒斯坦生于纽约市。他在1950年代相继从哥伦比亚大学获得学士、硕士和博士学位。1960年代他在哥伦比亚大学任教，"卷入了美国造反运动的主战场"。[①] 革命后他回旋于各大学执教，学术地位冉冉上升，成为活跃的新左派社会学家。华勒斯坦的履历长达四十多页——专著、文章、讲座、兼职、荣誉等等，令人目不暇接，可见其思想之丰富，精力之充沛，在现行体制中也是游刃有余。他的著作涉猎甚广，但大多不离"世界体系"这个中心，不愧为该理论的主要代表人物。1976年，纽约州立大学宾厄姆顿分校成立以法国著名史学家费尔南·布罗代尔命名的经济、历史体系和文明研究中心后，他任主任。

《终结》一书所收论文写于1990年至1993年间，也就是华勒斯坦经常说的始于1989年的黑暗时期："这些论文成稿于思想上极度困惑时期：当时世界大混乱，普遍的、过早的、天真的乐观主义开始消失，一种广泛的忧虑和沮丧情绪则开始不断扩张。"[②] 可以看出，《终结》全书是试图对导致困惑的事件及其原因进行解释，以便鼓舞士气，挽回颓势。华勒斯坦不辱使命，完成了他的历史任务，他的结论是：东欧剧变和苏联解体，不仅不意味着自由主义这一意识形态的最终胜利，"**甚至更加**表明了自由主义的衰微，**更加表明**了我们已最终进入'自由主义之后'的世界"。[③] 华勒斯坦是如何得出这个结论的呢？首先还要从他的"世界体系"说起。

[①] 伊曼努尔·华勒斯坦，《自由主义的终结》(Immanuel Wallerstein, *The End of Liberalism*)，(北京：社会科学文献出版社，1995年)，第137页。

[②] 同上书，第7页。

[③] 同上书，第7页。

2. 世界体系的历史脉络

华勒斯坦的世界体系指的就是现行的资本主义世界经济体系,也是他以全身心的愤怒和智慧去反对的体系。据他说,这个现行世界体系已经有五百年的历史了,不过其意识形态的历史却没有这般遥远,转折点是1789年。当年的法国革命标志着现代的开始,两种思想从此深入人心:一是政治变革的正常性,二是人民主权概念。华勒斯坦将意识形态视为"一种意在动员广大民众的综合性的长期政治规划"[①]和"应付现代性的政治纲领",[②]所以在法国革命之前,政治稳定的正常性排除了意识形态存在的必要和可能。

三种主要的现代意识形态——保守主义、自由主义和社会主义——都是从法国革命中派生出来的。首先对法国革命做出反应的是保守主义,它反对革命,维护传统的旧制度,认为"变革的正常性合法化后只会导致社会不幸"。"自由主义这个词出现在19世纪的头十年间","是在意识形态上对保守主义的回应。"[③] "自由主义是那些力图以井然有序的方式、最低程度的破坏和最大限度地控制实现一种全面繁荣的现代性的人们的学说",[④]它最终成为"资本主义世界经济体系的标志性意识形态",[⑤] "其基础可称之为'现代意识'"。[⑥] 最后出现的是社会主义,"其核心在于加快历史进程",[⑦]主张变革"走远点,走快点,并认为:没有民众的强大压力,就不会有进

[①] 伊曼努尔·华勒斯坦,《自由主义的终结》(Immanuel Wallerstein, *The End of Liberalism*),(北京:社会科学文献出版社,1995年),第96页。
[②] 同上书,第77页。
[③] 同上书,第97页。
[④] 同上书,第130页。
[⑤] 同上书,第129页。
[⑥] 同上书,第75页。
[⑦] 同上书,第76—77页。

步。"①因此，自由主义可以说是中间派，社会主义是激进派，两者的分歧不在于有关变革或进步的必然性，而在于"改良"还是"革命"的不同政治规划。这三种意识形态在1789年到1989年间彼此争执不休，时而对立，时而融合，此消彼长。

华勒斯坦将这两百年大致分为三个阶段：

第一阶段为1789年至1848年，"其间突出的是保守主义和自由主义之间的意识形态大拼搏：前者最终是溃不成军，后者谋求文化霸权"。②社会主义在当时的地位主要还是从属于自由主义的激进派。到了1830年前后，社会主义与自由主义渐趋分离。1848年的欧洲革命标志着自由主义阵营内激进派与温和派的公开分裂，激进派开始以马克思取代圣西门为精神领袖，提出彻底推翻资本主义。"1848年过后，社会主义才成为一种真正有别于自由主义，并与之针锋相对的不同意识形态。世界体系从而进入我们大家都熟悉的三大意识形态并存的时期。"③

第二阶段为1848年至1917年，其间自由主义大获全胜，独步天下，"成了世界体系的主导意识形态"。④1848年革命是三大意识形态流派在政治策略上的转折点，保守主义从革命中汲取教训，认识到阻挡变革已是徒然，为了防止工人起义的再度发生，已然采取行动，"建设更为协调的全民社会"。⑤社会主义也认识到"改造体系并非轻而易举"，⑥从而促成了一种基本政治战略的历史性转变，开始认真组建政党，着眼于夺取国家机构的长期政治斗争，即两阶段的社会主义策略——先夺取政权，再运用政权变

---

① 伊曼努尔·华勒斯坦，《自由主义的终结》(Immanuel Wallerstein, *The End of Liberalism*)，（北京：社会科学文献出版社，1995年），第98页。
② 同上书，第89页。
③ 同上书，第97页。
④ 同上书，第100页。
⑤ 同上书，第99页。
⑥ 同上书，第347页。

革社会。由此，经过修正后焕然一新的保守主义和社会主义都向自由主义中间靠拢，前者成了保守自由主义，后者成了社会自由主义。

1848年后，自由主义政党纷纷接管各国政府，采取向工人阶级让步的策略，以遏制危险阶级，缓和阶级矛盾。他们的方法主要有三：一是实行普选制，扩大民主，让工人阶级作为社会阶层参与集体决策。二是采取福利制度，进行有限的剩余价值分享。三是塑造民族认同，使原本分裂成形同两类民族的有产和无产两大阶级复归于一个民族，并为民族国家而奋斗。这三大策略的效果十分显著，到19世纪末，所谓欧美中心国家的工人阶级已经大多被纳入资本主义现行体系，甚至在民族主义的驱使下和本国资产阶级一起去反对非白人世界。

第三阶段从1917年至1968年，这个阶段可以说是自由主义进一步发展的时期。1917年，俄国革命的成功是主张夺权一派的巨大胜利，一直到1945年，老左派的三种主要形式——第三国际共产主义者、第二国际社会民主党人、民族主义运动——都通过这一战略取得了引人注目的胜利。但是从1945年开始到1968年，或可延长至1989年，世界进入了美国霸权时代，其间自由主义达到巅峰状态，反革命的总体力量增强，延缓了左派的反体系运动。在华勒斯坦看来，两次世界大战本质上是19世纪末英国霸权衰落后美德两国的争霸，因此他很少提及反法西斯，认为"向法西斯开火是德国和美国（在苏联的帮助下——一种必要的帮助）争霸世界体系的一项内容"[①]，实际上他把反法西斯胜利的1945年视为反革命之年。

华勒斯坦指出，为了确保世界体系中心国家的利益，美国总统威尔逊和罗斯福把19世纪中叶自由主义在国内安抚危险阶级的两大方案推广到全世界，试图软化危险的第三世界。他们先是提出"民族自决"的主张，相当于在世界范围实行一人一票的普选制；后又提出"不发达国家经济发

---

① 伊曼努尔·华勒斯坦，《自由主义的终结》（Immanuel Wallerstein, *The End of Liberalism*)，（北京：社会科学文献出版社，1995年)，第403页。

展","想要进行一定程序上的、有限的剩余价值（当今是**世界范围**的剩余价值）再分配",① 相当于全球福利制度。

自由主义征服了世界中心地区，那里只有自由保守主义和自由社会主义之分：从1917年起，"世界范围内的保守主义者演变成了自由保守主义者"，接受非殖民化和"发展"的要求，顺应了"变革潮流"。列宁的第三国际则提出反帝的口号，主张无产阶级首先夺取国家政权（即"民族解放"），然后发展经济（即"社会主义建设"）。在华勒斯坦看来，列宁主义是"自由社会主义"，和威尔逊主义在本质上是一回事，都属于同一个世界体系。如同中心国家的危险阶级被顺利驯化一样，非殖民化使第三世界变得温和起来，也被拉到了体系之内。

3. "1789年以来只有一种真正的意识形态"②

华勒斯坦根本不承认有美苏两霸，这是由他对苏联社会主义的定义决定的，而这一定义又正是他推论出自由主义终结的关键。他的看法是："可以将苏联看做是个亚帝国主义国家、美国的帮凶，因为它在其控制的地区内起到了保障秩序和稳定的作用，从而实际上增强了美国保持其世界范围的霸权的能力。"③

因此，并不存在美苏争霸，所谓的冷战是"建立在对立双方共同商定的某种协议之上，……是设计好的……冲突"。双方在战后划分好势力范围，互不侵犯对方领域，而"实际上是美国的政策制定者们控制着局势",④苏联保护了美国，双方合作得很好。"所谓的社会主义阵营充当了世界资本主

---

① 伊曼努尔·华勒斯坦,《自由主义的终结》(Immanuel Wallerstein, *The End of Liberalism*),（北京：社会科学文献出版社,1995年）, 第106页。
② 同上书, 第89页。
③ 同上书, 第18页。
④ 同上书, 第6页。

义的遮羞布，抑制着过度的不满情绪。"① 正因为如此，"苏联的消亡给美国造成了巨大困难——也许是难以克服的困难"。②

华勒斯坦发现，对于所谓的三大意识形态，"人们对其理论观点和现实的政治斗争考察越细，就越看不出这些所谓的本质差异"。③ 保守主义和自由主义在保护财产这点上可以联合起来反对社会主义，社会主义和自由主义在赞成变革上可以联合起来反对保守主义，而社会主义又能和保守主义联手反对自由主义的个人主义。三者都接受合理变革和经济发展这两点基本上属于自由主义的内容，因此都属于资本主义经济的世界体系。三者在理论上似乎都反对政府权力，但实际上又都要利用政府来达到目的。华勒斯坦认为政府本质上就是不民主的，而以为经济发展会带来平等和生活改善，更是错误的幻想。

对华勒斯坦而言，马克思主义已经分成两种："政党的马克思主义"（或曰"实际现行的马克思主义"）④和反对资本主义的马克思主义，他批判前者，宣扬后者。他认为，"列宁用马克思术语翻译了威尔逊为第三世界制定的规划，使之成了反对帝国主义和建设社会主义的理论。"⑤ 列宁主义纲领"只不过是以华丽辞藻掩盖着的威尔逊民族自决观和罗斯福欠发达国家经济发展观的变种而已。列宁主义实际上又再次将技术现代性排在了人类自我解放现代性的前头"。⑥ "列宁主义虽然自称自己是竭力反对自由主义的一种意识形态，但实际上不过是自由主义的一个化身。"⑦

因此，他认为："就意识形态而言，马列主义已成了威尔逊自由主义的

---

① 伊曼努尔·华勒斯坦，《自由主义的终结》（Immanuel Wallerstein, *The End of Liberalism*），（北京：社会科学文献出版社，1995年），第107页。
② 同上书，第63页。
③ 同上书，第71—72页。
④ 同上书，第221页。
⑤ 同上书，第19页。
⑥ 同上书，第137页。
⑦ 同上书，第89—90页。

一个变种，而不是一个真正可供选择的思想主张了。"① 理由有六：1）赞同民族自决原则；2）倡导各国经济发展；3）坚信存在着适合一切民族的共同价值观；4）坚信正确的科学知识是技术进步唯一的合理基础；5）认为人类进步不可避免、合乎需要，而且人类进步的实现必须要有强大的中央集权政府；6）信奉民治—民主，但将民主定义为让专家作决策。因此，所谓的三种意识形态并不存在，真正的意识形态只有一种，那就是自由主义。

新左派既反美又反苏，既反自由主义，又反列宁主义。然而，仅就上述的六点似乎不足以说明反对的必要，其中第五点的中央集权政府大概有极权的嫌疑，第六点也许可以说是赞成精英统治，反对民主，但是其他各点又错在哪里呢？还是本身没错，只是言行不一的虚伪呢？华勒斯坦没有仔细说明。

4. 1989年世界革命

1968年是华勒斯坦心目中最神圣最珍爱的年份，是世界体系的历史性里程碑，因为当年爆发了他一心向往的反体系运动。中国的文革、美国和法国的学运、越南的反美斗争等都是这场革命的组成部分。他说过："只有两次世界革命。第一次发生于1848年。第二次发生在1968年。"② 只有这两次革命才是真正反对世界体系的，在他看来，它们甚至比1789年和1917年这两个年份更重要。

1848年是争取人民主权的革命，是反对1815年的反革命复辟，是试图实现法国革命最初的愿望并克服其局限性，因此是对1789年的扬弃。同样，1968年发生的是"一场反对以美国组织其霸权为代表的1945年反革

---

① 伊曼努尔·华勒斯坦，《自由主义的终结》(Immanuel Wallerstein, The End of Liberalism)，（北京：社会科学文献出版社，1995年），第52页。
② 同上书，第346页。

命的革命",① 是试图实现俄国革命的最初目标并克服其局限性,是对 1917 年的扬弃。1968 年革命的主旨是"全面实现尚未实现的人类自我解放的现代性。技术现代性是个容易使人上当的陷阱。形形色色的自由主义者——自由派自由主义者、保守派自由主义者以及社会主义派自由主义者(即老左派)——不可信赖;他们实际上是通往解放的主要拦路虎"。②

了解了这一点,就明白为什么"总拒绝"是新左派在 1960 年代最常用的一个词。总拒绝就是统统拒绝,就是反对整个体系。新左派之所以极其反美,是因为美国正是这个体系的世界领袖,他们不惜使用任何手段也要掀翻它。到了 60 年代,时机来了,那就是越战。华勒斯坦相信,只有中国、越南、阿尔及利亚和古巴"这四个国家的解放运动均拒不接受美国制定的、苏联默认的游戏规则"。③

华勒斯坦认为越南的反帝战争完全不同于以往的东西冲突,"越南是非欧洲民族解放运动斗争的典型地区……朝鲜战争和柏林封锁是冷战世界体制的一个组成部分,而越南人的斗争……是为了反对这一冷战世界体制的约束和结构。因此,这些斗争基本上是反对现行世界体系的直接产物"。④ 进一步说,越南甚至很有可能诱发整个世界体系的崩溃。新左派除了在国内轰轰烈烈地反对越战,他们的一些领袖还直接飞到越南去提供精神和物质支持。两个当年的激进派头头回忆道:

> 我们每周坐在一起看一次电视,当沃尔特·克朗凯特在哥伦比亚广播公司电视节目上宣布尸体数目不断攀升时,大家都高兴地鼓掌。我拿着汤姆·海登从河内带回的一把梳子,他曾经去那

---

① 伊曼努尔·华勒斯坦,《自由主义的终结》(Immanuel Wallerstein, *The End of Liberalism*),(北京:社会科学文献出版社,1995 年),第 346 页。
② 同上书,第 137 页。
③ 同上书,第 55 页。
④ 同上书,第 258 页。

里确保我们在越战中团结一致。梳子是用一架被击落的F-105战斗机的叶片做成的,形状像一架飞机,还打上一行字"北越打下的美国海盗第1700架飞机"。①

尼克松执政后,逐步结束越战,新左派预感到即将失去手中的一张王牌。怒不可遏的气象员派决定直接诉诸暴力,用炸弹来毁灭美国这个"头号撒旦"。然而,国内响应者寥寥无几,反感者倒为数不少,他们的行动根本不足以推翻现行体系。

新左派的郁闷是可想而知的,他们深信自己看清了世界体系的邪恶本质,也深信只有自己才知道人民的真正利益所在,才是唯一代表人民的,然而人民却如此不领情不配合,实在是中毒太深。看来,中心地区的工人阶级确实被资产阶级的小恩小惠收买了,甚至资产阶级化了,不可能再承担领导世界革命的重任,这也是他们特别反对老左派的原因。

新左派有两大革命对象,一个不言而喻是自由主义,或曰资本主义世界经济体系,或曰美国霸权和美苏勾结;另一个就是老左派。用华勒斯坦的话说:"除非我们将其同时视为反对世界体系罪恶的呐喊和对旧左派反抗世界体系战略的根本质疑,否则我们是无法理解1968年的。"② "老左派的假激进主义实际上是假冒的只为少数特权人物谋利的自由主义。"③ 他甚至还说:"1968年革命的成员把老左派,而不是美国当作罪魁祸首。"④

新左派本身就是产生于对老左派的不满,因为1945年以后,传统的老左派陷入了双重困难,一方面是以美国为首的外部反革命力量的打击,另

---

① 彼得·科利尔、戴维·霍洛维茨,《破坏性的一代——对60年代的再思考》(北京:北京出版社,2004年),第190页。
② 伊曼努尔·华勒斯坦,《自由主义的终结》(Immanuel Wallerstein, *The End of Liberalism*),(北京:社会科学文献出版社,1995年),第349页。
③ 同上书,第139—140页。
④ 同上书,第56页。

一方面是已经取得政权的反体系运动的表现不尽人意,"一个接着一个地创立有着自己的恐怖和错误的制度"。[1] 1960年代初,新左派的主要斗争目标还是现体系的维护者,对老左派的表现不佳属于次要考虑。但随着1960年代的推移,新左派对老左派的批评态度变得越发激烈,"常常与其彻底决裂并对其发起正面攻击",指责其"虚弱、腐败、共谋、疏忽和傲慢"五项过失。[2] 老左派是传统的反体系运动,但后来受招安了,甚至保护了世界体系,这等于背叛了反体系运动。人们对背叛者的仇恨往往胜过敌人,这也是可以理解的。

1968年革命是既失败,又成功。失败在于没能从根本上掀翻这个体系,"民众热情和激进改革的泡沫在相对较短的时期内就破灭了",[3] 只是一次"灌木丛起火"而已。到1972年,革命已经偃旗息鼓,甚至反抗最激烈的中国也被尼克松的访华"拉回到了世界秩序体制"。[4]

对1968年的成功,华勒斯坦有各种不同表述:其一是"自由主义首次从根本上受到怀疑",[5] 这怀疑一直发展延续至1989年,从而结束了从1789年开始的两百年自由主义盛行阶段。其二是"动摇了老左派的正统地位"[6],"民众不再支持老左派"[7],但同时又开启了后来马克思主义的"大发展"。其三是"破坏了美国确立起来的,包括其备用王牌苏联护盾在内的意识形态上的整体一致性",[8] 右派和左派再次离开自由主义这个中心,世界重新回到1815年至1848年间三种意识形态并存的状态,不过人们已"对意识

---

[1] 伊曼努尔·华勒斯坦,《自由主义的终结》(Immanuel Wallerstein, *The End of Liberalism*),(北京:社会科学文献出版社,1995年),第349页。
[2] 同上书,第349—350页。
[3] 同上书,第347页。
[4] 同上书,第20—21页。
[5] 同上书,第91页。
[6] 同上书,第211页。
[7] 同上书,第385页。
[8] 同上书,第20页。

形态产生了怀疑,……逐渐丧失了信仰"。① 其四是"粉碎了许多权威关系,尤其是粉碎了敌对双方的冷战意识。意识形态霸权在各处都受到了挑战,而且世界体系权力阶层和旧左派反体系运动领导阶层都做出了真实的退却。"② 其五是"改变世界社会体系均势使之更有利于从属或次要集团……虽然这些利益的大部分为每一集团的少数人所得……"③ 总之,世界体系的政治规则被深刻而不可逆转地改变了。

华勒斯坦总结1968年革命的遗产具体有四条:1)无论西方还是东方,其管制南方的能力已经变得相当有限了;2)地位集团间权力关系的变化有利于从属集团,优势地位集团权力缩小。所谓"地位集团"指的是按年龄、性别、种族等划分的群体;3)劳资权力关系的变化使资本运作者感到挫折;4)国家对公民社会的权力缩小,表现为"资产阶级"和"无产阶级"专政危机的形式。④

1968年是刻骨铭心的,是"一次世界历史性的大预演"。⑤ 大浪过后,一批新左派像华勒斯坦一样扎根高校,以学院左派的方式坚持下来。他们一直在总结经验教训,推出林林总总的批评理论来阐述和解释已经发生和将要发生的一切,大谈压迫和颠覆,力图在理论上解构他们1968年未能在大街上解构掉的体系。为什么他们的理论如此难懂?华勒斯坦答道:"后现代主义所说的根本不是现代之后的事,而是以人类自我解放的现代性的身份反对技术现代性的一种方式。之所以用这一古怪的语言形式进行表述,是因为后现代主义者们力图要摆脱本文所使用的自由主义意识形态语言程式的束缚。作为一种用以解释问题的概念,后现代主义表述含混不清。这

---

① 伊曼努尔·华勒斯坦,《自由主义的终结》(Immanuel Wallerstein, *The End of Liberalism*),(北京:社会科学文献出版社,1995年),第121页。
② 同上书,第350—351页。
③ 同上书,第353页。
④ 同上书,第351—352页。
⑤ 同上书,第357页。

是因为我们实际上是在另一个历史体系中活动。"①难怪,停留在现行体系内的芸芸众生又怎么能理解另一个体系的话语呢?

正因为体系不同,他们从1989年的巨变中看到了自由主义的终结,因为东欧和苏联都只是自由主义的变种。当它们消失后,它们的对立面美国也必将衰落消亡。但按照这一逻辑,如果体系消亡了,反体系运动还将存在吗?它自己不就转化成主宰的强势体系了吗?届时是否又会出现新的反体系运动呢?当然,在华勒斯坦心目中,他的新体系肯定是完美到一劳永逸地解决人类的一切问题,但那样岂非又是一种福山式的"历史的终结"?

5. 被压迫群体和第三世界

反体系运动面临的形势是严峻的,中心地区的工人阶级靠不上了,新的反体系运动将依靠哪些力量呢?新意识形态的主体将是谁呢?

就美国国内而言,是被压迫的少数。所谓"少数"其实是"弱势",而非人口意义上的少数,他们是按性别、代际、民族、种族、性、身体健全所划分的六个处于弱势的地位集团,如妇女、黑人、老人、同性恋者、残疾人等,凡是处于弱势的人都有可能成为新意识形态的依靠力量。这一思维的时兴表现就是多元文化主义,它是完全政治性的,以"多元文化"和"政治正确"为题有目的地反对主流文化,而且潜在地反对整个体系,是最新形式的反体系运动。

依照华勒斯坦的说法,"自由主义所推崇的偶像——个人——已不再起重大作用了"。②同时,"国家(和国际体系)失去了作用",人们只好到"群体"寻求保护——"种族群体、宗教群体、语言群体、性别群体、形形

---

① 伊曼努尔·华勒斯坦,《自由主义的终结》(Immanuel Wallerstein, *The End of Liberalism*),(北京:社会科学文献出版社,1995年),第143页。
② 同上书,第243页。

色色的'少数派'群体。"①一句话,如今已是"群体主义"时代,人们"组建防卫性群体;各群体维护自身共同利益,团结在其共同利益周围,与其他群体竞争,并设法与之共存。"②听起来人类好像又回到了部落时代,而且还是部落联合,因为"这些群体必须明确自己的平等主义的目标",也就是永远维持群体间的平等,不能谋求主导地位。如果真能做到这样,世上再无"逐鹿中原"的恶斗,当然也还是蛮不错的。

华勒斯坦承认,极其平等的新体系中还是会存在差别的。然而常识告诉我们,差别本身常常包含着强弱、贫富、美丑、高低等内在的不平等因素,如何既能保持差别又能"在人生的机遇和成就上人人一律平等"?③这个问题他似乎没有意识到,因为他没有作任何说明,大概他相信在新体系中问题将自然消失。

就世界范围而言,华勒斯坦认为将来中国会靠近美日联盟,俄国会靠近欧盟,但北南对抗才是世界政治斗争的焦点,必须依靠第三世界来反对欧美中心。他在日本演讲时说:"日本1905年打败俄国时,曾在这一整个地区被视为'击退'欧洲扩张的开始。这是向'自由主义者们'……大声提出警告的信号:'正常的政治变革'和'主权'现在已不再仅仅是欧洲工人阶级提出的要求,而成了全世界人民正在提出的要求了。"④

"第三世界"理所当然是新左派理论中的一个重要词汇,相当于国内的"少数"。在他们看来,在现行体系内第三世界不可能改变其被压迫被剥削的地位,因为自由主义在国内安抚工人阶级的方案在世界范围内根本行不通,民族自决也许可以实现,但是这些前殖民地独立后的经济发展却必将化为泡影,因为中心地区实施的福利制度是建立在剥削外围地区的,就世

---

① 伊曼努尔·华勒斯坦,《自由主义的终结》(Immanuel Wallerstein, *The End of Liberalism*),(北京:社会科学文献出版社,1995年),第45页。
② 同上书,第13页。
③ 同上书,第201页。
④ 同上书,第255页。

界范围而言，不存在什么可以分享的剩余价值。

华勒斯坦经常用苏联经济学家康德拉季夫发现的长波周期来支撑他的理论，"康德拉季夫周期时长大约50—60年。其A-阶段必定是特别重大的经济垄断能够受到维护的时期；其B-阶段则是丧失了垄断地位的、生产转移他处的时期，必定有两个大国在为变成资本的主要积累之地，进而顶替前霸主而竞争"[①] 从1780年到1920年，世界经济经历了两个半长波周期，其后就是大萧条的1930年代。从1945年到1970年，世界经济处于康德拉季夫扩张A-阶段，70年代后进入经济紧缩的康德拉季夫B-阶段，表现为石油危机和金融危机。从2000年到2025年间，世界经济将进入第五个新的长波上升期。但是华勒斯坦预言，"从1990年到2025年或2050年这段时间，很可能不会有和平、稳定与合法性了"。[②]

6. 罪恶的资本积累

新左派为什么要反对他们眼中这个同时包括了资本主义和社会主义的世界经济体系呢？华勒斯坦在不同文章中分别强调了这个体系不同的但同样不可饶恕的罪恶："这一体系呈等级状，不平等。"[③] "现行世界体系是不民主的，原因是经济利益分配不均，政治权力实际上也分配不均。"[④] 作为这个体系的基石，"自由主义是用以对抗民主的。之所以提出自由主义，是要解决如何首先在中心，而后在整个世界体系里控制危险阶级这一问题"。[⑤] "自

[①] 伊曼努尔·华勒斯坦，《自由主义的终结》（Immanuel Wallerstein, *The End of Liberalism*），（北京：社会科学文献出版社，1995年），第31页。
[②] 同上书，第29页。
[③] 同上书，第30页。
[④] 同上书，第110页。
[⑤] 同上书，第42页。

由主义一直是种主张贵族式统治的学说,鼓吹'优则仕'。"①资本主义体系是历史体系的一大变种,而体系是有生命周期的,现行体系已经存在了五百年,已经衰微了,其矛盾深化意味着混沌的开始,混沌将转而导致两歧状态,新兴体系秩序将由此而生。

将这些说法归纳起来,主要有三:1)不平等,两极分化;2)不民主,少数精英统治;3)持续的资本积累,追逐利益,助长个人的自私自利。华勒斯坦说这些都是结构性的缺陷,在体系内难以消除。但是如果追究下去,这些问题又似乎不是人类近五百年来才有的,现行体系充其量也就是在资本积累上空前有效而已。有首儿歌唱道:"咱俩好,咱俩好,咱俩攒钱买冰棍……"攒钱就是资本积累,无论个人还是国家,好像都离不开它,或者说尚未找到可以替代它功能的高招。说到底,一切麻烦还是聚焦在权利分配这一人类社会最最古老的问题上。不是早就有人诅咒过"金钱乃万恶之源"吗?那么金钱更多者自然拥有更多作恶的源头。然而说也奇怪,金钱少的人却几乎从不自我庆幸拥有较少的罪恶之源,反而总是愤愤不平,要来平分这罪恶之源,这不是有悖于人类的理性吗?

据华勒斯坦分析,生态运动、多元文化主义和女权运动是美国反体系运动中三种必不可少的反叛形式,有时他也将这三种新运动界定为"和平/生态/另类生活方式运动;妇女运动;'少数民族'权利/'第三世界在心中'运动"。②第三世界也正以三种方式在对抗资本主义体系:一是霍梅尼式的原教旨主义,从理论上否定西方的现代性和资本主义道德观;二是萨达姆式的军事对抗;三是人口从南方迁移北方的个体对抗。在北方,无论左派还是右派都感到惶惑不安,拿不出对策来。

华勒斯坦确信,未来的二十五年至五十年是新的反体系运动的关键时

---

① 伊曼努尔·华勒斯坦,《自由主义的终结》(Immanuel Wallerstein, *The End of Liberalism*),(北京:社会科学文献出版社,1995年),第254页。
② 同上书,第339页。

期,是旧体系向新体系的"过渡时期——人间地狱时期……",我们将"见到的是斗争—— 一种生死斗争;这是因为我们谈论的是要为下一个五百年的历史体系奠定基础。我们是在已知的人类历史上首次对我们是要有个仍是那种特权盛行、民主和平等被极度轻视的历史体系,还是要向相反方向发展这一问题进行辩论"。① 如此为万世开太平的历史使命感不能不令人肃然起敬,大有五百年必有王者出之志。只是在人类历史的长河中,一个辩论阶段如何能在如此短暂的瞬间迅速过渡到一个完美的新体系,这过程未免勾起人们无限的好奇。

7. "切记,我不是在倡导乌托邦"②

斗争无穷无尽,目标又是什么?华勒斯坦预言,世界先将处于混沌状态,经过五十年的混沌后新体系就会出现:

> 由于现行体系将于未来的 50 年内轰然崩溃在我们眼前,所以我们必须要有一个实实在在由集体创建的替代体系。只有到那时,我们才会有机会在世界文明社会里取得一种葛兰西式的支配地位,从而才会有机会赢得反对那些以万变保不变的人们的斗争。③

要赢得这场争夺,策略是使现行体系承担过量,将它逼入越来越严重的政治困境。

那么新体系是什么呢?答曰:是"平等的民主的世界""崭新的符合历

---

① 伊曼努尔·华勒斯坦,《自由主义的终结》(Immanuel Wallerstein, *The End of Liberalism*),(北京:社会科学文献出版社,1995 年),第 421 页。
② 同上书,第 418 页。
③ 同上书,第 214 页。

史规律的体系""真正合理的世界""社会福利世界"。尤其令人振奋的是,"2050年的世界将是我们塑造的世界"。① 具体说来又是如何呢?全体人民将如何参政、共同决策呢?直接民主如何在诸如美国这样的大区域内实施呢?华勒斯坦承认,他自己也不是很清楚,因为新体系是人类历史上从未见过的。虽然他认为意识形态斗争"极其残酷而根本上毫无意义",② 但当务之急仍是要"创建一新左派意识形态"。③

可以肯定的一点是,排除了资本积累的罪恶之源,其他诸如政府控制、民众参与、防止特权阶层形成、经济担忧、两极分化、种族平等、性别平等,乃至保护生物圈等所有问题必将迎刃而解。所以关键是要釜底抽薪,彻底埋葬谋求私利的现行经济制度。华勒斯坦展望道,未来替代体系的第一个结构性要素"就是创建新体系内基层生产形式的、非营利性的、自主的单位",④ 他深信这些非营利性企业同样可以刺激效率的提高。届时,"不再有谋求私利的经济体制存在了"⑤,特权阶层也将随之消失,官员们在无私的政府部门里工作,为的仅仅是工作所带来的愉快。

对外,这些非营利企业之间将通过真正的市场来共处,而非现行体系中被垄断控制的市场。规章制度还是需要的,可以用来打击欺诈行为等。令人困惑的是非营利还需要欺诈吗?对此,华勒斯坦没有说明。对内,这些企业也不能独断专行,工人将参与上层决策,并且还将创建某种机构以确保工人能够找到满意的工作。然而,"一种惩治懒惰和不称职的制度必须建立起来"。人们不禁要问:难道那时还有懒惰不成?不过放心,无论将有什么问题都无关紧要,因为"在不受资本持续积累驱动的世界体系这一

---

① 伊曼努尔·华勒斯坦,《自由主义的终结》(Immanuel Wallerstein, *The End of Liberalism*),(北京:社会科学文献出版社,1995年),第408页。
② 同上书,第18页。
③ 同上书,第70页。
④ 同上书,第415页。
⑤ 同上书,第419页。

框架内，所辩论的这些事构不成实质上难以克服的障碍，具有善良愿望的人们定将能够克服这些障碍"。①

华勒斯坦也承认，"消除两极分化并不意味着消除差异（包括阶级地位的差异）"，但是在新体系中，阶级差异所造成的三大严重后果——不能平等地接受教育、不能平等地享有医疗保健服务、不能终身得到有保障的正当收入——将不再是问题。为什么呢？因为"满足这三大需求并非难事，由非营利性机构提供资助、统一支付所需之费用即可"。②壮哉！耗资巨大、任何国家都深感不易的国计民生大事被华勒斯坦用"即可"两字便轻而易举地解决了，至于非营利机构又如何能够筹措到如此巨资，他也没有细说。

当然，对于一个宏图伟业来说，这些细节的落实又何必穷究呢？反正船到桥头自会直，不可能事先样样筹划清楚。"在探求真正的合理性、追求美好社会……方面，我们所拥有的一大优势就是人类的创造力……这些体系是自行成形的、并不断制订新规则——新办法，以解决当前的问题。"③华勒斯坦确信自己所说的新体系绝非乌托邦，而是实实在在的"有托之乡"。他说，混乱时期生活的两大主要点就是："其一，要知道向哪个岸边游去。其二，要坚定稳妥地努力朝那个方向游去。你们如果想要得到更明确的目标，那将是徒劳的；你们若费时寻求更明确的目标，将会淹死。"④确实，一个人要淹死时还会想那么多吗？拼命朝着岸边游就是了。

如此甚好，但要说服民众去推翻现存体系——也就是要他们彻底放弃现世生活，去为一个连目标也不明确的未来牺牲，这恐怕有点难度。他们不仅要问：那彼岸是什么呢？是现世的彼岸（上岸后发现还是此岸）呢，还是宗教意义上的彼岸（谁曾带回过那里的信息）？作为美国人的华勒斯

---

① 伊曼努尔·华勒斯坦，《自由主义的终结》(Immanuel Wallerstein, *The End of Liberalism*)，（北京：社会科学文献出版社，1995年），第416页。
② 同上书，第418页。
③ 同上书，第420页。
④ 同上书，第268页。

坦也许忘了，当初移民北美的清教徒就是一心一意要摆脱腐朽透顶的旧世界，到新大陆的蛮荒中创建纯而又纯的上帝之城，好让全世界来仿效。但仅仅到第二代，他们就发现世风不古，不得不顺应时势，改立"半约"，放宽教会的成员资格，否则将后继无人。一个著名的清教徒在孜孜不倦地追求纯正后终于沮丧地发现，作为人是无法与地球的垃圾决裂的。

第五章

新保守主义的崛起：复归古典？

自由的基因 | 美国自由主义的历史变迁

美国政治从立国伊始就是自由主义的，所以在论及美国保守主义时，首先必须明确，美国所言"保守主义"就是维护古典自由主义的传统，而非欧洲意义上的反对自由主义的保守主义。[①]在很长时期内，美国人自己也认为保守主义只属于欧洲。

在美国，对自由主义的最大挑战一直来自社会主义等激进思想，美国所谓的保守派向来是支持自由主义的。1930年代初，当胡佛被反对派戴上"保守主义"帽子的时候，他拒不接受，坚持自称"真自由主义"，这不仅说明"自由主义"这个称号在当时美国政治中代表着积极意义，而且胡佛本人也是真心这么认为的。

从新政开始，美国自由主义向左运动了整整三十年，直至约翰逊总统任内。在美国历史上，1960年代可以说是最左的十年，激进派对全社会的冲击超过了红色的1930年代，"自由主义"的内涵在此期间产生质的变化，甚至和新左派连在了一起。一提起"自由主义"，普通美国人联想到的不再是宽容和进步，而是姑息、纵容、虚无等一连串消极反面的东西。

1964年，共和党的戈德华特竞选总统，当时自由主义还如日中天。在美国历史上，他是第一个公开打出保守主义旗帜的总统候选人。里根在支持戈德华特的演讲中将自由派定为抨击目标，对他来说，自由主义已沦为

[①] 菲茨休代表奴隶制反对自由主义的思想属于个别，从未能进入美国主流，见第五节。

一个贬义词,他引用的是宾州克拉克议员对自由主义的定义——"完全由集权政府行使权力,满足普通平民的物质需求"。他批评说:"我们的自由主义朋友们的问题,并不在于他们的无知,而是他们所知的许多并非事实!"[①]里根还引用社会党候选人诺曼·托马斯和有"民主党先生"之称的艾尔·史密斯的话来暗示其社会主义实质。

戈德华特的响应者寥寥无几,美国人大多认为不可思议,没有意识到他的出现居然是一股强劲思潮的前兆。时隔四年,政坛宿将尼克松出人意料地当选,虽然尼克松没有明言保守主义,但这说明有"沉默多数"之称的美国保守势力已经在行动了。随后,美国的两股政治力量拉锯了十年之久,到1980年里根入主白宫,美国现代保守主义终于登堂入室。至此,美国的政治时钟摆开向右,可以说这右摆运动一直持续至今,尚未结束。

从罗斯福开始,民主党就标榜自己是自由主义的政党,可这面大旗举了三四十年后,连民主党也不得不与它保持距离了,造化就是这样弄人。既然民主党都要避嫌,对它弃之不用,那么共和党又怎么可能接过来使用呢?根据美国政治的自由主义保守本质。在激进思潮冲击后出现反弹是必然的,而且冲击越大,反弹也越大。1960年代的冲击是空前的,其反弹也来势凶猛,彻底到放弃"自由主义"这一标签,堂而皇之地自称"保守主义"或"新保守主义",这在以前是不可想象的。

美国新保守主义虽然以共和党为载体,但是其中相当一批智囊人物,包括里根本人,都是新政自由主义者。与传统的共和党保守主义不同的是,这些人具有通常属于民主党传统的理想、乐观,以及对意识形态的熟悉和对民众的关注。里根的上台是美国选民一次大改组的结果,整个南方结束了上百年的铁杆民主党传统,转而皈依共和党。加盟的还有庞大的宗教保守势力、广大农村小镇,而最不寻常的就是那些从民主党倒戈的老左派,

---

① 罗纳德·里根,"前无古人、后无来者的演说"(1964年),《美国赖以立国的文本》(原编者艾捷尔,中文编者赵一凡、郭国良,海口:海南出版社,2000年),第736—737页。

一贯的自由主义知识分子。这场声势浩大的保守运动虽然成分复杂,思想也不一致,但总的目标是明确的——他们要对美国新政以后的政治倾向和政策实行纠偏,回归美国的古典传统。

第十一节 美国政治的保守传统

1. 何谓保守主义

广义的保守主义其实并无固定内容,既然保守,就不会提出什么新招,它只是对已有变故不满的一种被动反应。西方传统的保守主义源自古典和《圣经》,现在通常所说的保守主义指的是自柏克批评法国革命所开创的那一脉政治思想,亦称"现代保守主义"。在当代美国研究中保守主义之所以值得注意,因为它是1980年以来美国的主流思潮。21世纪刚开始,共和党即在国会两院赢得多数,这是几十年来未有的现象,说明了自新政以来的民主党政纲在共和党主持下的纠偏修正得到了较为广泛的民意支持。

保守主义倾向于守旧,其宗旨主要是尊重历史形成的传统。保守主义者认为,与生物的进化一样,人类社会也是在各种因素的作用下自发形成的,是历代淘汰筛选的结果。习俗、传统、秩序、社会机制、道德价值等都是如此产生的规则,它们包含着丰富的历史积累,凝聚着无数代人的智慧,是弥足珍贵的文化遗产,绝对不应随便更改,也绝对不可能被随便更改。

保守主义者倾向于已被证实的事物,而不相信未被证实的。他们认为,近代以降,相对于自发形成的传统社会,人们变得更醉心于按照某些思想家发明的抽象概念来重建社会,亦即哈耶克所反对的"理性建构"。这些抽象概念(或个别人在书房里设计出来的方案)虽然十分动听,令人难以抗拒，但它们从未经过证实，贸然付诸实践，其结果不仅远不如想象中那般完美，也不大可能比传统社会更好。相反，它们往往给社会带来毁灭性的伤害——割断历史，摧残文明，引发混乱虚无，人类为此将付出高昂代价，因此，社会应极力防止此类匆遽之变。

保守并不等于思想僵化，保守主义者不反对变化，而且认为变化是保存传统所必需的，他们反对的是突变。他们主张渐变，务必使变化在原有的社会框架内逐渐发生，自然发生，这样才能保持人类文明的连续性，避免造成巨大断层。他们坚信社会不能草率地推倒重来，这对谁也没有好处。社会需要稳定，需要法律和秩序，需要连续。他们反对人为地随心所欲地去改造社会，尤其是所谓翻天覆地的激烈试验。历史上发生过的那些对已有体制所作的拙劣修改，只能说明人们的狂妄自负，没有任何积极意义，其后果都是灾难性的。

任何政治思想都必然建立在某种对人性的评估之上，保守主义者一般主张对人性保持警惕。他们认为启蒙运动对人类理性的看法并不天真，但人的理性毕竟不是万能的，认知也是有限的，人应该知道自己的局限，保持谦卑谨慎，道德自律，对于掌握权力的政府尤应严加防范，限制其权力。因此，他们反对政府过于庞大，主张调动地方和社群的积极性。他们更强调个人的责任、家庭的意义、社会的整合和谐，也更重视公民权利、私有财产，反对政府干预。

2. 美国特色的保守主义

美国有没有保守主义的传统？这要看如何界定"保守主义"了。有人将美国的保守主义视为与自由主义的对立，这很不确切。至少这个"自由主义"应改为"当代自由主义"。如果按照自由主义初创时的定义，那么连菲茨休也只能算半个保守派，因为他虽然反对人类平等，维护奴隶制，骨子里却是个假封建，整个南方同盟都未能挣脱自由主义，他们不反对契约论和人民主权，也不像罗伯特·菲尔默那样维护君权。也许美国革命时的保王派托利党人最接近欧洲保守派，但随着革命成功，他们已经从美国大地上消失了。

因而，要在美国政治的范围内识别保守传统，必须牢记这个"保守"是和说美国革命"保守"同一个意思。美国基本上不存在欧洲国家中反对自由主义的保守主义，它唯一的主流就是自由主义。当自由主义成为传统时，维护自由主义也就成了保守主义。如果这样界定保守主义是有意义的话，那么不难看出，它和自由主义一点也不矛盾冲突。在美国，当代保守主义要保的就是古典自由主义。正是从这个意义上说，美国也就有了它自己的保守主义传统。

任何国家在政治上总会分成两派，代表两种相反的意见和气质，就像见到半杯水时的不同反应：一派倾向于维持现状，被视为保守；另一派倾向变革，被称为激进。保守和激进本身并没有固定的内容或具体的观点，保什么，反什么，在历史背景下此一时彼一时，同一种观点在此时为激进，到彼时可能就是保守。提倡君主立宪在17世纪是激进，到20世纪就是保守。美国早期自由派的代表杰斐逊主张管得最少的政府是最好的政府，而这恰恰也是近两百年后当代保守主义的信念。

在美国历次政坛之争中，"保守"所指各不相同，必须具体情况具体分析，仅用抽象的标签不能说明任何问题。在革命时期，反对独立共和的托利党人代表保守。在汉密尔顿与杰斐逊之争中，汉密尔顿因为不相信人民、反对民主而代表保守，但他并不反对独立共和。在南北之争中，南方因为代表奴隶制而保守，但他们并不反对民主，他们的党是民主党。在罗斯福与最高法院之争中，最高法院因为反对新政之法而代表保守，但他们并不反对改革。在艾森豪威尔与南方种族主义之争中，种族主义者代表保守，但他们早就接受第十三、第十四、第十五条宪法修正案。在里根与民主党之争中,里根代表保守,而他并不反对政府干预经济,只是对干预程度的理解不同而已。小施莱辛格早就说过:"很难相信(自由主义与保守主义的)主要区别在对政府作用的态度上,保守的汉密尔顿和约·昆·亚当斯和自由主义的富·德·罗斯福一致同意提倡政府指导经济,而自由主义的杰斐逊和保守的胡佛都希望限制政府权力。"①

正因为美国政治的主流始终是自由主义,所以除了新左派这样的极端派,美国的自由和保守两派充其量只是自由主义的左翼和右翼,他们在自由主义最本质的方面——自由市场、代议制政府和个人自由——并无分歧。拿美国人与其他国家的人相比,这点更为清楚。如哈茨所言,美国的右派相当于欧洲的大企业自由主义,其主要特征是仇恨旧制度,热爱资本主义,畏惧民主。

直到第一次世界大战,美国一直比大多数欧洲国家更为保守,其保守传统更多地表现在维护所谓的美国价值和美国生活方式上。一个历史悠久的民族由于经历了迥然不同的政治制度和意识形态,其传统必然庞杂不纯,而美国历史却很短,短得可以与一种单一的价值相连,产生一种独特的"美国价值—亦即自由主义的价值。因此,美国的保守主义具有广泛的社会基础,深深扎根于普通民众之中,尤其是农村和小镇居民。布尔斯廷认为,美国人是西方文明中明摆着的保守派:

> 我们的历史使我们……理解保守主义的意义。我们已经成为历史连续性的例证,我们历史的成果就是健全适合此时此地的体制,又与过去保持连续……我们非常恐惧理论上反复无常的变化

---

① Arthur Schlesinger, Jr.and Russell Kirk, "Conservative vs.Liberal—A Debate" (The New York Times Magazine, March 4, 1956), p.58.

有可能危及我们的体制。这就是我们的保守主义类型。①

美国的保守传统从移居北美的清教徒就开始了,清教徒毫无疑问是当时欧洲的激进派,他们否定教皇,怀疑国教,对英王也阳奉阴违,完全是反权威反传统的。然而当他们建立了自己的政权后,就坚决维护自己的权威和传统,地位的变化使他们从激进的反主流势力变成保守的主流势力,这也是所有激进主义者一旦掌权后的必然变化。在一个半世纪的殖民过程中,由激进的清教徒奠定的这一保守传统牢牢扎根于美国的习俗民情中,成为未来共和国的坚强磐石。

因此追本溯源,美国政治传统的基础是这一全民的基督教共识:相信原罪,强调秩序。到美国革命时。美国仍有四分之三的人口信仰清教。美国革命是一场保守的革命,成功地保存了殖民地原有的社会制度。即便如此,合众国宪法还是对社会可能出现的混乱保持高度警惕。无论是旨在建立政府,还是限制政府,宪法的目的都是要使社会安定有序。

正是从这个意义上说,美国宪法是保守的。制宪者们的共识是基督教式的,他们相信性恶论,因而绝不信任握有权力的政府和官员,严防其滥用职权的可能性。他们认为人权来自上帝,不是来自政府,政府只是公民立约来保护自己权利的工具,因此人权无疑大于政府。宪法的保守性还表现在它能非常有效地阻止轻举妄动,修宪的企图是很难实现的,修宪的动议必须有三分之二多数,也就是说99个议员中只要有34票反对,就可阻止修宪提议。批准修宪就更难了,必须有四分之三多数,100个议员中只要26票就可使之搁浅,也就是说一个少数足以阻挡大多数,这才是宪法的保守性,而不是比尔德的阶级分析。

---

① Daniel J.Boorstin, "The Genius of American Politics" (Charles, R.Walgreen Lectures, Chicago University, 1952), *American Liberalism, Laudable End□Controversial Means*, p.139.

3. 自由与保守的交替消长

美国政治的保守和自由潮流有相互交替的传统，自由到了激进，便会转向谨慎的保守，而保守到了停滞，又会出现改革的自由。在历史上，保守的传统大致由联邦党—— 辉格党——共和党这一脉来体现，自由的倾向则通常由民主党代表，但绝非泾渭分明，倒常常是难以区分，定义不清，相互交叉，差别甚微，在外交上则几乎一致。争论经常围绕着大政府/小政府、大众民主/精英统治、自由/平等、传统/改革、个人/群体、责任/权利、宗教/世俗这些矛盾展开。而矛盾的两面显然不是非此即彼，所以双方的差别往往只是侧重点和程度不同而已，都在谋求某种平衡。

在建国初期，以亚当斯和汉密尔顿为首的联邦党代表了美国的保守主义倾向，主要表现在他们不那么信任人民的自治能力。亚当斯想在贵族和民主间达到平衡，而汉密尔顿更倾向于建立中央权威，发挥政府稳定社会和引导经济的作用。华盛顿和亚当斯任总统期间，基本上是现在视为保守的联邦主义占主导，最典型的表现是亚当斯任内通过的《客籍法》和《反颠覆法》。

他们的对立面是杰斐逊，在18世纪末他可以说属于激进的自由派，代表民主潮流，主张人民自治，反对专制，提倡小政府。但是即便是杰斐逊，他也赞成天然贵族的理论，他虽然认为人民是他们自己利益最好的捍卫者，但人民仍然需要教育引导才能达到自治。麦迪逊是他的追随者，但不如他那般对民主充满激情。麦迪逊更关注的是律法。到了门罗和约·昆·亚当斯执政，已经可谓保守。

立国者所代表的保守传统在杰克逊时代遭遇第一次强劲挑战。精英统治式微，大众政治崛起。然而就在杰克逊的继承人范布伦之后，美国的政治——无论是辉格党还是民主党——又倾向保守。这也很正常，在激进了一段时间后，必须有一个巩固成果的保守阶段。

直到林肯领导新生的共和党执政，新一轮自由高潮又告开始，其中包括以内战摧毁奴隶制、解放黑奴，以及国会主持重建南方等一系列激烈行动，最后落实到三个宪法修正案的通过，民主得以扩大，黑人平等公民权在法律上得到保障。可是南方重建中途夭折后，美国又进入保守时期，共和党撤出南方，终使南方堕入保守落后长达百年。而北方则专注于工业化进程，放任主义盛行，企业迅速兼并，资本高度集中。

到20世纪初的进步时代，从共和党的罗斯福到民主党的威尔逊代表了自由的又一高潮。当时人们普遍认为是放任主义造成了社会灾难，于是加大了打击托拉斯和规范大企业的力度。进步主义运动被第一次世界大战打断，战后的三届共和党政府又把美国人带入保守。

富兰克林·罗斯福政府的新政代表了又一轮自由改革的高潮，为了应付美国历史上空前绝后的大萧条，政府出手全面干预和指挥经济，其程度是进步运动中最激进的人士也难以想象的。也就是大约从这时起，共和党才和保守主义连在了一起，而自由主义则成了民主党的标签。罗斯福明确指出："明白无误、无可争辩的事实是，近年来，至少从1932年开始，民主党是自由主义的党，共和党是保守主义的党。"[1] 这一倾向延续到战后的杜鲁门时期，到1960年代肯尼迪和约翰逊任内达到顶峰。但是肯尼迪在1960年竞选时就很清楚，自由主义的标签既可使他在一处赢得选票，也可使他在别处失去选票，所以他在1960年9月接受纽约自由党总统提名的演讲中对自由主义做了非常具体的界定：

……如果自由主义者指的是一个人向前看而不是向后看，欢迎新思想而不是固执僵化，关心人民福利——他们的健康、住房、学校、工作、民权和公民自由——相信我们能够打开我们外交政

---

[1] Franklin D.Roosevelt, "The Continuing Struggle for Liberalism" *American Liberalism, Laudable End, Controversial Means*, p.116.

策的僵局和疑虑。如果自由主义指的是这些，那么我很自豪地说我是一个自由主义者。[①]

由此可见，"自由主义"的概念在当时已经相当混淆了。

物极必反，在经历1960年代自由派的大改革后，美国政治又开始向保守反弹，尼克松做了一些尝试和努力，但是尾大难掉，他的试验不太成功。直到里根当选，公开亮出保守主义的时机才告成熟。

纵观全局，可以发现这样的规律：美国政治潮流的自由与保守一直是相互交替消长的，自由过后是保守，保守过后是自由，两者间并无绝对的分歧，与党派之争也无必然的联系，一派走到极端，就由另一派来纠正，矫枉若是过了正，就再来纠偏，这看来正是美国制度的自我纠正机制在发挥作用，两党竞争上岗在客观上为彼此能够没有负担地纠正对方的失误创造了条件。

第十二节　当代保守主义

1. "伟大社会"的伟大承诺

美国从新政到1960年代的三十年间，可以说是现代自由主义的一统天下，其间虽然也有共和党艾森豪威尔总统的两届政府，但是民情使然，他基本上延续了新政的既定方针，并未做多少修正。艾森豪威尔自己说，他在经济政策上是保守主义的，在维护民权方面是自由主义的。

自新政后，民主党一直以弱势群体的保护者自居，其政治理念倾向于

[①] The Speeches, Remarks, Press Conferences, and Statements of Senator JFK, August 1 Through November 7, 1960, p.239, *American Liberalism, Laudable End, Controversial Means*, p.191.

利用联邦政府的权力来扩大社会保障和社会福利。经过杜鲁门和肯尼迪的承上启下后,这种政策在约翰逊总统任期达到极致。1950年代后期在南方发轫的民权运动、1963年二十万人向华盛顿的进军,随后肯尼迪的遇刺等,这些事件接二连三,一次次地唤起了美国民众对自由、平等、权利的新理解和新要求,全国逐渐进入一种道德升华的心态。1964年,在举国上下一片慷慨激昂中,约翰逊提出"伟大社会"的政治纲领,宣布无条件地向美国的贫困宣战。他在接受总统候选人提名时说,"饥饿的人,找不到工作的人,无法教育孩子的人,被匮乏压倒的人——这样的人并不是完全自由的。"[①]这一说法和罗斯福所言"四大自由"是一以贯之,使用的是积极自由的概念。

此时的美国可以说是处于历史上最富强的时候,而贫困却突然成了全社会关注的焦点,这似乎有点不大协调。但是,也许正因为富裕包围中的贫困反差更大,更令人难堪,才引起更多的关注。更何况,也只有富裕了,才有能力和信心来彻底解决贫困问题。

1965年,约翰逊在就职演说中再次重申他的"伟大社会",认为身处变革时代,美国将"不停地生成,尝试,探索,起伏,休整,再尝试;但只要一直在尝试,就总会有收获"。[②]这显然又与罗斯福的试验精神一脉相承。此后,他以年度咨文、特别咨文、专题演说、竞选演说、总统经济报告等一系列方式强调美国的贫困问题,诉诸全民的良心,推动联邦立法。

当时官方的贫困线定为:非农业人口个人年收入1540美元,4口之家年收入3130美元;农业人口个人1080美元,4口之家2190美元。按此计算,美国约有贫困人口3500万,占总人口的18%,其中22%是非白人,将近非白人总数的一半,"伟大社会"的伟大目标就是最终解决这些人的贫

---

① 黄安年,《当代美国的社会保障政策》(北京:中国社会科学出版社,1998年),第108页。
② 林登·贝恩斯·约翰逊,《就职演说》(李剑鸣、章彤编,《美利坚合众国总统就职演说全集》),天津:天津人民出版社,1996年),第412—413页。

困问题，实现美国经济和社会的重大改革。

由于致贫原因与教育、年龄、性别、健康、地区以及子女等情况直接挂钩，约翰逊列出解决贫困的五大关键因素：教育、健康、技能和工作、社会和地区重建、机会平等。除了继续新政已经确立的保障和福利外，他运用自己出色的政治手腕和政治影响促成了百余项新项目出台，涵盖了美国生活的各个方面——收入、医疗、住房、教育、就业、民权、社区等无不涉及，补助品种繁多，规定极其复杂，但主要可分为保障和救助两大类。

社会保障属于自助性质，如退休、失业保险、医疗保险等，受益者需按期交纳一定费用。在约翰逊1965年至1968年任期内，退休津贴提高了两次，一次为7%，一次为13%，并且放宽了取得社会保障的资格。在一个逐渐进入老龄化的国家里，老年人的生活大致有了保障。1967年通过的社会保障法修正案增加享有养老金的人数达2400万。

社会福利属于救济性质，受惠者只要够条件就可领取，主要类别有老年援助、老年医疗援助、未成年儿童家庭援助、未成年儿童个人援助、盲人援助、永久性残疾人援助等。在1960年代中，福利受惠者数目猛增，政府开支日趋庞大。到1970年，全部社会保障福利的政府开支高达273亿美元，1974年又增加到1372亿美元，在生产总值中的比重由8.1%上升到10.1%。

伟大社会与新政的本质不同在于，新政主要是应急，而伟大社会是想从此改变美国，由政府来保障每个美国人的基本生活水准。新政受惠者主要是由于非人力控制因素而暂时陷入绝境者，罗斯福以工代赈，他们得到的是工作和安全，而非福利。当时的美国人还没有政府有责任提供生活保障的意识，并以领取福利为耻。

2. 谁来为福利埋单

"伟大社会"的初衷不可谓不高尚，它是要为每个穷人提供物质保障，让美国彻底摆脱贫困。"伟大社会"在实施后使美国迅速走向福利国家，也取得了一定的成绩，1968年贫困人口占总人口之比降到了14%。

但总的说来，"伟大社会"带来的是争议不断，付出浩大，效果与预期目标很不相称。它想达到的目的越多，项目就越烦琐，而越是烦琐就越是有遗漏之处，然而越补就只能越烦琐，成了剪不断理还乱的恶性循环。其实，项目与项目区别很大，人们的态度并不一概否定，关键在于受惠者是否应该受惠。例如对老年、残疾等的社会保障和福利就没有太大争议，甚至对食品券也可以接受。争议最集中的是未成年家庭援助计划，该项目开始时是援助单亲母亲，后来有人提出这样做鼓励了父亲的出走，于是就将单亲父亲也包括进来，但又有人认为这是对双亲家庭不公平，应该帮助全部贫困家庭，尼克松因此提出家庭援助计划。可是越想满足所有的人，结果越是摆不平，反而使更多的人不满意。形成这团"福利乱麻"的原因是多方面的，有外在的因素，如越战旷日持久、耗费巨大又不得人心，但更重要的是福利理念内在的原因。

首先，从本质上讲，承诺本身过于伟大，不是任何政府所能兑现的。有人称1960年代为"伊甸园之门"，真是非常贴切，天真的美国人似乎窥见了天堂的美妙，却不知这至多只是表达了一个愿望，一个青春化社会的愿望。过高的承诺带来的是过高的期望，所以无论完成多少，结果都将是失望而不是满意。从狂热的期待到愤怒的失望，前一个极端已经注定了后一个极端。

其次，在现实的层次上，谁来为庞大的福利开支埋单？政府如果有足够的资本，扩大福利又何乐不为？执意反对肯定不得人心，很少政客愿冒这个风险。可是美国的经济实力纵然雄厚，也不可能取之不尽，福利项目的兑现从一开始就出现资金不到位的问题。福利是一次社会财富的再分配，在经济迅速增长的时期因为饼做大了，谁的利益似乎也没有受到损失，扩大福利在社会上就比较容易接受。经济增长一旦放慢，财政不堪重负，不仅福利很难兑现，而且各种利益的冲突也会暴露无遗。到1970年代，美国经济出现持续滞胀，这一隐患就凸显了。许多美国人怀疑，政府是否真有能力控制经济？是否不必要地干预了市场经济本身的规律？

3. 福利国家的尴尬

首先从政治上讲、福利国家改变了美国传统的政治结构。一方面是如此庞杂的福利项目需要执行和监督，势必前所未有地扩大官僚机构，乃至大量的福利开支竟用于维持福利机构本身。美国人对权力集中又一贯保持警惕，他们根本不能适应一个全方位地渗透到社会生活和个人生活中去的联邦政府。在他们看来，一个无限膨胀的政府本身就是祸害。另一方面。福利国家的一系列政策都由联邦政府出台，这就使权力高度集中到联邦一级，又违反了他们对联邦、州和地方三级政府权力平衡的联邦主义思想。教育在美国历史上一向是地方和民间的事，布朗案后，联邦政府因督促种族融合而介入教育。"扶持行动"通过后又进了一步，州和地方的财政由于项目配套拨款而受到联邦政府的管辖。

其次，福利制度所包含的人性理念与实际不符，具有强烈的乌托邦色彩。福利制度是基于"受惠者的自觉"这样一种想当然的假设上的，以为有工作能力的人都会将福利视为迫不得已的临时手段，在借助这外力完成从依靠到自立的过渡后，便会积极地重新投入社会竞争。福利制度的成功必须有人性的配合，如果受惠者将福利变成一种生活方式，从此养成依赖习性，那就不仅违背了福利政策的初衷，也必然使之归于失败。

遗憾的是，这一假设只是一厢情愿，人性并不与之配合默契。相反，好逸恶劳倒可以说是一种本性。大规模的福利项目成为一些人难以拒绝的诱惑，受惠后便不想脱贫，再谈不上奋发向上的斗志，更有人处心积虑地为自己创造符合贫困的条件。少女未婚生子，便可使自己享受未成年儿童家庭援助。男人遗弃妻儿，便可以使她们符合单亲家庭的标准。一个用心良苦的援助计划竟然在客观上起到了破坏家庭，毁坏道德的作用，真可谓事与愿违。在福利项目的实施过程中，欺诈和浪费行为也是层出不穷。

再次，福利制度影响了全社会的心理。如果社会上有相当一部分能工作也应该工作的人一直在依赖纳税人的钱生活，那么"自食其力"这一人类社会的基本准则便遭到破坏，这无疑会影响其他人的工作情绪。他们不明白为什么自己要承担别人的谋生责任，因而也不可能全身心地投入自己控制不了成果的劳动。美国传统的工作伦理和价值观被颠覆，整个国家的生产积极性和生产能力受到影响。福利制度为的是社会公正，但结果很可能是造成了新的不公正。

正如哈贝马斯所精辟分析的，现代西方福利国家从本质上讲是它的两个主要部分——资本主义与民主——之间的妥协。资本主义必须刺激投资，才能增长经济，而这样必然引起贫富分化以及相关的社会阶级矛盾，与民主相冲突，最后也必将妨碍资本主义自身的存在和发展。民主政府的合法性来自选票，在实行普选后，一个人再穷再平庸也握有一张选票，而选民是任何政治家不可漠视的力量。为了社会和政权的稳定，资本主义这匹野马必须得到遏制。福利国家就是利用国家的力量来保护和限制资本的增长过程，通过政府干预来达到资本主义和民主的和平共处。

如今，国家干预经济在西方民主国家已经被普遍接受，问题实际上只在于干预的程度。政府需要干预经济，但不能干预到挫伤投资者的积极性。政府也可以通过福利进行一定的再分配，但也不能过分到挫伤劳动者的积极性，因为增长是再分配的基础，经济不增长，福利就肯定坍塌。因此，政府对经济的干预必须和刺激投资与就业这两大目标达到平衡。

哈贝马斯认为，福利社会最根本的问题在于其目标和手段间无法解决的矛盾。福利国家的目标是建立一种平等主义的生活方式，而同时又为个人的自由表现和自我实现敞开空间，这也是自由主义的最终目标。但显然，这一目标不可能通过将政治计划直接植入司法和行政的形式来实现，创造新的生活形式超越了政权的能力。

19世纪以来，原本停留在虚构层次上的政治乌托邦演变为大众的现实期待，也就是说，要把明知是假的当作真的来做，福利国家带有明显的此类乌托邦残余，这也是它的最大局限。但是人们越来越发现。将人类从劳动异化中彻底解放的目标长期以来与现实挂不挂钩，这一乌托邦的能量于是被逐步消耗。福利国家不能不说是一种进步，经济发展不到一定程度不可能提出，"二战"后西方国家的政府大多是喊着福利国家的口号上台的，而福利国家一旦开始，也很难退回历史，因此现在它们大多处于进退两难，尚未找到更好的替代方式。

4. 佐治亚的前车之鉴

其实美国最早实施福利制度是在佐治亚殖民地，但美国人自己好像忘记了这个教训。18世纪初，伦敦一些保证不谋私利的人为了消灭贫困，减轻穷苦臣民的苦难，倡议把穷人送到国外，在北美卡罗来纳殖民地以南开辟一个以慈善为目的的新殖民地。他们在获得特许状后于1732年实施计划，佐治亚殖民地就此诞生。托管者们按照自己设计的蓝图，详尽地安排了殖民地的一切，每个村落的布局都像棋盘一样整齐划一，还规定了每个定居者应分的土地、应得的供给、应种的庄稼。殖民地提倡道德高尚，动机单纯，一切出于"慈善和人道"，禁止黑奴，禁止烈酒，土地不准自由积累、交易和开拓。所有人必须全心全意地发展种桑养蚕，因为生丝是托管者替他们规定的产业。

为了这个"具有彻底利他主义动机的宏大事业"的成功，托管者们不遗余力地在伦敦向社会和国会募捐，定期请求拨款。在四口之家一年花费不过二十英镑的时代，英国国会前后慷慨地拨给佐治亚十三万英镑，这是其他任何一个英属北美殖民地所没有享受过的特殊待遇，佐治亚所实行的福利当然也比当时任何一个殖民地都多。但是始料不及的是，它从一开始就麻烦不断，生丝产业也从未成功。在创办短短六年之后的1738年，殖民地便不得不着手修改其规定，1742年废除禁酒，1750年开始引进黑奴。由于蓝图是统一整体，牵一发而动全身，修改其中一部分就必然引起连锁反应，整个制度最终分崩离析。殖民地迟迟没有回报，投资人和捐助者慢慢失去兴趣，甚至大批居民也纷纷离去，佐治亚成了一个被人遗弃的试验。到1752年，离特许状期满还有一年，托管者便提前将它交还给了王室。在13个英属北美殖民地中，佐治亚是最失败的，直到它彻底仿效其他殖民地后才终于走上正轨，而它也就不是当年设计的"人间乐园"了。

布尔斯廷在分析这个历史经验时指出，佐治亚的失败并不是努力不够，或慈善的动机不纯，恰恰在于它的计划过于周密，违背了客观条件和人性本身。佐治亚并不适宜种桑，却偏偏要去发展生丝，而民明知不对还迟迟不做纠正。安排过细，束缚太死，又缺少奖励机制，扼杀了居民的进取精神和生产积极性，因为没有人会乐意生产太多自己不能支配的劳动成果，这既可以说是人的自利，也可以说是多劳多得的公平。福利太多造成受惠者的被动依赖，他们为了一点施舍宁可放弃创业，任由上级支配，这心态窒息了他们的自发性和实验精神。

同时，全面统管的做法又必然造成官僚主义弊病，掌握分配权的人拥有左右别人的权力，可以决定别人的需要，专横在所难免，不自觉者还容易监守自盗。既然有人在全盘计划和决定经济，又没有税务，民众的参政就成为多余，其他殖民地的政治民主在佐治亚也就兴旺不起来，与他们相比，佐治亚的人民不会自立自治。

布尔斯廷总结道,"托管制失败的启示也就是其他形式的社会在北美洲取得成功的关键"。①学费付过之后、人们是否从中悟出点什么呢?还是必须一次又一次地重蹈覆辙呢?看来,"幻想是很难消失的,而且它们越是光彩夺目,就越需要长时间才能消失。"②毕竟,福利国家的理想太高尚了,谁能对它说不呢?

5. 保守主义反弹

在当代美国自由主义向保守主义发展的历史上,1968年是个重要的年份,这一年混乱几乎到了无以复加的地步。坚持以非暴力方式争取民权的马丁·路德·金遇刺后,全国暴力骚乱此起彼伏,简直是对他一贯主张的强烈讽刺。随后罗伯特·肯尼迪也被暗杀,不祥的气氛笼罩整个美国。

激进过后必然反弹,所以任何一派的极端分子总是为对方阵营做出最大贡献。当自由主义的媒体报道芝加哥警察镇压民主党代表大会会场外的示威者时。他们惊讶地发现民众的同情已经转向了警察一边。而1968年的大选结果更是确凿无疑地证实了这个信息,自由主义在达到巅峰时便已然开启了保守主义的闸门。

在1950年代初尼克松还是反共斗士时,美国人就对他的品质抱有疑虑。当他与肯尼迪竞选总统失败后,人们都以为他的政治生涯已经走到尽头。但是尼克松毕竟有过人的政治敏感,这使他能够在1968年就捕捉到了许多政客还未意识到的民众情绪:大部分美国人对国家持久的混乱无序已经无法容忍了!盖洛普民意测验表明,1963年秋,自认为自由派的人占49%,保守派占46%。到1969年夏,前者降为33%,后者升为51%。尼

---

① 丹尼尔·布尔斯廷,《美国人:开拓历程》(北京:生活·读书·新知三联书店,1993年),第108页。
② 同上书,第105页。

克松以"沉默的多数"之名义提出"法和秩序"的口号,吸引了多数选民,赢得大选。

尼克松当政后试图放弃民主党扩大联邦政府权力的做法,他提倡"新联邦主义",指的是让集中到联邦政府的权力回流到州和地方政府,具体做法是"岁收分享",将联邦税收按比例分还给州和地方政府,由他们自行支配。他还试图削减福利开支,特别是未成年儿童家庭援助计划,试图将这个项目变成对所有困难家庭的最低收入保证。但并未获得成功。

1972年,尼克松连选连任,表明了美国保守主义运动方兴未艾。他的民主党对手麦戈文可以说是代表了新左派所主张的一切,得票仅为17张。麦戈文成为民主党总统候选人表明了一个重要事实:民主党已经为激进派所把持,这使一部分党内持异议者退出民主党,另行聚集在新保守主义的旗帜下。

由于惯性和既得利益的作用,尼克松任内的福利开支不仅没有减少,实际还在继续增加,这个增长势头从1965年开始一直延续到1975年。但是尼克松始终强调以工作福利来代替救济福利,想方设法使受惠者摆脱福利,自食其力。

保守主义和自由主义在司法上的较量亦非一日。以沃伦为首的最高法院一直是自由主义政策的支持者,在一系列裁决上支持自由派,如校车接送学生以达到种族融合,宣布公立学校宗教祈祷为违宪,支持妇女堕胎权等,均引起保守派强烈不满。尼克松利用任内正好有几名最高法院法官要退休的机会,任命新的温和派乃至保守派法官来接替他们,减少了保守主义政策可能遇到的法律障碍。

水门事件迫使尼克松辞职,但是这并不说明尼克松的政策不得人心。不仅继任的共和党总统福特基本上继承了他的政策,连其后的民主党总统卡特也同样在朝这个方向发展。卡特任内国内外危机四起,面对能源危机和伊朗人质事件,国民对自己的国家丧失信心。卡特在改革福利政策方面也无大进展,尽管福利膨胀的势头多少在开始下降,毕竟国家没那么大经济实力了,但是已经到手的利益要削减也不是件容易的事。他在《回忆录》中埋怨道:"我通过痛苦的经验发现,任何一个赋税建议,包括我们关于福利和赋税改革的一揽子建议,都会吸引一群强大的饿狼来国会山,他们决心要损害其他美国人以自肥。"[①]

6. 1980 年的里根革命

将 1980 年的里根当选总统称为"革命",这多少有点夸张,用句平常的话说,也就是时势到了。相比之下,戈德华特在 1964 年以保守主义名义参加总统竞选时,显然时势未到,没有多少人认真对待他。而在那次共和党代表大会上崭露头角,为他作介绍的正是加州州长里根。

里根和许多当代保守主义者一样,都是当年的新政自由主义者,这点他从不隐讳,他说自己曾三次把选票投给了罗斯福。里根还当过好莱坞电影演员工会的领袖,是唯一进入白宫的工会领袖。他认为美国伟大的关键在于"不受政府干预"的自由。1976 年里根第一次竞选总统失败,但他并不气馁,1980 年他以压倒优势击败卡特,赢得 50 州中的 44 个,以 74 岁的高龄当选为美国历史上最年长的总统。里根的当选是美国选民重大改组的结果,派系不同、主张各异的群体——天主教、新教福音派、南方,甚至一些铁杆自由主义的犹太人,都集合到了里根保守主义的旗帜下。

里根的上台标志着新保守主义成为美国政治的主流。自从罗斯福自称自由主义后,民主党一直沿用这个标签。新政自由主义到了 1960 年代末显然已经走完自己的历程。发挥尽自己的生命力,越来越向激进主义变异。

---

① 黄安年,《当代美国的社会保障政策》(北京:中国社会科学出版社,1998 年),第 209 页。

里根公开亮出保守主义的旗帜，将自由主义作为贬义词留给民主党专用。现在民主党想甩也甩不掉了。此时的保守主义反弹已不是美国独有的现象，许多1960年代曾经激进的西方国家都出现了类似的政治大回潮。

里根的执政理念十分明确，就是要扭转自新政以来扩大联邦政府权限和扩大福利的趋势，重申市场经济、自由企业、有限政府和强大国防。他说，现在不是指望政府来解决问题的时候了，政府本身才是问题。他大刀阔斧地减税和削减福利，合并政府部门，将联邦政府的权力更多地下放到州和地方政府。他大力加强国防开支，试图恢复和增强美国在世界上的地位，让美国人再一次感到自豪。

里根的小政府，少干预和减福利的新保守主义是现代自由主义向古典自由主义的复归，新保守主义虽然至今没有成为美国的学术主流，但里根成功地将这一思想渗入公共意识。里根有三股意识形态方面的支持群体：一是以倒戈的或称"幻灭的"自由主义者为主的新保守主义者，他们大多是研究社会的知识分子，虽然人数不多，却谙熟意识形态，能清晰地阐明保守主义的理念。半个世纪以来，他们第一次动摇了知识界中左派自由主义的话语霸权，一个保守主义的政府在美国也终于有了可依赖的理论基础。二是天主教保守主义，在城市基层很有影响。三是新教福音传播者的保守势力，大多集中在南方和农村，他们在1970年代成为新右派和"沉默的多数"的代言人。一时间，经济、政治、社会和文化等各方面的保守势力都聚集在里根麾下，形成了新政以来最强大的政治势力。

里根保守主义并未在他两届期满后消失，共和党继续推出里根的副总统布什竞选总统，布什在任内几乎完全继承了里根的方针。虽然布什未能连选成功，败给了民主党的克林顿，但是克林顿也已经不是麦戈文式的民主党人了，他将共和党的主张融入他自己的主张，自称"新自由主义"。他既要保留自由主义一贯的保护弱势群体的姿态，又接过保守主义的小政府和工作福利等主张，将自由主义和保守主义各自不同的侧重点掺和起来。

克林顿的折中以及1994年共和党在国会选举中的胜利表明，保守主义思潮在相当时期内有不可逆转之势。2000年乔治·W.布什的当选，以及2002年共和党在两院赢得优势更是有力地证明了这一点。

目前美国保守主义的两难是：保守主义的主张很得人心，但是要否定掉新政后的一系列承诺又不得人心。在必须削减福利上各派意见一致，但是对砍掉哪些项目却不一致，因为大家都想享受公共利益而不想埋单，要达到两者的妥协平衡实在需要太多的政治智慧。

7. 各持己见

两派之争不仅仅表现在谁来决策、谁来埋单的问题上，在政治经济以外的许多方面也是争执不休。1960年代社会动荡，政治激变，民权运动、越战、反文化、性解放、女权运动等都猛烈冲击了美国的传统价值和生活方式。作为反弹，美国的保守主义也行动起来，奋起反击。双方虽然在市场经济、民主政府、个人自由等基本方面难分彼此，交叉重叠，然而在一系列具体政治、社会、文化问题的立场上却可以说是泾渭分明，表现在以下几大方面：

第一类问题与种族有关。保守主义者一是反对1960年代末黑豹党这样的极端组织和暴力行为。二是反对政府用校车接送学生以促进种族融合的强行规定，他们认为各种族有聚居的习惯，而小学生又应就近入学，这种强制做法只会激化矛盾，不是解决问题的根本办法。三是他们对"扶持行动"持强烈怀疑态度，尤其是反对在就业和招生人数上设定种族配额，认为这是违反了法律面前人人平等的原则，因此屡有白人学生诉逆向歧视的案例发生。

第二类问题与性和婚姻有关。面对嬉皮士、同性恋、性解放、离婚率高、家庭破裂、单亲家庭增多、非婚生子普遍等现象，保守主义的立场是维护家庭和传统道德，反对像保护言论自由一样保护淫秽出版物。他们比较赞同传统的女性角色，反对极端的女权主义。分歧最激烈地表现在堕胎问题上，自由主义典型立场是维护妇女自己的选择权，保守主义的立场是维护生命，反对堕胎合法化，极端者甚至发展到了动用武力来阻止堕胎。

第三类问题与宗教有关。1970年代，美国出现了19世纪初以来最大规模的宗教复兴运动。宗教保守派呼吁秩序，反对混乱，强调个人责任，反对只讲权利，坚决维护美国传统的基督教价值——自由、自立、自律、自治。他们不能容忍最高法院禁止在公立学校中进行宗教性祈祷仪式的裁决，更不能接受允许焚毁国旗的裁决。他们大多在政治和社会思想两方面都比较保守，反对自由主义在道德方面的姑息容忍，有的甚至反对进化论。宗教保守势力是新右派的重要组成部分，在南方和农村尤其活跃。

从双方的争论中可以看出，人们对权力和道德的看法在很大程度上取决于对人性的看法，而对人性的看法经常属于信仰范畴，所以彼此很难说服对方。

8. 罗尔斯和诺齐克

1971年，约翰·罗尔斯发表巨著《正义论》，轰动西方世界，衰落一时的政治理论研讨由此复兴。罗尔斯在著作中致力于确立一种公共的正义观念。那就是他称之为"作为公平的正义"，它有两条基本原则：

第一条原则：每个人都拥有和其他人同样自由相容的、最广泛的基本自由的平等权利。

第二条原则：社会的和经济的不平等应这样安排，使它们

1）最大限度地有利于受惠最少的人……

2）在公平的机会平等的各种条件下，使所有的职务和地位向

所有人开放。

第一条"自由优先原则"是保证每个人平等的基本自由，第二条"差别原则"是使不平等的存在有利于弱势，同时确保机会平等。罗尔斯认为，只要程序是公平的，其结果也必将是公平的，就应该被广泛接受。

罗尔斯的正义理论是以平等为核心的，连自由也是最大"平等"的自由。在他的心目中，正义就是平等，个人权利必须服从平等原则，不应得的不平等必须给予补偿，而罗尔斯的"不应得"范围甚广，最突出的例子是，他认为个人的天赋也属于不应得之列，所以有必要"把自然才能的分配看作是一种共同的资产，一种共享的分配的利益"。①

罗尔斯相信全体国民对基本善的分享，这基本善指的是：一定的权利和自由、机会和权力、收入和分配，以及一般被认为只有在这些方面得到实现之后才成为可能的自我尊重。既然是分享，就必须有人向匮乏者提供这些基本善。如何提供呢？罗尔斯主张通过各种对财产权利的限制，使任何人不能享有比他人更多的财产，除非这样做会使处于最不利地位的集团受益。具体地说，就是通过税收、产权调整和福利项目等手段来实现再分配，达到他的经济正义。在再分配过程，"社会必须更多地注意那些天赋较低和出身于较不利的社会地位的人们"，"要按平等的方向补偿由偶尔因素造成的倾斜。遵循这一原则，较大的资源可能要花费在智力较差而非较高的人们身上"。②

很显然，罗尔斯的正义理论焦点在分配，旨在人为地拉平各群体和个人之间所享有的基本善的差别，是为以平等为中心的福利主义进行辩护的。他的经济正义必须保证分配份额的大致公平，分配内容包括已经有人拥有的资源和以后将生产出来的资源。如此繁重的资源配置任务势必造成庞大

---

① 约翰·罗尔斯，《正义论》（北京：中国社会科学出版社，1988年），第97页。
② 同上书，第96页。

的政府———一个多功能的福利国家。

罗尔斯的理论如此不同于美国传统政治，却又与美国 1960 年代的时代精神如此契合，一问世便立即赢得不少喝彩，并引起热烈而广泛的讨论。社群主义、保守主义、无政府主义等纷纷做出反应，从各自的角度进行评论。赞同的意见自然是一致的，不必复述，持异议者则提出不同的反对理由，但其理论的一个基本弱点在于罗伯特·保罗·沃尔夫所提出的：

> 在寻求绝对的普遍性、在对永恒的社会哲学的基础的沉思过程中，罗尔斯剥除了全部典型的属于人和社会的特征。其结果是导致一个有关选择问题的模式，而这个选择问题不够明确因而不可能得到解决，又不具有足够的历史性和人类性因而不可能与社会理论诸真实问题发生关系。①

罗尔斯最强大的论敌是他哈佛哲学系的同事罗伯特·诺齐克。在 1974 年发表的《无政府、国家与乌托邦》一书中，诺齐克以他的权利论来与罗尔斯的公平论针锋相对。他首先指出，并不存在一个所谓"社会大锅"这样的天然可供分配的资源，在罗尔斯的理论中。世间的物品犹如天上掉下的馅饼，好像无人对它拥有权利似的。诺齐克指出，财富和生产是密切相关的，而生产又在很大程度上取决于分配的形式，人们经常是为了自己的需要而生产的。

随后，诺齐克以他的"作为权利的正义"来与罗尔斯"作为公平的正义"相抗衡。根据洛克的自然权利，诺齐克强调人所具有的不可让渡的天赋人权：个人拥有各种权利，同时也有一些其他任何人或集团都不能对他们做（而又不侵害他们的权利）的事情。诺齐克的正义原则是基于个人自

---

① 乔德兰·库卡塔斯、菲利普·佩迪特，《罗尔斯》（哈尔滨：黑龙江人民出版社，1999 年），第 138 页。

由权和私有财产权上的，强调每个人对他自身和他正当拥有的物品有绝对的所有权。他认为，只要一个人拥有该财产的手段是正当的，那他对它的拥有就是正当的。所有权的正当性是正义的唯一要素，而非其他任何因素。

那么如何才算是正义的获得手段呢？诺齐克提出三种：一是获取的正义，从不拥有的状态转变为拥有的状态。二是转让的正义，将合法拥有的财产转让给他人。三是矫正的正义，用以弥补过去不正当行为所造成的影响。

诺齐克论述的个人权利有三个特征：

1）这个权利指的主要是否定的权利，即古典自由主义所提倡的那种不被干涉的消极自由的权利。因为如果说人有肯定的权利，那就意味着别人有责任为你提供生活所需。而诺齐克认为，只有在相互有契约承诺的情况下，别人才对你负有责任，你才有所谓肯定的权利。

2）边际约束，即一个人的权利应该被认为是对他人行为的障碍或约束，只要不妨碍他人的权利，你的权利就不应被限制。

3）个人权利只要是正当的，便是绝对的，绝不可由于任何别的理由被侵犯，包括公众福利或其他社会功利。这是因为：人是目的，一个人不能成为他人牟利的手段，一个天生具有优势的人不应成为天生不具有优势的人的工具。

与罗尔斯冗长缜密的论证不同，诺齐克的文风具有挑战性，富于机智，善用比喻。针对罗尔斯提出的天赋共享，他以"眼球移植"的假设来批驳。他问道："假设眼球的移植有百分之百的把握，那么拥有双眼的人是否应该捐献一个移植给失明的人？依此类推，假设未来科技能够移植脑细胞，届时是否也应平均一下脑细胞？"针对罗尔斯所说资源应该更多用于智力较差者的说法，诺齐克反诘道："一个家庭是否会把有限的教育资源更多用于智力最差的孩子身上？"

诺齐克的理论坚持以个人权利为中心，显然是反对福利主义。反对国家的过多干预。也就是说，国家的职责仅在于保护公民的权利，不应承担任何慈善事业。这倒并非因为诺齐克毫无怜悯之心，而是他认为应该区分道德和法律，道德上的正确与通过法律强制施行的正确不是一回事。如果实行强制再分配的话，人们就反而没有主动行善之举了。与罗尔斯欣赏的多功能福利国家相反，诺齐克希望看到一个最弱意义的国家，其中价值观相似的人们可以自行组合，以他们愿意的方式生活，这就是他所谓的"多元乌托邦"。

任何政治理论都是时代的产物，社会的产物，是满足人的需要、为人们的要求和行为提供依据的。罗尔斯和诺齐克之争的背景是美国1960年代的福利主义，要解决的问题是自由与平等的矛盾，这些问题在一二百年前的美国根本不可思议。无论摆出如何公正的姿态——如罗尔斯设计的"无知之幕"（原初状态中制定规则的各方当事人对自己的个人愿望一无所知）——理论却仍然是那样的有立场、有偏见、有目的，看上去仍然不过是实践的说辞。罗尔斯自己也说过，他并不是要发现普遍的正义原则，而是要发现适合于像美国这样现代社会的原则。

理论又是人脑的产物，有缺陷很正常，任何理论都不可能完美无缺。如果一个理论能够毫无例外、一劳永逸地解释一切，甚至解决一切，那反倒不正常了。一种理论常常是攻其一点。强调一个方面，将其推向极端，这才能自成一家，引起足够的注意。罗尔斯的"分配正义"将平等推到极致去平分天赋，自然不可能，也不可取。诺齐克的"持有正义"若推到极端，让国家完全退出经济领域，也同样不可能，也不可取。但他们的理论本身都是重要贡献，正因为有了这样对立的理论，美国的政治才获得了平衡，才不至于走到极端。

说到底，现代人两大最美好的理想——自由与平等——之间是有冲突的，人们对它们各有偏爱。美国社会是自由平等都要，而且要得那么绝对，自由好像就是绝对的自由，不受任何约束，那当然不可能。平等又必须是绝对地平等，连天赋不平等也不能接受，也同样行不通。在当今美国，一方面是人的欲望越来越大，因为物质世界如此丰富；另一方面是平等的要求越来越高，别人拥有的我都想拥有，这个问题难道是通过分配平等所能解决的吗？

在罗尔斯的假设中，似乎所有的人都是具有天生正义感的君子、自由而平等的道德人，都不会心生妒忌、不会有非分之想，但迄今为止，人类显然还没有进化到这个境界。撇开天赋之类目前尚难再分配的资源不说，罗尔斯再分配理论最大的难点就是缺乏可操作性。以钱财等可均分的资源为例，分一次就能一直平等下去吗？只要还存在劳动和报酬的关系，收入差异便会很快产生，那么多久分一次才算公平？一个国家若是如此专注于分配财富，谁还能有时间有积极性去生产财富？但是倘若劳动与报酬从此脱钩，收入差异倒是可以取消了，但剩下的问题将是：还能生产出多少财富？

相比之下，美国18世纪的立国者更为实际，他们也无暇这样无休止地去设想理论的完美，国家不可能等他们争论完了再来组织，他们必须马上发表宣言，制定宪法。他们是政治实践家，不相信有完美的制度、万应的灵药，考虑到人们在追求私利时可能产生的恶，他们的目标是设计一套体制来以恶制恶。

但罗尔斯不满意这种他称为的"权宜之计"，他要用一种深层的社会统一来支撑表面的一致，以达到社会的稳定。在他看来，美国二百多年来的政治已经走到绝境，在有关现代条件下民主社会内部诸基本制度之正义形式方面存在着根本分歧，而一个稳定的社会必须具有某一稳定的正义观念的支配，所以他要阐明一种共同遵循的公共正义观念。但是以他的理论为基础，真有可能设计出一套足以替代现有体制的制度吗？实在很难想象。罗尔斯要将那不可分的分开来：诸如生产和分配、人和自己的利益。他又要将那不可统一的统一起来：不同的善观念和共同的基本善。

尽管针锋相对，罗尔斯的福利自由主义和诺齐克的权利自由主义也还在自由主义的大范畴内。由于身在庐山，他们大概不大意识到他们的共同：一是他们的理论都承认基本自由优先，至少坚持基本的公民自由权，连罗尔斯的差别原则也不能危及自由。二是都具有宽容精神，不对任何生活方式作是非道德的评判。虽然对正义的定义不同，但都认为正义优先于善，尊重个人对善的理解，即"对个人而言为善的原则"。三是都是世俗的，都主张国家不可干预思想道德，认为国家既无权力也无义务在道德和宗教问题上去做它或大多数人想做的事情。四是都是和平的，和当初自由主义产生于对宗教战争的厌倦一样。

从罗尔斯和诺齐克的争论中可以看出，自由主义并不总是朝着一个方向发展演变的，现代自由主义并没有完全替代古典自由主义，有了罗尔斯这样向左的发展，也就会有诺齐克那样向右的回应，美国自由主义正是在这样钟摆式的左右摇摆中随着时代出现的问题而不断演化。

第十三节　克里斯托诠释新保守主义

1. 改宗者的心路历程

欧文·克里斯托被称为美国新保守主义运动的"教父"，他代表了知识界中最早一批从自由派改宗而成的保守派。他转变最早，经历最典型，而且也最自觉地致力于阐明新保守主义的思想历程和政治观念。

克里斯托在《新保守主义：一种思想的自传》中回忆道，他和欧文·豪、丹尼尔·贝尔、奈森·格莱泽等身世颇为相似，大多出身贫寒，是讲意第绪语的东欧犹太移民的第二代，成长于大萧条时期，本能地支持新政，"二战"时从戎当兵，甚至毕业于同一所大学——号称"穷人哈佛"

的纽约城市大学。对他们来说，马克思主义是初恋，政治激进不仅与生俱来，而且是他们大学生涯的全部经验。日复一日，他们聚在斗室中讨论世界大事，充满意识形态激情。当他们决定信仰时，问的只是"何种激进主义？"克里斯托选择了托洛茨基，但22岁前他便离开托派，以后长期以自由主义者自居。

尽管克里斯托对各种激进思想都能认同，却没有一个能全盘接受，因此总要在原主义前冠以"新"字。就这样，他一生经历了新马克思主义——新托洛茨基主义——新民主社会主义——新自由主义——新保守主义的奇特心路历程，与此同时，他还一直保持着新正统犹太教的宗教倾向。风口浪尖上过来，他的反思也就格外宽泛，几乎涉及了近现代西方各种有影响的主义。

在1940年代，克里斯托这个群体作为纽约知识分子的年轻一代对长辈们所办的著名反斯大林左翼刊物《党派评论》深怀敬意。克里斯托自己一生从事的主要也是文字工作，他参与编辑过的刊物有《评论》（*Commentary*）和《接触》（*Encounter*）等。1960年代，随着民主党的急剧左转，他也相应成了党内持异议者。1965年，克里斯托和丹尼尔·贝尔创办了自己的第一份刊物——《公共利益》（*Public Interests*），公开表述新保守主义观点，它从此成为该派最有影响的同仁刊物，尽管一开始他们并不接受别人给他们的这个标签。

虽然深感分歧之大，他们还是以自由派自居，因为当时美国政坛上代表保守主义的只有共和党的戈德华特和《国家评论》杂志，那是他们无论如何也无法与之认同的。他们从小到大从未与共和党有过接触。只知道共和党反对新政，主张孤立主义，在民权问题上立场保守。他们也想不出知识分子怎么能对这个企业家和小镇的党产生兴趣。

1972年，麦戈文成为民主党的总统候选人。在克里斯托看来，这标志着新左派已经把持了民主党，甚至垄断了自由主义本身。这迫使他和同道们最终离开民主党及其代表的自由主义,另成一股独立的政治思潮——新保守主义。也就是在这一年,《华尔街日报》注意到了《公共利益》,并通过对克里斯托的采访。将他们介绍给全国。一贯左倾的知识界居然也出现了保守主义,这使美国人颇为好奇。

在接下来的二十多年中,新保守主义的观点逐渐被共和党所吸纳,并促成了共和党的现代化。共和党长期以"老卫士"自居,故步自封,狭隘守旧,老气横秋,党内鲜有像克里斯托这样谙熟意识形态的老手,因此整个党提不出与时俱进的哲学思想,提不出能动员民众的政治纲领。新保守主义的加盟给共和党带来了急需的思想活力、人文关怀,以及感召民众的技巧。昔日呆板的传统保守主义蜕变为以里根为代表的当代保守主义,乐观向前,富于朝气,而且表现出更多对普通人的关注。里根本人也是从民主党改宗的,他成为第一个称赞罗斯福的共和党总统。其实林肯当年早就为共和党树立过这一形象,但内战后连续执政的历史明显加速了共和党的老化。

新保守主义与传统保守主义的融合改善了共和党的形象,扩大了它的阵营,这对共和党终于重整旗鼓占据国会多数,对保守主义成为美国政坛主流起了不可低估的作用,1944 年的国会选举表明民众认可了这一转变。

2. 分道扬镳于"伟大社会"

由于早期的激进经历,克里斯托对左的那套早就心存疑虑。他在英国工作时接触到的保守主义者也给他留下很深印象,这是他平生第一次遇到自称保守主义的人。这在美国不可想象。不过,他本人的改宗还是对风云激荡的 1960 年代的直接反应:一是对大型福利政策的不满,二是对席卷全美的反文化浪潮的反感。

1965 年,约翰逊总统提出"伟大社会"政纲,向贫困开战。社会福利为的是帮助穷人脱贫，一举消灭贫困，这意境不可谓不伟大，但是结果呢？克里斯托认为，它们成了最好意图导致最坏效果的典型。原因何在？他说，改革从本质上讲是保守的，是为了完善已有的制度，不是像革命那样推倒重来。凡是成功的社会改革一般都具备两个特点：一是对所有人一视同仁，这样才无争议，才有利于政治稳定，民族团结，提高国民对自己国家的满意度。虽然各阶级都从改革中受益但由于涉及利益有限，对穷人来说实惠相对更大。二是循序渐进，逐步完善，不应一时许诺过多，提高了大众期待值又兑现不了，只会引起反弹。美国的公立学校制度和社会保险制度是克里斯托赞赏的社会改革典范，全体国民都获益匪浅，但前者的完善用了几乎一个世纪，后者也用了几十年。

1960年代的社会福利却恰恰相反，首先，它们只让穷人受益，因为让人人受益的想法在情绪偏激的美国已经不能被接受。但谁是穷人？首先得划成分，设定官方标准，但标准的依据又何在？这是一条必定带有武断而引起争议的标准。好，就算确定了标准——比如年收入三千九百美元，问题也远没解决。一户年收入为四千二百美元，不够穷人资格。另一户收入正好三千九百美元，当上了"穷人"，于是这家人立刻享受救济金、食品券以及医疗、住房等各种好处，加起来远远超过了四千二百美元，那么前者感到愤愤不平似乎也不是没有道理，这就是很多美国人都明白的"什么都没有就等于什么都有了"的道理。更荒谬的是，福利计划妄想一步登天，立即在全美消灭贫困，最后带来的只能是始料不及的反常结果。

其一是福利人口的大爆炸，甚至就发生在经济繁荣、失业率下降之时。原因是：1）官方贫困线的提高使福利人口随之增多。2）福利水平在整个1960年代一直在提高，形成与低工资相竞争的局面，在纽约等大城市，甚至超过了最低工资。假设一个人工作时年薪为一万美元，不工作时福利为八千美元，这意味着他一年辛苦就是为了挣两千美元，所以人们选择福利而不去工作成了明智之举。3）一批社会工作者发起所谓的"福利权运动"，有组织地动员人们去申请福利，法庭也帮忙消除居住年限等各种障碍。福利被视为一种权利，不仅要得，而且志在必得，还要不断扩大名单，提高待遇。

其二是福利不仅未能如预料那样帮助维系穷人的家庭，尤其是黑人家庭，反而加速了它们的瓦解。因为从根本上讲，福利取消了家庭的经济功能，当没有父亲的家庭照样拥有父亲的收入时，男主人不如一走了之。

其三是穷人落入贫困陷阱，不想脱贫。为了维持其福利待遇，他们完全失去改善生活的动力，养成一整套由于长期依赖而滋生的病态性格。

其四是挑动一部分人对另一部分人的不满，起到了按阶级或种族分裂人民的作用。

庞大的社会福利完全违背了美国个人奋斗和阶级流动的传统，究其原因，主要倒不是技术性的，而是涉及对人性和人类社会的一些根本看法，但美国人在"政治正确"的话语霸权下对这些问题是讳莫如深。然而问题不会因为不谈而就此解决，如果在一个社会里，差不多每三个新生儿中就有个要靠福利长大，哪个国家能承受得了？毕竟福利也要有人来埋单。如果一个人穷了反倒衣食有靠，那么还能指望多少人去自力更生？政治艺术不同于意识形态，政治一旦被强烈的意识形态左右，甚至强烈到不顾现实的程度，那么难免自食苦果。当全社会的生产积极性受到影响，生产力和经济衰退就不再遥远了，1970年代的经济滞胀给美国人敲响了警钟。

3. 回到亚当·斯密

孟子曰："何必曰利？仁义而已。"这种将美德作为考虑问题的合法前提并非儒家独创，而是所有前资本主义社会和宗教的共同之处。资本主义的本质就是换掉这"仁义"二字，以经济头脑来思考问题。倒不是否定仁义，而是通过提高全社会的生产力来达到衣食足而知廉耻的实际效果。在反思中，克里斯托意识到自己真正信仰的正是传统的资产阶级价值观。

斯密在《国富论》中对自己提出的"自然自由的制度"（亦即现在所称的"资本主义制度"）持乐观态度，他要证明的是自由的私人市场会给全社会带来好处。市场历来有之，但抑商的传统也历来有之，资本主义却要将市场潜力发挥到极致，使其遍及全社会、并彻底自由。斯密相信，通过市场这只看不见的手的调节，物价会自然趋向合理，资本会自然流向对社会最有利的地方，每个人为自利所作的努力最终会给社会带来共同繁荣，人人受惠。

根据克里斯托的分析，斯密对这个制度的估计是审慎而乐观的：1) 它是一个缓慢的渐进过程，需要相当长的时间才能呈现其效果，不可能一蹴而就。2) 它的成功与所有进步一样，也要付出代价，最明显的是社会底层的劳动者将会有一段艰苦的历程，因为生产力的提高有赖于劳动分工，而分工造成的简单机械劳动无疑对人具有非人化的摧残作用。只有等到生产力普遍提高后，工人分享到整体增加的社会财富时，这一消极影响才会慢慢被抵消。因此斯密建议普及教育，丰富精神生活，使工人能具备一种内在力量去抵制单调劳动的非人化。3) 资本主义文明以人的自利本质为动力，以逐步改善人的生存条件为目的，并不允诺千年王国，它只是世俗的常人的自由的文明。

回顾一下前斯密的社会，也许有助于理解资本主义的这些本质。欧洲在宗教改革后经历了 16 和 17 两个世纪的宗教纷争，人们为了证明我对你错付出了无数的生命代价，有识之士无不感到厌恶，因此才有了洛克的《论宗教宽容》。斯密也同样想将人们从意识形态的纠葛中解放出来，他的途径是将经济从道德哲学中分离，承认人的行为可以用理性地追求自利来解释。在强烈的意识形态之争后，这一承认对个人、对社会显然是革命性的解放。自利虽然向来是最常见的动力，但在"公益"前却从来没有合法性，冠冕堂皇的辞令总是"克己复礼"，而这个"礼"又是由少数人来界定的。斯密相信，在自由社会中，人们通过自由之律会学到互利互依的原则，逐步调整对自利的理解，使之与他人和社会更为协调，这就是常说的"正确理解的自利"。

对于18世纪的欧洲来说，斯密的理论提供了全新的前景，此前流行的重商主义意在强国称霸却不富民，"自然自由的制度"则可以给全社会带来前所未有的财富，基于市场经济互利互惠的交换原则，所有成员都将不同程度地获得改善。同时，市场经济还将使自由、平等、法治等价值成为可能，它们也因此不无理由地被称为资产阶级的价值。

斯密关注的不是更大的平均，而是普遍的提高。与"不患贫而患不均"的儒家思想相反，他是患贫甚于患不均。经济发展肯定会造成贫富不均，但是由于财富的普遍增长，在生活必需品的满足上则必定会更趋平均。因为每个人所需的必需品是有限的，富人的多余财富只能用于奢侈品，而依斯密看来，挥霍浪费丝毫也不值得羡慕。

在斯密设想的制度中，市场经济、私有财产、个人自由、有限政府、民主法治，都是有机结合的一整套：

1）市场经济是促进财富增长的最佳途径。

2）在市场经济中，进行交换活动的个人必须拥有属于自己支配的财产。个人必须有选择自由，并能自由地发展和表达这些选择。

3）在市场经济中政府功能有限。斯密反对政府干预市场，认为政府试图改善市场的努力只会妨碍市场。政府的任务是去做那些文明社会所必需的、而个人又做不好的事。民间经济实力还能遏制专制政府，因为有产者为了维护自己的财富，必然会抵制来自政府的压力。虽然一开始他们是少数，但他们争来的保护肯定会使其他所有人受益。

4）市场确立了经济人的主权。市场经济不规定目的，不作价值判断，只提供达到目的应采取的方法手段，由个人在自由市场上自由选择，经济民主为政治民主奠定了基础。

5）自由不等于无政府，自由越多，就越需要制定共同遵守的规则。围绕市场必定产生一系列规则，规则就是法，靠法来治就是法治而非德治。斯密将德行归为宗教一类的私人事务，不由政府或教会来规定。总之，资本主义的上层建筑是适应其经济基础的，是不分售的套餐。

4. 平淡乏味的美国革命

在《国富论》这本现代资本主义奠基之作发表的当年，美国革命打响，革命领袖们虽未研读过它，想法却不谋而合。他们缔造了一个现代世界的资本主义国家，其立国理念和运行方式简直可以说是实践了斯密所阐述的思想，难怪斯密同情殖民地的反叛。

法国革命爆发后，美国革命相形见绌，显得如此平淡，甚至平庸，全无革命气派。它既无令人恐怖的断头台，也无令人目眩的领袖更迭，其高潮不过是开了一次制宪会议，55个人关起门来论战三个多月，拿出一部宪法让各州去通过，居然将就用到今天。说到革命，谁会首先想起美国革命而不是法国革命呢？说起革命领袖，谁会首先想起华盛顿而不是罗伯斯庇尔呢？说起启蒙，谁又会首先想起洛克、休谟、斯密而不是伏尔泰、卢梭、狄德罗呢？但是克里斯托说，虽然现在人们的革命观念都追随法式，但美国革命才是一次成功的革命，它达到了目的，社会平稳，没有反复，也无争权夺利的恶斗。革命领袖们可以满意地领导和回顾自己建立的新秩序，然后不太浪漫地一个个平静地在自家床上寿终正寝。法国革命则相反，它吞噬了自己的儿女，最后是拿破仑称帝和王朝复辟，走向自己的反面。

追根溯源，这两次革命的区别体现了理性时代两股不同的思潮，也可以说是两种不同的启蒙运动。当时人们充分看到镇压良心的血腥，对宗教教条和誓死捍卫这些教条的宗教机构进行了彻底反省，渴望摆脱那些说不清道不明的是是非非，不再为它们大动干戈，拼个你死我活，而是建立公民社会，学会个人与个人，群体与群体之间的和平共处。英式启蒙与法式启蒙都以世俗公民社会为目标，不过克里斯托指出，两派心目中的公民社会存在很大区别，而正是这一观念区别，导致了两次革命的不同。

英式启蒙比较中庸，也可以说缺乏想象。他们头脑清醒、现实，反对任何形式的狂热。从气质上说他们是怀疑论的，对人性估计平平，尤其不信任握有权力的人的自律。他们对未来持不可知的观点，因为他们认为社会的发展由各种因素的合力造成，历史虽为人类创造，却未必是人明确设计的产物。他们尊重传统，认为传统中凝聚着前人无穷的智慧，不宜轻易更改，只有以史为鉴才能明察未来。

由此，他们不谈什么人性的完美和改造，也不谈恢弘的先验理想，只是想顺应人性，对已有的社会秩序略加改造，使人有可能更加向善和体面些。他们肯定了"市场"这个大量存在于旧秩序中的事物，自觉地阐明其新发展。他们的改革方案是点滴渐进的，依靠的是人人心中存在的改善自己处境的愿望，动用人性自利这个杠杆，通过增加财富、提高生活来改变社会。他们要让个人享有最大限度的自由，使其充分发挥才智，在自己奔小康的同时，也为社会做出贡献，个人的自由和权利从一开始就是和责任并存的。

英式启蒙的关键是保障个人自由，人人出力，不是自上而下的拯救道路，而是新教式的独自奋斗。原先的宗教问题——"我怎么做才能得到拯救？"演化成了一个世俗的问题——"我怎么做才能生存？"英式启蒙不强调太强的社会共识或公意，对宗教采取淡化处理，即宽容所有宗教，因为他们认为宗教在教化等方面对民众还很有意义，具体方法就是实行政教分离。

法国启蒙则高蹈彻底得多，完全是另一种气——法兰西激情。他们否定传统，要砸烂旧世界，创立新世界，改造全人类。受天主教传统的影响，在他们设想的美德社会中，存在至高无上的公意，其公意之强，其公民道德之高，足以使公意与私利达到完全一致，公私矛盾将得到一劳永逸的解决。然而强调公意，强调一致，就必然重视权力，因为只有权力才能使所有人一致，而任何不同意他们的人都只能是居心不良的公敌。克里斯托说，法式启蒙诞生在精英们的沙龙里，本来就不准备去实践，自然可以想象得美轮美奂，它后来促成了法国空想社会主义的繁荣。

法式启蒙以其精妙的想象描绘了一个完美的未来，使后人难以抗拒，其中也包括了美国人。美国革命后不到半个世纪，杰克逊时代的史家就开始暗示国父们其实并无什么政治哲学，只是时势造就，"大众无错"才是至理名言，有关民主的政治哲学换成了对民主的宗教崇拜。到了20世纪初，某些进步主义史家更是排斥对民主的不同看法，点名批判国父们，揭穿他们自私自利的真面目。在他们的笔下，制宪会议完全是一帮贵族在阴谋篡夺革命果实——美国历史必须重写！

5. 概念的变戏法

资本主义精神和伦理的最好代表大概要算富兰克林，韦伯拿他做文章绝非偶然。他的《致富之路》通篇都是在宣讲新教基础上的资本主义伦理，劝导人们诚实、勤奋、节俭、积攒、致富。至于现在普遍归为资产阶级恶习的唯利是图、坑蒙拐骗、穷奢极欲等，富兰克林不仅不会赞同，而且必定痛斥之。那么，关于资本主义概念的这种变化是如何发生的呢？

根据克里斯托的分析，资本主义概念几经劫难，已经沦落到连斯密本人也要困惑了。斯密在写《国富论》前就写过《道德情操论》一书，强调人的内在克制，主张以博爱精神来调节公私矛盾。他从来不怀疑任何经济理论都有其道德层面，自由是有道德的自由，他也不同意曼德维尔所谓的"私恶公利"之说，而现代经济学在不断"科学化"之时，却越来越无视这一层面。

第一次重大变化发生在斯密死后不久，马尔萨斯发表他的《人口论》（1798），其影响延续了一个多世纪。马尔萨斯将斯密"人人将受惠"的乐观前景改为"劳动人民生活提高永远抵不上人口增长"的悲惨预言，这样，资本主义就意味着喂肥少数资产阶级而让劳动大众保持贫困。资本主义在19世纪名声下降，克里斯托认为马尔萨斯人口论要负主要责任。尽管19世纪资本主义的发展事实推翻了这一伪论，但其留下的印象却难以驱除，并为乌托邦的流行提供空间。

19世纪末，马尔萨斯人口论刚退潮，社会达尔文主义又汹涌而来，几十年间在美国盛行不衰。这一理论将资本主义制度视为最典型的"一切人反对一切人的战争"，将自然界"物竞天择、适者生存"的达尔文进化论套用到人类社会，将人类社会视为弱肉强食的丛林，全然不讲道德了。这本来是霍布斯的想象，而不是斯密的，但是"不适者"（他们曾占了大部分）却理所当然地迁怒于斯密。如此，斯密后的一个多世纪，虽然资本主义一直在发展扩大，资本主义的概念却变得面目可憎。不过克里斯托相信，只要"人人想改善自己境遇"这个资本主义的基石不变，人们还是会回到斯密来。

资本主义遇到的最大危机是1930年代爆发的全球性经济萧条，当时许多人，尤其是知识分子，对资本主义在经济上的能力也不再相信了，准备弃之如敝屣。直到"二战"后，随着哈耶克等奥地利学派的兴起，人们才开始重新认识资本主义及其孪生兄弟自由主义。如今在美国，维护以自由市场为中心的资本主义制度称为"保守主义"，在此基础上接受政府有限干预经济称为"新保守主义"，而他们的反对者则称为"自由主义"，称呼变得如此误导完全是历史造成的。

回到斯密，为的是回到当今。克里斯托进一步要说的是，自由市场不仅是创造财富的机制，也是分配财富的机制。分配虽然不均，但是有两点可以作为平衡：一是人人都会在原有基础上有所改善，二是不平均不是永久性的，不同的人在不同的时候都可能是不平均的得益者。如果过分强调人为的再分配来达到平均，如实行"伟大社会"这样的大型福利政策，那么就会破坏市场的正常运作，扼杀经济活力。

6. 逆反文化

物极必反是因为善恶同源，自由资本主义的内在缺陷也是与生俱来的。

首先是道德无政府的问题。资本主义吸取历史教训，将非意识形态化视为目标，一心一意搞经济，只允诺追求幸福的权利，对何为幸福不作规定，这在当时具有空前的思想解放意义。但是日久天长，不规定目的、不作价值评判的做法很可能滑向道德相对论：无是无非，无对无错，无高无低，仅仅不同而已，最终导致道德虚无主义——价值观的失缺，乃至精神生活一片空白。当然不至于人人都如此，但社会上若有一定比例的人丧失判断，而另外的人又不便去判断他们，情形也就相当堪忧了。

其次是生活无目的的问题。资本主义以自利为动力，以满足饮食男女的日常需求为目的，历来帝王将相唱主角的社会一下子平民化了。在物资匮乏之时，芸芸众生还是觉得很有些目的要去达到的，但富裕后的生活却可能变得毫无目的。宗教可以宣传圣战，民族主义可以宣扬为国捐躯，甚至君权神授也能激发出忠君壮举，但自由资本主义没有教义，不能规定人们做什么不做什么，靠的是自律，所以往往提不出能为公众所接受的"克己复礼"的理由，显得只求眼前幸福，狭隘自私，庸俗琐碎，缺乏英勇精神和高尚动机，很有可能导致市侩主义和人欲横流。虽然也有像梭罗这样的个别人士提出哲学意义上的淡泊禁欲，可那毕竟只是少数精神贵族的特权，对大众行不通。当大众的温饱问题解决后，这个生活无目的的富贵病就可能蔓延开来，甚至恶化为道德和精神的癌症。这也可以部分解释为什么美国的知识分子批判资本主义远比工农激烈，积压的餍足厌倦可以爆发为无名的愤怒。

市场经济将文学艺术之类的文化产品也纳入其中，随着它们的商品化，消费者的大众品位成为主宰，文化人的特权地位下降，所以他们对商业文明是嗤之以鼻。故而从资本主义降生起，它产生的高雅文化一直在批判它，特里林称之为"逆反文化"。18世纪的浪漫主义是中产阶级内部的非资本主义化冲动，但还不是反资本主义的，它提倡激情，崇拜高尚的野蛮人，欲与现实保持距离。到19世纪，厌倦已经上升为文学的主题，在二三十年代的巴黎出现了波希米亚的生活方式，挑衅性地对资产阶级那种循规蹈矩的生活态度进行反叛。

美国虽然要晚一些，但轨迹也很相似。19世纪三四十年代，随着工业革命而来的超验主义运动也是一次美国精英的浪漫主义反叛，反对媚俗从众，反对杰克逊时代的物质主义。20世纪初的迷惘一代是充满波希米亚色彩的流亡者，1950年代的垮掉派最恨的就是"正人君子"，恨就恨在说不出正人君子有什么不对，就是觉得虚伪无聊。1960年代的青年反文化运动规模更大也更彻底，直冲着资产阶级的生活规范而来，大肆标新立异，不惜吸毒乱性，以示对资产阶级传统的鄙视。克里斯托认为很有意思的一点是，以马克思为师的老左派在以经济头脑思考问题上和资产阶级是一致的，而新左派对经济问题几乎没有兴趣，新左派完全是文化的，在1960年代更是对政治权力十分着迷。

先锋派艺术是逆反文化的奠基者，他们自觉反对资本主义。"先锋"本是军事用语，足见其战斗性。但有趣的是，资本是最强的溶剂，资本的化身资本家对钱的兴趣远胜于意识形态。他们对反资的先锋艺术不仅不封杀，反而视为商机，推波助澜。那些艺术家以无人能懂的晦涩作品公开藐视常人常识，并因此受到崇拜。他们成为资本主义社会的宠儿，因反叛它蔑视它而名利双收。当巴黎团团围住毕加索向他欢呼时，他对张大千说，巴黎无艺术。不过，正是在这消融过程中，资产阶级的逆子也成了资产阶级的一部分，被当作腐朽没落的资产阶级文化来批判。这虽然有点事与愿违，倒也不完全冤枉他们，他们享受着资本主义的名利不说，他们的存在本身也完全依托于资本主义社会，他们的反资也就反得有限了。

7. 寄希望于宗教？

克里斯托说，在资本主义初期，这一制度缺少终极关怀的问题并不突出，因为长期的基督教传统在欧美积存了丰裕的道德资本，斯密以及美国的国父们从未想到宗教、传统、家庭等惯有的制约竟会削弱乃至消失。然而到了 20 世纪末，宗教衰落、传统式微、家庭瓦解、精神空虚，种种迹象都已出现，积存的道德资本何时告罄？届时社会又靠什么来维系？克里斯托为此十分忧虑。

在有宗教的时候，贫富贵贱乃上帝所定，一个人的世俗成功必与其个人品行密切相关，因此贫富不均不仅可以接受，而且贫穷的责任主要由个人来承担。可是这样的道德资本一旦耗尽，个人品行与世俗成功脱节，贫富不均就会变得没有道理，不可容忍。在政治平等基本完成后，人们不可避免地转向经济平等。对平等民主的庸俗理解认为，只要是人，无论品德高低，努力与否，都该有经济平等的权利，因为一切都是社会造成的，于是分配公正就会越来越成为社会关注，资本主义的合法性就可能成为问题。

资产阶级的美德已经被无限制的自由所取代，现代社会对个人不再作道德评判和要求，克里斯托认为这是危险所在。从自由主义的原则来说，个人自由是不应干预的，自由至上主义者至今仍持这样的观点，连哈耶克也在原则上找不到反对的理由，只好相信"自我实现"最终会导致好的结果。但是克里斯托却没有那么乐观，他不相信人自由了便自然趋善，关键还在于人性本身。与基督教不同，自由主义对人性之恶缺乏估计，当恶没有宗教、道德、传统等机制的遏制时，是绝对有破坏性的，法律对此也很无奈。

　　说到人性，就不能不回到宗教，它是人神之约，掌管着法律所不能及的宽广地带。克里斯托一向对宗教有兴趣，很看重宗教的政治意义，希望宗教能解决自由主义解决不了的问题。他提倡复兴宗教，通过向旧正统输入活力来将它们改造成新正统，提供资本主义所不涉及的终极关怀、道德规范、精神世界，以及对常人的约束，因为美国的民主制已经发展到不能指责常人了。虽然在无神论者看来，已经世俗化的社会是否还能回到宗教是令人怀疑的，但美国不是无神论的天下，百分之九十的美国人仍自称信教，在美国当代保守主义运动中，宗教已经成为一支强大的力量。这是福是祸实在很难预料，因为一旦失控，不是没有可能危及政教分离，而政教分离是 18 世纪智慧对历史的答复，也是美国成功的基本国策之一，若逆向而行，历史岂非又将周而复始？

尾声

美国当代自由主义的困惑

自由的基因 | 美国自由主义的历史变迁

1. 哪个版本的自由主义

回眸两百多年来自由主义在美国的演变，再看看美国今天面对的诸多问题——政治正确、天赋平等、道德相对、同性婚姻等，不由人浮想联翩。这些情况不要说自由主义的欧洲老祖宗们听了会深感离奇，就是美国的开国诸贤也是想象不到的。当杰斐逊写下"人生而平等"时，他只是以基本人权为依据，反对封建等级和特权。他决不会认为人的天赋因为是偶然性造成而属于不应得，以至于被列为不公正的缘由之一。

思想的嬗变真是惊人，今天一些美国人的思想和他们的清教祖先相比，在许多基本观念上像是从一极走到了另一极。清教的性恶论消失了，"人是罪人、绝对堕落"的加尔文教义换成了"罪人也无错、错在社会"的理论，似乎无论什么罪孽，只要律师的几番辩论，就可以从谴责罪人到谴责社会。倡导勤奋节俭的清教工作伦理换成了今天借贷消费的生活方式。在霍桑笔下的清教社区里，海丝特因为产下私生子而当众蒙羞，被罚佩戴红字，靠自己的一双巧手给人缝缝补补，艰难度日。若在今天，不仅没人会逼她说出孩子的父亲是谁，她还可以理直气壮地每月领取福利津贴。看来，历史的辩证法真的不以人们的意志为转移，清教徒的后裔们从祖先的"山上的城"上走了下来，他们真的从一切压抑下解放出来了吗？

社会不是没有进步，和整个美国一起，自由主义也经历了工业化和城市化的考验，其间虽有反复，但演化的脉络仍是清晰可辨。最早是主张自由放任的人自称自由主义，后来是反对自由放任的人自称自由主义，再后来是主张国家干预经济的人自称自由主义，最后是主张福利国家的人自称自由主义。可以看出，自称"自由主义"的人一直在向全权政府和平等主义的方向挪动，自由主义的内涵已经改弦易辙。今天来谈自由主义，不得不先明确一下：是哪个版本的自由主义？古典的，现代的，还是当代的？

美国自由主义经历的最大冲击发生在1960年代，此前它一直保持着美国思想主流的地位。也许正因为一切都是在它的名义下进行的，所以对1960年代的失望就顺理成章地转化成了对自由主义的失望。新左派攻击它是资本主义的支柱，社群主义指责它重个人轻集体，共和主义埋怨它将私利置于公益之上，保守主义批评它姑息养奸，强调个人的自由权利过了分，自由至上主义则认定它以国家主义在压制个人自由。各种批评虽然相互矛盾，却一致瞄准了自由主义。自由主义简直到了里外不是、有口难辩的地步。

从此，自由主义的名声日趋黯淡，一落千丈，到了1990年代，几乎没有什么政客愿意承认自己是"自由派"了。那么反对"自由主义"的人到底怨恨它什么呢？约翰·凯克斯在罗列了当代自由主义的政治纲领后这样写道：

> 这些政治纲领反映了自由主义者们典型地持有的更深层次的态度。举例来说，就财富的再分配而言，他们关心的是接受者的需要而不是捐款人的权利；在纠正歧视计划和优先照顾的情形中，他们关心的是过去的不正义的受害者而不是这些政策的目前的受害者；在惩罚正义的情形中，他们关注的焦点是避免惩罚无辜者而不是确保对罪犯的惩罚；在教育的事例中，他们把支持低智商

的人的具体纲领放在优先于支持有才能的具体纲领的位置上；在管制污秽物品方面，他们重点关心的是自由表达的重要性而不是引起普遍的义愤；在国家和教会的分离上，他们强调的是不崇拜的自由而不是崇拜的自由；在福利立法方面，他们关注的焦点是人们需要什么而不是应得什么；在文化多元主义方面，他们强调的是多样性的好处，同时却贬低了缺乏一致性的害处。①

看来，当代自由主义的关键词似乎悄悄地从"自由"转向了"平等"，但它却不愿改称"平等主义"。把一种主义推到极端，它就会死亡。难怪孔子说："恶乡原，恐其乱德也。"②

2. 自由与平等的限度

其实，自称什么"主义"并不那么重要。撇开概念的混乱，从自由主义最本质的方面而言，它在美国的主导地位并没有改变：自由主义的宪法还在实施，没有一项政治行动不是以自由的名义在进行，连所有指责自由主义的"主义"也都离不开自由。对自由的崇拜在美国是如此根深蒂固，以至于相反的口号绝不会为民众所接受，这正体现了美国社会的自由主义本质。

当自由主义冲破中世纪的罗网而兴起时，自由意味着不再听命于君主这样的世袭权威，平等意味着不再相信龙生龙、凤生凤这样的血统论和门第观念，所以杰斐逊赞成"天然贵族"之说，将德才作为衡量个人的新标准。在18世纪美国人的心目中，何为美德并不是一个需要争辩的问题。但随着时代的发展，这些共识慢慢被磨损，一些怀有极端倾向的美国人把自

---

① 约翰·凯克斯，《反对自由主义》（南京：江苏人民出版社，2003年），第6页。
② 杨伯峻编著，《孟子译注》下册（北京：中华书局，1963年），第341页。

由平等的概念无限延伸，似乎任何限制都有悖于这两个基本原则。可是，世上有没有绝对的自由和平等呢？如果根本不可能有，它们又怎么能成为合适的政治目标呢？

先说自由，人们日常所说的自由具有不同范畴、不同层次的含义，但从来都不可能是无限的。有人说，无限制的自由就是听从本能的驱使，但即使在生物的层次上，人也不可能绝对自由，因为人不能从自身限制和生存需求中解脱，不能从自己的基因中解脱，而这些基因的历史甚至比人类的历史更为久远。

在社会的层次上，人更不可能绝对自由。一个人对自己出生的时代、国家、地区、家庭、宗教、语言等，都毫无自由选择可言，无数的因素在尚未降生时已有定数，而这些因素已经决定了人生轨迹的一大半。再说，人类文明始于禁忌，人必须遵守社会的习俗和法律，必须学会在群体中生存。无限制的自由必然瓦解文明的基础，"这意义上的普遍自由是不可能的，因为每个人的自由都会颠覆所有其他人拥有的无限自由，即不受限制的自由"。[①] 卢梭的名言"人类生而自由，却无往不在枷锁中"，与其说是抗议，不如说是道出了人类无法改变的基本生存状况。

所以，绝对自由只是一种毫无意义的妄想，绝不是自由主义所说的自由。自由主义的"自由"是一个政治概念，它指的是法律范围内的公民自由，这种自由只能在良好的社会秩序内得到实现。个人自由是自由主义的最大承诺，也是现代社会的根本，它包括良心和判断的自由、思想和表达的自由、劳动和享受劳动成果的自由等，它允许和保障了个人的尊严以及自我的发展。自由对个人的意义自然是不言而喻，它本身就是最高政治目的而非手段。自由对社会的意义也是显而易见，因为只有当更多的个人享有充分自由时，社会才有可能拥有更多有尊严、有创新的成员来推动它的

[①] F.A.哈耶克，《致命的自负》（北京：中国社会科学出版社，2000年），第69页。

进步。

从贡斯当到伯林，自由主义思想家们努力区分古代人的自由和现代人的自由、消极自由和积极自由，为的就是厘清对自由的歧见和不适当的期待。消极自由是不被干涉的自由，指的是外界不存在人为的障碍来阻止我做我想做的事，这是政府可以依法保障的。积极自由是自我实现的自由，做自己想做的事，当自己想当的人，这能否成功，并不仅仅基于自由，还涉及能力等其他因素，政府恐怕无法保障，所以天赋人权中只能有追求幸福之权，却不可能有幸福之权。如果将积极自由视为天赋之权，那么政府就应该为公民提供实现自我所必需的资源，但政府有这个能力吗？即便政府有取之不尽的资源，谁又来规定自我实现的标准呢？如果有人说他需要拥有一栋小楼才能实现自我，政府是否有责任来提供呢？而且设定标准本身是否有可能越俎代庖，将某些人的观念强加于他人呢？

政府可以维护公民的消极自由，也可以为公民的积极自由创造条件，但无法提供保证。罗斯福将"免于匮乏的自由"列为四大自由之一，依据的大概就是积极自由的概念，但是如果"免于匮乏"真的是与生俱来的"自由"和"权利"，人类可真是回到了伊甸园，还需要忙碌什么呢？常识告诉我们，免于匮乏只是人类文明高度发展后才能做到的事情，而且除了物资极大丰富外，它还依赖于财富观念的转变。另一个麻烦是，"匮乏"一词与"积极自由"一样，也是语义模糊，带有极大的主观性，在付诸实践时恐怕会困难重重。

既然免于匮乏不可能是自然状态，那就必须依赖于政府的强制行为。但无论是政府、社会，还是国家，它们都只是人类社会的组织形式，都不能自动生产财富，一切财富必须由人来生产。因此，政府唯一的办法就是对个人财富进行再分配，而这样做又必然引发其它问题——如何把握再分配的程度？如何确定再分配的方式？如何使再分配不违背"不劳动者不得食""按劳分配"等道德古训和革命目标？当然，政府还必须对这种在公民间强制实行的资源转移做出令人信服的解释。

再说平等,情况就更复杂了,平等到底指的是什么,几乎有点说不清了。古典自由主义讲的是人作为人的平等,是每个人不论出身高低,在政治上法律前的一律平等,是人格的平等、身份的平等、机会的平等。平等是对每个人的承认和尊重,它否定人分贵贱的等级观念。平等成为公认的政治目标后,空前地激发了每个人的自尊和潜能,迎来了生机勃勃的现代公民社会。

人在作为"造物"的意义上是平等的,这一点已无异议,但是人在作为生物的意义上肯定是不平等的,这一点也无法否认。每个人都是独特的,先天的基因已经不同,后天的环境更不可能相同,因此"性相近"而"习相远",结果肯定不一样。

如果平等指的是生活状态的相同,那人与人怎么可能平等呢?没有一个社会能够保证人人都过一样的生活,如果一个平民没有过上总统的生活,难道这个社会就不平等吗?

美国当代激进派追求的平等正是这种结果的平等、事实的平等、分配的平等。对他们来说,任何形式或程度的不平等都是冒犯的,他们大谈多元和差异,却好像意识不到许多差异本身就包含着不平等。确实,你信基督教,我信佛教,他信无神论,这可以说仅仅是差异而已,但是身体的高矮强弱、容貌的美丑、大脑的智愚、财富的多寡、权力的大小等就不是单纯的差异了,还是不平等的差异。所以承认和接受差异,就不能不承认和接受差异中的不平等。信奉自由的原则,也就必须接受自由所带来的不平等,否则就是自相矛盾。

平等的诉求走到极端,必将适得其反,无止境地追求平等会使社会永远不得安宁。关于这种平等主义的理想,早就有人在文学中加以发挥和嘲弄了。人类平等财富的努力已历经悠悠岁月,虽然至今尚未取得皆大欢喜的结果,但财富毕竟是身外之物,平分起来还容易些。想想容貌俊丑给人们带来的不同遭遇吧，难道不是更加令人愤愤不平？英国作家哈特利在他的小说《表面的公正》中，设想出一个"面貌均等中心"来了断此事。为了平均美丑，免遭公愤，貌美者必须去做"丑容术"。可是平等主义的追求不会到此满足，人们很快又面临健康均等的问题……可以想象，当人们一个个心怀妒忌，将注意力集中在不断的均等上，还有什么心思去从事别的活动？就算平等真的达到了这一步，大千世界也就成了千人一面，死水一潭，还有什么希望可言？不客气地说，绝对平等是一个不可能完成的使命，这种所谓理想只是一种后果严重、必须治疗的心理疾病。

再进一步说，绝对平等最强大的障碍就存在于人性本身。人确实热爱平等，尤其渴望能和高于自己的人平等。然而，人又有几乎同样强烈的不平等欲望——与众不同、出人头地等，不仅在竞技场上，而且在生活的各个方面。这种不平等欲望既是恶的源头，也是善的源头，它带来了狂妄、欺压、独裁，也产生了优秀、成功、发展。如果说自由的欲望更多基于自爱，那么不可否认，在平等的欲望中存在着更多羡慕和嫉妒的心理。独自一人无所谓平等，也无所谓自由，但自由说的是："别来烦我，让我一个人。"平等却说，"我要和你一样。"平等是比较而言的，是一个和谁平等的问题。不然，为什么总是处于弱势者想与处于强势者平等，而不是相反呢？历史一而再地证明，打倒皇帝做了皇帝的人是从不回去和他的子民平等的，所以真的很难说人要的到底是平等，还是不平等。

对人类来说，美好的事物并不总是相容的，比如自由与平等；也并不总是绝对的，比如平等与不平等。说到底，一切的复杂都源于人性本身的复杂，在曲曲弯弯的人性中很难理直世间万物。

3. 个人与群体的平衡

每种思想都有它形成的背景，自由主义从一开始就将个人——而不是群体——视为社会的基础，这正是自由主义兴起时的积极意义，其目的是要推翻将人牢牢捆死在一个等级里的制度，把个人从依附关系中解放出来。这在人类历史上是一大进步，它赋予了个人极大的自由和权利，但与此同时，也要求个人承担起相应的责任与义务，这两方面缺一不可。

个人之所以重要，说到底是因为人是以个体存在的，个人是人类最小的不可分的单位。凡是属于人的本性——生命、思维、良心、道德、智慧、性格、情感、行动、利益、繁衍、死亡等等，无一不是以个人为基础的，因此没有个人的解放和独立，人类的尊严和潜能就不可能发挥。但是从历史上看，个人的独立是一件非常艰难的事情，只有当社会发展到相当高的程度，具备了足够的主客观条件，个人才有可能摆脱对小群体的依赖而相对独立地生活。哈耶克从知识角度上分析说，"个人主义精神的发展要归功于技能、知识和劳动的分化，而发达的文明就是建立在这种分化上"。[1] 只有在分化的条件下，也就是"只有在个人可以按照自己的决定运用他的知识时，才有可能使任何个人所拥有的许多具体知识全部得到利用"。[2]

个人的发展和群体的发展是相互促进的："个体差异增强了合作的群体的力量，使其超出个人努力的总和。协调的合作让独特的天赋发挥作用，而具备这种天赋的人若是被迫孤身一人为生存而奋斗，就会使它得不到利用。"[3] 因此，无论个人如何独立，人仍然是社会动物，不可能完全孤立于社会。作为社会中的人，个人的权利和责任必须是平衡的。

在历来的宗教和世俗伦理中，个人都要为自己的行为承担主要责任，这种负罪感是如此沉重，以至于基督教让耶稣降临来替众人背负十字架。但责任虽然如此之重，平民个人却历来享受不到相应的自由和权利。在自由主义早期，刚获解放的人们是非常珍惜这些来之不易的自由和权利的，

---

[1] F.A.哈耶克，《致命的自负》（北京：中国社会科学出版社，2000年），第114页。
[2] 同上书，第86页。
[3] 同上书，第89页。

同时他们也还没有忘记自己的责任和义务。特别是早期的美国人，当他们和旧欧洲的老乡们相比时，对自己的自由权利尤感自豪。

然而，两百年过去后，一些美国人心目中的权利和责任渐渐失去平衡——权利被视为理所当然，似乎社会和国家总是欠着个人更多的权利，而个人对自己、对社会和国家的责任义务却少谈了。肯尼迪大概有感于此，所以在就职演说中呼吁："请不要问你们的国家能为你们做些什么，应该问一问你们能为你们的国家做些什么？"此话一出，就成了美国人经常引用的名言，因为它反映了美国的现实。1960年代过后，美国更是出现了"自我的一代"，人们用各种理论在为自己争取权利和开脱责任——权利论说：这是我的天赋权利，只能多不能少。先天论说：反正我生来如此，不由我自己负责。环境决定论说：因为我生在那样一个环境，是环境造就了我，责任在社会，所以我做什么都怨不得我。这些说法否定了人的主观因素，否定了人作为人的责任，这样说不是对自己的辩解，而是对自己的贬低。

人的自由意志固然有限，但是在有限的范围内，人仍然有选择的余地和能力，否则就不存在道德这回事了，也就谈不上权利了，因为一个不能作选择的人怎么会有权利呢？他要了权利又有何用呢？人类以社会的方式存在，而社会靠的是规则，它们规范个人的行为以保障社会和文明的维系。社会有责任教育个人懂得这些规则，个人也有责任学会和遵守它们。倘若一个人坑蒙拐骗无恶不作，能说错在社会而不在自己吗？那法律何必还要治他的罪？

人们将事物绝对化，进而造成二元对立的能力令人惊讶，好像颜色就只有黑白，情感就只有哭笑，而实际上大部分颜色处于黑白之间，大部分情感处于哭笑之间。个人和群体虽然所指不同，但不是对立的，而是相依互存的关系。个人生活在群体中，其利益必然包含在群体的利益中。而群体离开了积极有为的个人，也难以生存发展。正因为个人和群体是必须平衡的双方，所以在具体情景下，强调一下失衡状态中的弱方很有必要，这不等于否认另一方的重要性。眼下，社群主义对个人主义的批判在美国是个热点，这也许是美国个人主义过度发展的结果。不过个人一旦独立是不可逆转的，社群主义者虽然强调群体，也决不排斥个人的自由和权利。自由主义虽然强调个人，也不否定群体的意义，只是由于个人与群体相比处于明显弱势，所以更有必要强调和保护个人。

社会以个人为基本单位，有利于对个人的尊重，有利于个人之间的平等，也有利于每个人对自己负责。社会施法于个人而非群体，就不再有株连九族之事。社会若以群体划分——无论种姓制、种族制、阶级制，还是多元文化主义，势必要分出个优劣尊卑来，如何还奢谈人类平等？而且这种划分只要一开始，就必然会巩固和延续下去，导致国民派系林立，酿成冲突仇恨。美国的崛起依赖于开明的个人主义，如果这一传统遭到破坏，美国民族是否也将随之衰落？

4. 政府和财富的分配

自由主义是主张有限政府的，杰斐逊说过，最好的政府是最小的政府。自由主义将政府视为必要之恶，是对个人自由的最大威胁。权力是必须的，但防范权力的滥用更为必须。自由主义的办法就是严格限制和制衡政府权力，扩大公民的自治权。在美国早年，对权力的这种看法是举国共识，不仅民众这样认为，筹建和掌握政权的人也对此深信不疑，当时的美国人对政府从不抱太大的期望。

随着工业化后财富的剧增和企业的膨胀，美国人对政府职能的看法和期望发生了根本的变化。他们感到最大的威胁已经不是来自政府，而是来自这些富可敌国的经济寡头。当经济不平等超出一定限度时，必将危及自由和民主。为了对抗垄断经济的庞大权力，他们在恐慌中求助于政府，指望政府来遏制大企业。从进步时代到新政，美国人对联邦政府的呼声越来越高，不仅要求政府出手调控经济，弥补市场的失灵，保证经济的健康发展，而且要求政府以社会公益和公正的名义，全面介入国民收入的再分配。回顾一下杰斐逊在他的第二届就职演说中对财产所作的保证："维护财产的现状——不论其平等与否，只要它来自个人的勤劳或其父辈劳动的结晶"，① 再对比今天对分配公正的诉求，就不难发现重点已经转移，自由主义经历了一次实质性的修正。按杰斐逊对政府目的的理解，财富再分配一定是误解了公民组成政府的动机。

为了满足民众对政府发挥积极作用的要求，联邦政府一直在扩大其职权和职能范畴，政府本身当然也不可避免地随之扩张。在20世纪中，美国的权力越来越集中到华盛顿，政府越来越多地介入公民生活，尤其是不同形式的财富再分配，在促进平等方面颇有作为。但是物极必反，过于扩大的政府使民众对政府的异己感又卷土重来，大小政府之争成为美国政治的一大主题。更有意思的是，一些激进的美国人一方面反对政府，视之为邪恶；另一方面又提出种种要求，而这些要求除了政府，是不可能指望通过任何别的途径来达到的。政府无法同时做到既中立、隐退，又立场鲜明、积极主动，于是经常夹在相反的要求中进退维谷。

从社会的各方面来看，无政府主义都是幻想。无论是把政府看成上帝对人的惩罚，还是人依据契约自愿组成，在可预见的状态下，政府都是人类存在的必要形式。但是政府确实不可能是万能的，这除了古典自由主义对权力的一贯疑虑外，还有人在认知能力上的局限。在性恶论不得人心的当代，哈耶克从认识论的角度进行了补充解释。他认为，社会秩序是自发生成和发展的，文明是一个进化过程，其中充满了未知因素，而人的认识能力是有限的，没有人可以像设计部件一样对整体进行设计，政府再有能力，也不可能预见到社会将发生的一切活动，而且安排得天衣无缝。一个

---

① 李剑鸣、章彤编，陈亚丽等译，《美利坚合众国总统就职演说全集》（天津：天津人民出版社，1996年），第30页。

大包大揽的政府肯定会不断地犯错误，有意做天大的好事，却添了天大的麻烦，所以他的结论是"首恶就是无限政府"。弗里德曼也说过，"从基本上说，仅有两种方法来协调千百万人的经济活动。一个方法是包括使用强制手段的中央指挥——军队和现代极权主义国家的方法。另一个是个人自愿的结合——市场的办法。"① 这两个方法孰优孰劣，人们已经有了大致结论。

财富的合理分配有没有可能靠政府来实现呢？其中问题颇为复杂：第一，社会财富并不是一个现成的仓库，政府如何把分散的财富集中起来，成为它可以拿来分配的资源？这当然必须通过国有化或者税收来实现，那么什么资源必须国有化？什么财富又必须纳税？谁来确定？又如何使这些财富转移工程能尽可能地以国民能接受的方式进行？

第二，财富的产生、流动和归属是相互作用的一个因果链，市场本身已经是一种实际存在的分配形式，政府如果另立一套分配规则，它和市场分配是什么关系？是否会侵蚀市场分配的规则，从而侵蚀市场本身？

第三，政府根据什么原则来分配这些公有财富？是根据简单的数量平等呢，还是更为复杂的原则：如多劳多得、按需分配、激励机制等等？原则的确定肯定必须兼顾财富的生产和分配，其间又难免涉及很多有争议的道德观念。

第四，谁来主持分配？根据什么原则来挑选这些分配者？他们又以什么方式产生？是选举还是指派？谁来选举？谁来指派？紧跟的问题是，这些掌握资源的人可信吗？如何保证他们不会监守自盗、损公利己？

最后，要多大规模的一个政府才能不断掌握全体国民变化着的经济状况，并做出相应修正，以确保分配始终平等？政府在实施如此全面控制的同时又如何避免侵犯公民的自由和隐私？所有这些问题都极为棘手，绝不

---

① 米尔顿·弗里德曼，《资本主义与自由》（北京：商务印书馆，2004年），第17页。

是说声平等就能了事的。政府不是万能的，市场也有可能失灵，但事实证明，人为的分配从来不能平息对于不公的抱怨和愤怒，相对而言，倒是市场确定的回报能够被更多的人所接受。

5. 社会公正

物不平则鸣，社会公正是每个社会和谐的根基，因此也是每个社会最响亮的呼声。社会公正的极端重要性是无人否认的，但社会公正到底意味着什么？每个人心目中的社会公正是不是同一回事呢？一个社会要达到哪些标准才算得上公正？它是否意味着一切社会问题的解决——如童话中所说，人人从此过上幸福美满的生活？

对于"社会公正"，人们可以见仁见智。对接受这个概念的人来说，在使用"社会公正"时至少有两点应该是共识：

1）社会公正的关键在于社会，一个公正的社会靠的不是个人的美德，而是执行公正的制度和法律。而且，只有社会公正了，个人的美德才能充分而持续地发扬。

2）社会公正不等于慈善或完美，公正只是公正而已，相当于孔子所说的"直"，而非"仁爱"。亚当·斯密也说过："正义在多数场合只是一种消极品德；它只是阻止我们伤害自己的邻居。"[1] 从道义上讲，公正显然逊于仁爱，但它比仁爱更为可行，也更为必须。

休谟认为，正义"乃是由于应付人类的环境和需要所采用的人为措施或设计"，"自私是建立正义的原始动机；而对于公益的同情是那种德所引起的道德赞许的来源"。[2] 从本质上说，社会公正是建立在相互性上的，它保障的是所有公民在彼此交往时的利益，只有当社会上人人遵纪守法、无

---

[1] 诺曼·巴里，《福利》（长春：吉林人民出版社，2005年），第7页。
[2] 休谟，《人性论》（北京：商务印书馆，2004年），第517、540页。

条件服从公正时，社会公正才有可能。以排队为例，如果每个人都循序渐进，队伍就能保持秩序。但只要有个别人插队，整个队伍就会混乱，因为人们甘心排队的前提是每个人都这样做。社会公正也是一样，如果有人违法乱纪，又得不到应有的惩罚，那么公正的相互性就会遭到破坏，就不能指望其他人继续无条件地保持公正。社会的根基也就因此动摇瓦解，乃至礼崩乐坏，这对任何社会来说都是必须全力阻止的灾难。

维持社会公正最主要的方式是法治，其责任只能由政府来承担。当人们在组织社会、成立政府时，他们就把惩治违法、维持公正的权力交给了政府。用社会契约论的语言说，也就是公民将自己的一部分天赋人权交给了政府，以换取政府的保护。这样，公民在受到他人伤害时就不再直接去惩罚施害人，而是求助于法庭来主持正义。政府的公诉人以社会的名义来控告施害人，因为他不仅伤害了受害人，更严重的是破坏了社会公正的规则。至于执法人员本身破坏公正和司法腐败，那更是社会公正的大敌。可见，是政府垄断了维持社会公正的权力。人们无条件地服从政府，服从法律，服从公正，并不意味着放弃利益的相互性，政府更不应忘记这一社会公正的基础。

社会公正是维系社会的命脉，它必须建立在法治的基础上，只有政府依法执政，社会才能井然有序。只有将违法者及时绳之以法，才不至于危及社会公正。生活在这种法治良序的社会里，人们就会逐渐养成公正的习惯，忘掉公正的相互性起源，毫无条件地遵守公正原则。

社会公正需要个人的配合，但个人公正不能替代社会公正。只有当政府在维持公正和保护公民上无能或不负责任时，才需要求助于公民个人的牺牲来加以弥补，这显然是不合情理的，因为公民个人既无能力维持社会公正，也不可能永远无偿放弃自身利益，这种奏效一时之举绝非国家长治久安之本。

个人即使有可能帮助维护社会公正，至多不过是路见不平，拔刀相助，以自己的安全去换取他人的安全。这也解释了为什么侠义精神和侠义文化在那些法治薄弱、政府维持公正效率很差的地方，就会格外发扬光大，深受百姓青睐和期盼。如果法制健全，天下公道，独行大侠和绿林好汉们还有存在的必要吗？百姓有冤可以上诉，无须他人两肋插刀，代行法庭之职。因为那样做实在不是什么好事，如同在法律之外又另立了一套正义原则，法律只能更加威信扫地，政府亦无诚信可言。

社会公正是永远值得追求的目标，但它并不允诺天堂，如果以为社会能达到绝对公正，那注定要失望的。一个基本上公正的社会远远不是君子国、理想国，它只是一个良序的法治社会，个别不公正的现象是人类社会难以避免的。可以预见，无论出于什么原因，私人间的不公正经常会发生。社会在变革和转型时，也常常会有许多无辜的人付出代价，他们仅仅因为正好处于某种位置或从事某项职业，便成为旧制度或旧技术的殉葬品，其偶然性犹如地震时正好身在某处而遭殃。社会公正只能相对减少他们的痛苦，却不可能使他们毫发无损。更不用说还有许多的不公正是历史的积累，如种族的、性别的、阶级的、行业的等等，它们不符合现代人对社会公正的看法，但也不可能立刻改变、消失殆尽。

再说不同意"社会公正"这一提法的人，他们反对的其实是"分配公正"，因为"社会公正"已经越来越被普遍地等同于"分配公正"。哈耶克就属于这一类人，他的观点是：在人类文明的进化过程中，有的行为规范被逐渐淘汰，有的被逐渐推广，决定这些取舍的因素也许很多，但归根结底取决于它是否有利于生产率的提高、财富的积累和供养更多的人口，这样一个自然选择过程本身不可能要求它道德、公正。哈耶克在以下几段话中对此阐述得很清楚：

……扩展秩序是产生于一个竞争的过程，决定成功与否的是这个过程，而不是某个伟大的头脑、某个委员会或某个神主的认可,也不是因为它符合某种有关个人功德的公认原则。在这些秩序中,某些人取得的进展,是以另一些人同样真诚甚至值得称赞的努力归于失败为代价的。奖励并不是为功德而设。①

……如果公正是指符合对与错的先入之见、符合"公共利益"、符合过去已经获得的环境所提供的可能性,那么,进化过程向以前未知的领域的迈进不会表现出公正。

对这种道德上具有盲目性的结果,这种与任何试错过程分不开的结果,人们抱有可以理解的厌恶,这使得他们希望造成一种相互矛盾的局面:既要消除对进化——即试错过程——的控制,又要用自己当前的愿望塑造进化。但是,因为这种反应而发明的道德,却提出了一些任何系统都无法满足的自相矛盾的要求,因此它们会成为冲突不竭的根源。一种状况由其性质所定,它的结果不可能取决于任何人的知识或能够得到的知识,如果徒劳地试图让这种状况变得公正,只能毁了这一过程本身的功能。②

……支持分配公正(即每个人都应得到自己道义上应得的份额)的整个思想,在人类合作(或交换)的扩展秩序中是毫无意义的,因为可获得的产品(它的规模,甚至它的存在)都取决于在一定意义上与道义无关的产品分配方式。……只有结果公正的变化才应当发生是一种荒谬的要求;它就像相信对这种变化精心做出的有组织的反应可以是公正的几乎同样荒谬。没有不平等,人类既不可能达到也无法维持其现有的人口数量,而这种不平等

---

① F.A.哈耶克,《致命的自负》(北京:中国社会科学出版社,2000年),第82页。
② 同上书,第82—83页。

既不受任何审慎的道德判断的左右,也与这样的判断不可调和。①

哈耶克要说的是,进化是各种变数下的产物,本身不可能符合公正,这就如同从猿到人的进化过程无所谓公正或是不公正。但他声明,他的文化进化机制不是达尔文主义的机制,社会达尔文主义从许多方面看都是错误的,而"文化进化的产生,不仅通过生理上的双亲,而且通过无数个'祖先',向个人传递各种习惯和信息。……文化进化较之生物进化要快得多。……文化进化主要是通过集体选择发挥作用……"②

正是出于这样的考虑,哈耶克说:"我完全不相信受到广泛接受的'社会公正'这一概念表达了一种可能的状态,我甚至不相信它是个有意义的概念。"③

6. 应得与偶然性

既然"社会公正"不可能解决分配中的所有问题,那就有必要来谈谈个人该如何对待它。一种观点认为只要是合法得到的,那即使不平等,也是公正的。另一种观点认为,人人公平分享才是公正的。

鉴于人生来在占有和创造财富、获得和利用机会方面就很不一样,世上难免有大量不平等的存在。一般来说,人们不否定个人努力带来的利益,难以接受的是偶然性。在日常生活中,应得与不应得之间存在着一条比较明晰的法律界限,并不是分辨不清。但如果像罗尔斯那样细究下去,恐怕就难以辨别了,连法律也无能为力。有人生来聪明、美貌、富裕,占尽了好处和机遇;有人却一无所有,这凭什么呢?有人一帆风顺,有人一生坎

---

① F.A.哈耶克,《致命的自负》(北京:中国社会科学出版社,2000年),第136页。
② 同上书,第23—24页。
③ 同上书,第4页。

坷，有人活得神采奕奕，健康长寿，有人却病魔缠身，英年早逝，这又凭什么呢？也许有人会说，生来条件好的人一生都顺利，所以一切可以归结于出身，那么谁又能控制出身呢？就算社会可以不顾亲情，将全体刚出生的婴儿从他们的父母身边带走，集中起来抚养教育，但他们长大了还是会不一样。这些问题谁能找到令人信服的答案呢？所以应得与不应得之间最难断定的是该不该接受偶然性的问题。

人间天天发生无数的偶然，包括人类本身就是一连串偶然导致的结果，一个排除了偶然性的世界就不再是我们生活其中的世界了。地震、海啸、车祸、疾病等，这些飞来横祸都不是人力所能控制的，谁遇上了也不能说是应得。不幸碰上的话，也只能既来之，则安之。老子早就说过："天地不仁，以万物为刍狗。"[①] 我们无法拒绝宇宙中不符合人意的千变万化。

人在社会中的境遇有好有坏，有升有降，其中也不乏偶然性。所谓的社会阶梯不是一个定数，而是一个变数，对阶级、对个人来说都是这样。在工业化的进程中，大批手工业者的饭碗被机器"砸"了，这不是他们的过错，但他们不幸为人类的这一进步付出了代价。回顾历史不难发现，除非在社会激变和发生革命这样一些特殊情况下，个人境况的改善常常需要历经几代人的努力。美国移民的第一代首先为生存挣扎，能站住脚跟就算成功。第二代受到一定教育后，才有望找个稳定的工作。在这个基础上，第三代才可能更上一层楼。像卡内基这样由一个移民穷孩子直接做到钢铁大王的事，毕竟不是天天发生的。

要接受偶然性带来的不平等总是不容易的，为了疏导人们心中的困惑、不平、嫉恨，进而能比较坦然地接受现实，历来的社会都会给偶然性一个说法——例如宗教的因果相报、轮回说、宿命论、儒家的知天命、民间的知足常乐、塞翁失马等，都是为了让人能尽可能地排遣不满，心平气和地

[①] 陈鼓应，《老子注译及评介》（北京：中华书局，1984年），第78页。

对待偶然性带来的不平等。如果天天纠缠于这些不平等，人就无法正常生活，社会也不能正常运转了。但随着宗教的衰落和平等呼声的高涨，这些传统说法越来越不管用，人们心中的愤懑也就越来越难以消解了。

社会公正是令人向往的，但人类社会不可能完全排除偶然性，人们不能以一种从未在人间存在过、也很难想象会存在的绝对公正去衡量和要求现实，所以哈耶克说："罗尔斯的世界绝对不可能变成文明世界；对于由运气造成的差异进行压制，会破坏大多数发现新机会的可能性。"[1]

因此，人们在制度和法律等公共领域中纠正不公正的同时，也不能不同时保持一种客观的心态和合理的期待。迄今为止，纠正偶然性造成不平等的最好办法是教育，只有实行全民义务教育，人们在出生时的不平等状态才有望拉平，处于不利地位的人才有机会培养和发挥他们的才华。一个强者有发展空间、弱者有基本保障的社会可以说是相对公正的。

7. 自由主义与多元化

自由主义首先是对个人自由的承诺。作为一种政治理论，自由主义主张政教分离、信仰自由，政府退出意识形态领域，由公民个人来决定他的宗教信仰和道德观念。用现在的语言表达，也就是公民可以合法地拥有不同的善观念。

多元主要指的是价值的多元，而非种族或其他的多元，只有容忍不同价值观的社会，才能称为多元社会。自由主义主张宽容，所以必然是多元的。宽容刚开始时，多元并未构成太大的麻烦，因为西方在长期的犹太—基督教传统下保持着相对一致的善恶观念，虽然不再有国教，但这种一致性仍然按惯性在维持着，当时美国人对许多基本制度和理念——国家、政

---

[1] F.A.哈耶克，《致命的自负》（北京：中国社会科学出版社，2000年），第83页。

府、民主、自由、平等、家庭、婚姻、工作等——还未产生太大的分歧。一百年前，即便是容忍同性恋的美国人，也不可能想象同性婚姻，当时这类挑战根本就不存在。

正因为自由主义采取了中立的态度，所以与宗教这样完备性（或整合性）的道德观相比，能够在近几个世纪以来更为兴旺发达。然而从宽容到承认不同道德观的合法性，到所谓不同道德观之间的不可通约性，人们不禁产生一个疑问——是否还存在公认的道德标准？每个人都有一套自己的道德标准，都要求同等尊重，否则就是歧视。如果你对别人的道德有所评判，就是凌驾于人，拿自己的标准去衡量不可通约的他人的标准。如此下去，人们还应该，还可以在道德问题上表态吗？人类还有共同的道德可言吗？而没有共识的道德还能称为道德吗？更有甚者，如果道德果真不可通约，或者说不存在"共同善"的话，也就无所谓不平等或者歧视了，既然你有你的善，又何必要来和我的善平等呢？又何从平等呢？你又怎么能指责我不善呢？

8. 结语

美国当代自由主义的工程就是在宗教之后，在一个没有固定意义的世界里苦苦寻找对立各方的共处之道。如罗尔斯一再强调的，他的正义论或政治自由主义所试图解决的，是一个像美国这样现代民主社会中出现的善观念多元化的问题，就是在没有官方信仰、没有最高指导思想的社会里如何协调正义，确定共享的价值。众所周知，只要有人的地方就必然存在不同的利益和思想，如果他们不能合法公开表达，那就是另一性质的问题。在民主社会出现以前，全民服从一个国家的或教会的权威，这是天经地义，也是所有国家的惯例，没有什么奇怪。后来自由主义当政了，人民享受到思想和表达的自由，普通人的能量得以充分释放，推动了社会的飞速进步。

思想及其表达的自由是民主的真谛,没有了这份自由就谈不上民主,无奈事物总是有两面性的,如果这种合法的多元达到了宗派纷争的程度,麻烦就不免随之而来了。

麦迪逊在《联邦党人文集》第十篇中重点谈的就是这种派系林立的局面,他将党争视为民主的最大威胁。他的解决方案有二:一是实行代议制的共和制度,二是使共和国容纳尽可能多的不同利益和派别,使它们相互牵制平衡。立国者们是反对党派的,但是只要不同的意见能够合法地表达,不同的利益能够合法地存在,那么政治运作的需要就必然导致政党的产生。政党是民主体制无法避免的,虽然它们大多并无严密的组织。

多元化在美国历来是常态,并无争议。令美国人不安的是1960年代以来,美国国民的分歧一直在趋向两极化,一旦发生矛盾,就形成势均力敌的对峙,双方互不相让,近年来的总统选举也呈现出这种迹象。究其原因,还是1960年代的冲击太大,将美国人分化了。凡是社会发生变化,都会产生支持和反对的两大派,变化越激烈,对立也越强烈。消除对立只有疏导和压制两种办法,美国的宪法保护表达自由,这一点绝对不会动摇,但是一个动辄对立的社会毕竟是不安定的。因此,如何协调民主社会的多元,便是美国当代政治哲学家们全力探索的问题,也是民主制度本身必须解决的难题。罗尔斯和诺齐克虽然许多观点不同,但都同意权利优先于善,个人的法定权利是根本,在这个前提下,不同的善观念和平共处。

罗尔斯在《正义论》中试图找到民主制多元状态下的共识,既然人们不能形成同样的善观念,那么至少要形成对正义的共识,这里的正义几乎只剩下程序的正义了。他的公平公正理论引起了欧美的广泛注意,而他的差异原则受到了不少批评。经过十余年的反思,罗尔斯在《政治自由主义》中对自己以前的观点做了不少修正,提出"重叠共识"的概念,只要求公民在政治范畴中达到最基本的共识,以便政治运作。那么这个"重叠共识"是什么呢?又如何达到呢?说到底,它也就是宪政。谁都知道,在民主制中根本不可能,也不要求完全一致的共识,即便是公民表决,也不过是一次少数服从多数的投票结果罢了,连最高法院的裁决也不要求全票通过。罗尔斯强调正义,因为正义是拥有不同善观念的公民社会的共同善,是社会的第一美德。他说:"政治生活的善是伟大的政治之善……自由平等的公民承认彼此之间的公民性义务的善,公民有义务用公共理性规范其政治行为。"[①]

说到这里,我们仿佛又回到了合众国开创之初,除了政党的公开合法化之外,制宪者们预见到了新制度下可能出现的各种问题,并将防范设计于其中。直至今天,美国政治的实际运作依靠的还是它。区别在于立国者们是政治实践家,他们使用的语言比较直截了当,是普通民众所能理解的,不像今天的辩论显得那么哲理,那么深奥,充满了主义和术语,就是传递不到民众那里。制宪就是立一个国家的根本大法,一切必须按此原则办理。立法大都基于当时的道德理念,是道德的底线。法律是强制性的,人人必须遵守,在守法上没有自由可言。言论和表达自由是宪法保证的,任何人(包括政府)不能独霸话语,将自己的观点强加于人——制宪者们将他们的这些价值观和政治理念体现在宪法条款本身。

相比之下,当代的理论家们争论了很久很久,发表了无数的文字,但人们读后不禁怀疑,他们到底给现实政治增添了多少可供实施的新东西?近年来美国关于社会公正的辩论有时令人厌烦,因为它越辩离社会现实越远,越辩越使人糊涂。这种辩论的结果只能是理论归理论,现实归现实。一种不可能实施的理论无论听起来多么公平完美,终究影响不了现实,现实还是得按照它自己的规则运转,被淘汰的只能是不可行的理论。有一句话说得好:"远离现实的抽象理论是知识分子精神的麻醉剂,如卢梭等人的

[①] 《罗尔斯访谈录》,参见罗尔斯等,《政治自由主义:批评与辩护》(广州:广东人民出版社,2003年),第253页。

思想在实际应用中所证明的,其后果必将导致人间惨剧。"①

为什么有的政治理论离生活那么远?原因之一很可能是由于对人性的误读。从根本上说,人和其他动物一样,都是为了自我保存而需要不断适应环境的,他既能为善,也能为恶。如果不是和"恶"相对照,"善"的概念就是苍白无力的,甚至毫无意义。老子说得好:"天下皆知美之为美,斯恶矣,皆知善之为善,斯不善矣。"②当代自由主义理论的一个突出点就是恶的缺失,不能全面客观地看待人,而违背人性的理论肯定不会奏效。缺失的原因很简单:由于价值的平等,谁也不敢将任何价值形容为"恶",这当然是皆大欢喜的假设。但问题是,不同的真的仅仅是"善"观念吗?真的不存在恶了吗?果真如此的话,人间岂非成了天堂?任何有关道德的贬义词都可以从词典中删除了,政府也就不必要了。从基督教的原罪论、清教的性恶论演变到否定恶人乃至恶的存在,这种理论虽说很受欢迎,但肯定无法解释社会现实,倒像是虚假做作的天真,因为这样说的人自己也不会在生活中无视恶的存在。

无论什么社会,人们一出门就会处处防范,以免受到伤害,甚至在家里也不是毫无戒备,否则又何必安什么报警装置、防盗门、护栏?如果不存在恶,如果人们对恶没有意识,还有这些必要吗?如果一种理论与人类社会的基本事实不符,照做的人肯定会发现自己上当受骗,就不可能接受它,那么这样的理论怎么能影响社会?沉溺于这些理论的大学又怎么能影响社会?相对于这些理论而言,常识要可靠得多,政治是一个公共领域,不应该高深得只有专业理论家才有发言权。

这些理论还有一个难解之处:既要求社会(或政府、国家)保持道德中立,又要求它们维护正义,似乎正义可以和道德分家。正义有没有可能

---

① 拉齐恩·萨丽著,秋风译,《什么是自由主义?——探讨自由思想的知识根基》,参见《哈耶克与古典自由主义》(贵阳:贵州人民出版社,2003年),第4页。
② 陈鼓应,《老子注译及评介》(北京:中华书局,1984年),第64页。

仅仅是一个程序问题呢？再分配的正义难道不是在体现税富济贫的道德理念吗？奖惩的正义不是也在体现扬善惩恶的道德？如果没有对于善恶的道德概念，也就无所谓正义，更不必说体现正义了。道德不可能那么彻底地退出政治领域，离开道德来谈正义必然是举步维艰，很难自圆其说，需要迂回曲折，还需要不停地修修补补，很有点捉襟见肘的尴尬。

当然，如果从美国之外来反观它，美国人的共识还是很多的，只是他们自己看不到。比如，承认不同善观念的合法性不就是共识吗？承认一个多元的各自坚守自己价值和信仰的民主不也是共识吗？承认个人自由、宪法权利、种族平等、性别平等，不都是共识吗？加在一起也许就足以维持这个国家的存在了。但民主就是众声喧哗，吵吵嚷嚷，有时难免使人厌倦，有时又使人担忧。

美国的历史是不可能退回到前自由主义时代了——再去听命于一个权威，一种善观念。自由的被滥用，以及自由主义对滥用自由行为的容忍，使不少美国人将它等同于这些行为，但这并非自由主义的本质。人类还是要讲道德的，然而一个讲道德的社会不等于由政府来规定道德。自由主义的软肋也许也正是它的强项，那就是保证开放的自由空间，只要不同观念还都有同等表达的权利，舆论就不会受制于一种观点，人民迟早会选择更符合理性、更符合他们利益的做法。即使他们一时选择错了，这也是民主必须承担的风险，只能寄希望于他们未来选择的正确。否则，一旦失去表达自由，民主必然随之丧失。犹如王道之于霸道，自由主义与强权相比，肯定显得优柔寡断，但从长远看，它的力量不是通过强制而是通过人心的归化来实现的，所以也就更加透明稳固。

后　记

自由主义的研究涉及西方现代社会的根基，是一个值得深入的题目。与有关自由主义的理论研究相比，历史的研究似乎弱些。本书希望通过厘清美国自由主义在历史过程中的发展演变，为读者提供一个具体个案，以便更清楚地了解自由主义的实践及其问题。

在经历了几年断断续续的努力后，这本小书终于成形。在这个时段中，海内外有关自由主义的著作大批涌现，早已数不胜数，要穷尽是绝无可能了。就美国一国的情况而言，亦深感难以穷究。西方思想界潮来潮往，呈现出无限纷繁复杂的状态，众说纷纭，矛盾冲突，使人颇有陷入泥潭之感，研究时得处处小心，很怕在不经意中就会堕入一种谬误。本来，我是想避开理论的，多说事情，少谈概念，但发现很难完全做到。而踏进任何一个概念都可能是闯入了又一个自成体系的领域，令人生畏。无数的主义及其历史，都是在构建迷宫般的体系。有意思的是，不少这类体系与人类社会的现实好像挂不上钩，虽然本身不无一定的道理。

社会在不断进化，自由主义的学说在不断演变，个人的思想也在不断修正，这些过程都是永无止境的，但是一本书却必须有个了结的时候。因此，无论我感到如何仓促与不足，也不得不将它告一段落，留下的缺憾只能等以后有机会再来纠正和弥补了，也望读者不吝赐教。学有涯，知无涯，我们所做的，终究不过是在满足自己的好奇之心而已。

值得宽慰的是，写作本身是最有回报的学习过程，这学习主要是在选择中完成的。每当发现一种言之成理的观点,刚想说一声 Eureka！（我发现了！）但旋即发现另一种观点已在对它进行反驳,而且几乎同样言之成理。看来,理论如同它的创造者——人类一样,不可能达到完美,必定是不断地适应社会发展,在实践和比较中检验校正。

本课题被列为 2001 年度的江苏省社科基金项目,这是我作为南京师范大学特聘教授时立项的,曾得到南师外国语学院的大力支持,在此特表感谢。南京大学—霍普金斯大学美国文化研究中心曾于 2001 年至 2002 年度邀请我为研究员,得以利用其图书馆有关美国的丰富藏书,种种帮助也在此一并谢过。中国社会科学院外国文学研究所对我的一贯扶助,更是我感激不尽的。

钱满素

2005 年 8 月

主要人名译名对照表

Henry B.Adams	亨利·布·亚当斯
Charles A.Beard	查尔斯·奥·比尔德
Daniel Bell	丹尼尔·贝尔
Edward Bellamy	爱德华·贝拉米
Allan Bloom	艾伦·布鲁姆
Daniel J.Boorstin	丹尼尔·约·布尔斯廷
Albert Brisbane	艾伯特·布里斯班
Earl Russell Browder	厄尔·拉塞尔·白劳德
William J.Bryn	威廉·杰·布莱恩
George Bush	乔治·布什
George W.Bush	乔治·沃·布什
John C.Calhoun	约翰·考·卡尔洪
Bill Clinton	比尔·克林顿
Eugene V.Debs	尤金·维·德布斯
Daniel De Leon	丹尼尔·德列昂
Max F.Eastman	马克斯·福·伊斯门
Jonathan Edwards	乔纳森·爱德华兹
Ralph W.Emerson	拉尔夫·沃·爱默生
James T.Farrell	詹姆斯·托·法雷尔

George Fitzhugh	乔治·菲茨休
William Z.Foster	威廉·泽·福斯特
Charles Fourier	查尔斯·傅立叶
Louis C.Fraina	路易·弗雷纳
William L.Garrison	威廉·劳·加里森
Henry George	亨利·乔治
Todd Gitlin	托德·吉特林
Barry M.Goldwaler	巴里·莫·戈德华特
Samuel Gompers	萨缪尔·冈珀斯
Paul Goodman	保尔·戈德曼
Antonio Gramsci	安东尼奥·葛兰西
Alexander Hamilton	亚历山大·汉密尔顿
Michael Harrington	迈克尔·哈林顿
Louis Hartz	路易·哈茨
Tom Hayden	汤姆·海登
F.A.Hayek	弗·奥·哈耶克
William D.Haywood	威廉·达·海伍德
L.T.Hobhouse	伦·特·霍布豪斯
Richard Hofstadter	理查德·霍夫施塔特
Sidney Hook	悉尼·胡克
Herbert C.Hoover	赫伯特·胡佛
Irving Howe	欧文·豪
Andrew Jackson	安德鲁·杰克逊
Fredric Jameson	弗雷德里克·詹姆逊
Thomas Jefferson	托马斯·杰斐逊
Robert F.Kennedy	罗伯特·肯尼迪

Jack Kerouac	杰克·克鲁亚克
Martin Luther King, Jr.	马丁·路德·金
Irving Kristol	欧文·克里斯托
John L.Lewis	约翰·卢·刘易斯
Walter Lippman	沃尔特·李普曼
Jack London	杰克·伦敦
Dwight Macdonald	德怀特·麦克唐纳
James Madison	詹姆斯·麦迪逊
George S.McGovern	乔治·斯·麦戈文
C.Wright Mills	查·赖特·米尔斯
Robert Nozick	罗伯特·诺齐克
Bertall Oliman	伯特尔·奥利曼
Robert Owen	罗伯特·欧文
Robert Dale Owen	罗伯特·戴尔·欧文
Alexander M.Palmer	亚历山大·米·帕尔默
Vernon Louis Parrington	弗农·路易·帕林顿
William Philips	威廉·菲利普斯
Philip Rahv	菲利普·拉夫
John Rawls	约翰·罗尔斯
Ronald Reagan	罗纳德·里根
John Reed	约翰·里德
Franklin D.Roosevelt	富兰克林·德·罗斯福
Theodore Roosevelt	西奥多·罗斯福
George Santayana	乔治·桑塔亚纳
Arthur Schlesinger, Jr.	小阿瑟·施莱辛格
Upton Sinclair	厄普顿·辛克莱

Alfred（Al）E.Smith	艾尔弗雷德（艾尔）·史密斯
Susan Sontag	苏珊·桑塔格
William G.Sumner	威廉·格·萨姆纳
Stephan Thernstrom	斯蒂芬·瑟思特洛姆
Norman Thomas	诺曼·托马斯
Lionel Trilling	莱昂内尔·特里林
Edward Vernoff	爱德华·斐诺夫
Immanuel Wallerstein	伊曼努尔·华勒斯坦
Daniel Webster	丹尼尔·韦伯斯特
Edmund Wilson	埃德蒙·威尔逊
Woodrow Wilson	伍德罗·威尔逊
John Winthrop	约翰·温斯罗普
Robert Paul Wolff	罗伯特·保罗·沃尔夫
Frances（Fanny）Wright	范尼·莱特